Arena Taschenbuch
Band 51257

Für alle, die um sich kämpfen.
Das Leben liebt euch, auch wenn es das
– ich weiß – nicht immer zeigt.

Hinweis
In diesem Buch geht es unter anderem um psychische
Erkrankungen – auch die Themen Suizid und Selbstverletzung
spielen eine Rolle. Bitte achtet auf euch, wenn ihr wisst,
dass ihr darauf sensibel reagiert. Wenn ihr euch nicht gut fühlt,
dann holt euch bitte Hilfe: Die Telefonseelsorge ist anonym,
kostenlos und rund um die Uhr erreichbar. Die Telefonnummer
ist 0800/111 0111 oder *online.telefonseelsorge.de*. Ebenso könnt
ihr euch jederzeit an *www.jugendnotmail.de* wenden.

Tania Witte

ist Schriftstellerin, Journalistin und Spoken-Word-Performerin.
Sie lebt und schreibt hauptsächlich in Berlin und am liebsten
in Den Haag (NL). Neben diversen (inter)nationalen Stipendien
erhielt sie 2016 den Felix-Rexhausen-Sonderpreis für ihre
journalistische Arbeit und 2017 den Martha-Saalfeld-Förderpreis
für Literatur. Im selben Jahr wurde ihre Arbeit mit einem
Werkstipendium des Deutschen Literaturfonds gefördert.

Weitere Titel von Tania Witte im Arena Verlag:
Die Stille zwischen den Sekunden

Weiterer Titel von Tania Witte als Ella Blix im Arena Verlag:
Wild. Sie hören dich denken

Tania Witte

Marilu

Roman

Marilu wurde mit dem
Mannheimer Feuergriffel
ausgezeichnet.

Ein Verlag in der Westermann Gruppe

Zu diesem Titel stehen Unterrichtserarbeitungen
zum kostenlosen Download zur Verfügung.

Abdruckgenehmigung: Walking in my Shoes, Depeche Mode, Single aus
dem Album »Songs of Faith and Devotion«, Mute Records 1993 | Walking In My
Shoes (100 %), Musik & Text: Martin Gore, © EMI Music Publishing Ltd, Subpublisher:
EMI Music Publishing Germany GmbH, Song No: 2046971 | »My Silver Lining«, Words
and Music by Johanna Kajsa Söderberg + Klara Maria Söderberg © Warner Chappell
Music Scandinavia AB © Courtesy of Neue Welt Musikverlag GmbH

1. Auflage als Arena-Taschenbuch 2022
© 2021 Arena Verlag GmbH
Rottendorfer Straße 16, 97074 Würzburg
Alle Rechte vorbehalten

Copyright: © 2021 Tania Witte
Umschlaggestaltung: Maria Seidel unter Verwendung eines Fotos von
© iStockphoto/James Theo Art (Bildnr: iStock-929646980)
Umschlagtypografie: Sibylle Bader

Gesamtherstellung: Westermann Druck Zwickau GmbH
Gedruckt in Deutschland

ISSN: 0518-4002
ISBN 978-3-401-51257-0

Besuche den Arena Verlag im Netz:
www.arena-verlag.de

@arena_verlag
@arena_verlag_kids

Now I'm not looking for absolution
Forgiveness for the things I do
But before you come to any conclusions
Try walking in my shoes
Try walking in my shoes

Depeche Mode

Sie kam mit der Post. An einem Dienstag mitten im Juli lag sie im Briefkasten, in einen billigen weißen Umschlag gestopft, die Adresse mit orangefarbenem Filzstift daraufgeschmiert. Briefmarke aus Deutschland, kein Absender. Der war auch nicht nötig.

Elli stand vor der Reihe blauer Metallbriefkästen im Hausflur und starrte in das dunkle Fach, in dem der weiße Umschlag zu leuchten schien. Sie musste ihn nicht anfassen, um zu wissen, was er enthielt, sie konnte es sehen – an der leichten Ausbuchtung am rechten unteren Rand des Kuverts, an dem kleinen Loch, das das Metall ein paar Zentimeter weiter oben hineingebohrt hatte. Das Wissen legte sich wie eine Schicht nassen Wassers um ihren Körper.

Sie stand und schaute, der Briefkastenschlüssel baumelte im Schloss, irgendwann baumelte er nicht mehr, sondern hing ruhig da und Elli stand noch immer. Sie stand und merkte kaum, dass Frau Reckling aus dem Zweiten an ihr vorbeiging und sie selbst automatisch »Guten Tag« sagte, merkte nicht, wie die Schicht aus nassem Wasser zu einer Schicht aus Eis wurde, als die Sonne aufhörte, durch das Glas der Tür zu scheinen. Merkte nichts.

Was sie dachte, war:

Oh.

Sie hat sie zurückgeschickt.

Das ist nicht wahr.

Das kann nicht wahr sein!

Und, wie ein summender Grundton, der unter allem lag:

Warum?

Als sich eine Hand auf ihre gefrorene Schulter legte, hatte Ellis gesamter Körper das Summen längst aufgegriffen.

warumwarumwarumwarumwarum

»Warum stehst du hier?«

Das war ihr Vater und es gelang ihm kaum, die Anspannung in seiner Stimme zu verbergen. Sein Summen mischte sich in ihres. Nicht schon wieder, flehte es, bitte nicht schon wieder. Sagen tat er: »Alles okay?«

Reiß dich zusammen, Elli, reiß dich verdammt noch mal zusammen!

Sie schüttelte sich, griff nach dem Kuvert und schob es eilig in die Tasche ihrer viel zu warmen Jacke. Klappte die Briefkastentür zu, schloss ab, zog den Schlüssel heraus. Dann erst drehte sie sich um und lächelte ihren Vater an. Was hatte er gefragt? Alles okay?

»Klar!«

»Wie lang stehst du hier schon?«

Sie überschlug im Kopf, wann sie von der Schule gekommen war, rechnete hinzu, wann er von der Arbeit kam, erschrak, und log so gelassen wie möglich: »Paar Minuten.«

»Am Briefkasten?«

Ich war eingefroren, sagte sie nicht.

»War in Gedanken. Hast du eingekauft?«

Sie deutete auf den großen Stoffbeutel in seiner linken

Hand. Es ragte die Krone einer Ananas heraus, daneben duftete eine Basilikumpflanze und wieder daneben beulte etwas, von dem sie wusste, dass es eine Flasche Wein sein musste. Dumme Frage, schalt sie sich. Und warf schnell hinterher: »Soll ich dir was abnehmen?«

»Lass mal«, antwortete ihr Vater. »Hast ja selbst genug zu schleppen.« Er meinte den Schulrucksack, den sie auf dem Rücken trug, aber nicht fühlte. Von dem Gewicht in ihrer Jackentasche, das sie zu Boden zog, konnte er nichts ahnen. »Gehst du mit oder musst du … noch weiter denken?«

Er machte sich Sorgen. Natürlich. Die Situation war schon beängstigend genug, wenn man Elli, und musste umso beängstigender sein, wenn man ihr Vater war. Wenn man wusste, was im vorletzten Jahr passiert war.

»Nö«, erwiderte sie. »Bin fertig.« Lächelte noch ein bisschen breiter und setzte sich in Bewegung, Fuß vor Fuß den Flur entlang und dann die Treppe hoch, in den ersten Stock. Ihr Vater folgte ihr langsam.

Das Haus, in dem sie wohnten, war absurd. Der Architekt musste auf Drogen gewesen sein, als er es entworfen hatte, komplett im damals schon veralteten Stil der 1980er-Jahre. Weil ihre Eltern einen gewaltigen Achtziger-Tick pflegten, hatten sie eine viel zu hohe Hypothek aufgenommen und kurz vor Ellis Geburt eine der Wohnungen gekauft. Leider hatte der Tick ihrer Eltern auch vor ihrer Tochter nicht haltgemacht, sonst hätten sie sie nie im Leben Elisabeth getauft.

Vor vierzig Jahren mochte der Name angesagt gewesen sein – wer seine deutlich nach der Jahrtausendwende geborene Tochter allerdings so nannte, gehörte bestraft, fand Elli. Solange sie denken konnte, hatte sie selbst sich nie anders als Elli genannt.

Die Wohnung, in der sie seit siebzehn Jahren mit ihren Eltern lebte, erstreckte sich über zwei Etagen – sie hätten sie also auch ebenerdig betreten können, aber dann wären sie geradewegs in der Physiotherapie-Praxis ihrer Mutter gelandet.

Deshalb also treppauf.

In der Tasche den Umschlag, den sie totschweigen musste. Die Last war kaum zu tragen.

Hinter ihr ächzte ihr Vater. Sie dachte an seine Bandscheibe und daran, wie sie sich zwischen den Wirbeln herausdrückte, mit jedem Schritt ein bisschen mehr. Sein Stöhnen klang besorgniserregend. Über die Schulter beobachtete sie, wie er auf der dritten Stufe innehielt und sich an dem Geländer abstützte. Elli seufzte und stieg die Stufen wieder hinab.

»Jetzt gib schon her«, befahl sie. Zu ihrer Überraschung ließ er sich den Beutel tatsächlich abnehmen, ließ zu, dass seine Tochter erneut an ihm vorbei nach oben trabte, die Tür aufschloss, die Schuhe abstreifte und die Einkäufe in die Küche trug.

Als er den Stuhl im Hausflur erreichte, hatte Elli die Sachen bereits wegsortiert.

»So schlimm heute?«, erkundigte sie sich, als sie wieder in den Flur trat und den Beutel an seinen Haken neben der Tür hängte.

Ihr Vater knurrte bejahend. Sie kniete sich vor ihn, um ihm mit den Schuhen zu helfen.

»Heftiger Tag im Laden?«

Er nickte. »Buchlieferungen.«

»Och, Papa! Hast du etwa die ganzen Kisten selbst geschleppt?«

Beschämt sah er zu Boden, als hätte sie ihn dabei ertappt, wie er heimlich unter der Bettdecke gelesen hatte. Elli seufzte. Ihr Vater bat nie um Hilfe und es gelang ihm auch nicht, die Kontrolle abzugeben. Deshalb radelte er noch immer jeden Tag in seinen Buchladen, den er einfach nicht alleinlassen konnte, trotz Bandscheibenvorfalls und Krankschreibung. Und schleppte Bücherkisten, weil er fest davon überzeugt war, dass es ohne ihn nicht laufen würde. Es war zum Heulen.

»Soll ich Mama rufen?«

Dieser Satz erinnerte ihn offensichtlich daran, dass er der Vater und sie die Tochter war und was das in seinem Wertesystem bedeutete: Er, der Vater, musste stark sein, um seiner Tochter Sicherheit zu vermitteln. Eine Strategie, die Elli seit Jahren durchschaute und die sie mittlerweile zur Weißglut trieb. Weil sie das Gegenteil dessen bewirkte, was er damit bezwecken wollte – nämlich, dass sie ihm nicht mehr vertraute, wenn er, wie jetzt, ein tapferes, aber wenig überzeugendes »Geht gleich wieder« hervorstieß.

Elli biss hart auf ihre Unterlippe, um keine sarkastische Bemerkung zu machen. Stattdessen wandte sie sich ab und stellte schweigend seine Schuhe in den Schuhschrank, ihre eigenen ebenfalls. Obwohl es viel zu warm dafür war, ließ sie die Jacke mit dem Kuvert darin an, als sie ein Glas Wasser und die Schmerztropfen aus der Küche holte. Sie zählte dreißig Tropfen ins Wasser und drückte ihm das Glas in die Hand. Er trank.

Fahl sah er aus, die Bartstoppeln wirkten grau, seine Augen flüchtig. Er ließ den Kopf gegen die Wand sinken.

»Ich schaff das schon«, sagte er. »Keine Sorge, ich schaff das schon.«

Nee, dachte sie, ist klar. Kurz überlegte sie, ob sie seine Aussage ignorieren und ihre Mutter rufen sollte oder einen Arzt oder doch besser gleich einen Krankenwagen, dann spürte sie den Brief, seine Schwere, und hatte kein Quäntchen Kraft übrig für ihren Vater, der zu stolz war, einmal *nicht* zu funktionieren. Was sie umso wütender machte, weil sie es von ihm gelernt hatte, das Funktionieren. Weil es genau das war, was sie beinahe das Leben gekostet hatte, vor ungefähr zwei Jahren, und weil er das zwar in ihrem Fall ganz genau wusste, es aber für sich selbst nicht zu begreifen schien.

Soll er doch, dachte sie trotzig, soll er doch.

»Lass wissen, wenn ich noch was tun kann, ja?«

Sie tätschelte seinen Arm. Er hielt ihre Hand mit mehr Kraft fest, als sie in diesem Moment von ihm erwartet hätte. »Elli«, seine Stimme klang bereits gestärkt. »Da unten, am Briefkasten, was war das? Bist du wieder … Geht's dir gut?«

»Keine Sorge.« Sie versuchte, es nicht zu zynisch klingen zu lassen. »Ich schaff das schon, Papa.«

Dann ging sie in ihr Zimmer.

Der Brief ließ sich kaum aus der Tasche ziehen, es war, als hätte er sich festgekrallt. Die kleine silberne Kante, die sich durch das Kuvert gedrückt hatte, hatte sich im dünnen Innenfutter verfangen, und je hektischer sie zog, desto weniger löste sich das Problem. Zuerst riss das Papier, dann das Jackenfutter.

Panisch begann Elli zu zappeln, als hätte sich etwas in ihre Haut gebrannt, das sie dringend abschütteln müsste. Es gelang ihr, sich aus der Jacke zu winden und sie in die Zimmerecke zu pfeffern, wo sie neben ihrem Lieblingssessel landete. Elli zappelte weiter, zappelte und schluchzte.

Irrational, hörte sie Dr. Verveins Stimme in ihrem Kopf. *Das ist komplett irrationales Verhalten. Atme es fort, ganz langsam, und zähl rückwärts …*

Elli zählte nicht, sondern schlug nach Dr. Vervein, die sich unbeeindruckt wegduckte, bis Elli genug gewütet hatte. Bis sie erschöpft auf dem Boden saß, den Rücken an das Bettgestell gepresst, unter sich den Teppich spürte *(Spür den Boden!),* einen Schluck Wasser aus ihrer Trinkflasche nahm *(Trink einen Schluck Wasser!),* dabei die Jacke nicht aus den Augen ließ, ihren geliebten rostfarbenen Panzer.

Auf allen vieren krabbelte Elli hinüber, schnappte sich die Jacke, schleifte sie hinter sich her, zurück zum Bett. Sie steckte die Hand in die Tasche, löste das verkantete Metall aus dem Papier und dem Futter und nahm die Kette heraus.

Sonnenblick.

»Bist du sicher?«, flüsterte Marilu.

Manchmal tat sie das. Flüstern. Stundenlang. Und manchmal nervte es mich nicht. Nach dem, was in der Stunde zuvor geschehen war, und angesichts der Tatsache, dass es unser letzter gemeinsamer Abend war, hätte sie tun können, was sie wollte. Ich war dankbar, dass sie lebte, dass das Leben sie liebte und sie es umgekehrt auch. Also nickte ich, schnell, ehe ich mir *nicht* mehr sicher sein würde.

Marilu hatte die Kette durch ihre Finger geschlungen, der Anhänger ruhte in ihrer Handfläche. Er war groß, sicher fünf Zentimeter im Durchmesser und sah komplizierter aus, als er war. Marilu himmelte ihn mit aufgerissenen Augen an.

»Aber du liebst deine Sonnenuhr!«, flüsterte sie weiter, die Stimme hauchig wie der Luftzug, ehe die U-Bahn einfährt.

Wir lungerten oben auf dem rundum eingenetzten Dach herum, auf das wir ohne Aufsicht nicht durften, aber Verbote und Marilu, das funktionierte nicht besonders. Sie war keine Woche hier gewesen, da hatte sie sich schon den Türcode ergaunert. Wann immer ich fragte, wie ihr das gelungen war, verschloss sie mit dramatischer Geste einen imaginären Reißverschluss vor dem Mund und grinste. Nachdem sie mich das erste Mal mit auf das Dach genommen hatte, hörte ich auf zu fragen. Es war verboten, okay, aber es war viel zu schön, um es nicht zu tun. Alleine die Aussicht! Trotz des Netzes.

Unter uns, weit unten, floss der Neckar, hinter uns der Rhein, rechts erstreckte sich die Innenstadt. Oben, hinter dem Sicherheitsnetz, nichts als der sternenbespuckte Himmel. So viele Sterne, wie wir Geheimnisse teilten.

Ja, ich liebte meine Sonnenuhr. Meine Oma hatte sie mir zum zehnten Geburtstag geschenkt. Damit ich nie die Orientierung verlieren würde, hatte sie gesagt, und mir dann gezeigt, wie man sie benutzte. Der Anhänger war aufgeladen mit Omaliebe und meiner eigenen Liebe und bedeutete mir die Welt. Kein Tag, an dem ich ihn nicht in der Hand gehalten hatte. Kein Tag in über fünf Jahren. Trotzdem hatte ich ihn gerade verschenkt.

Weil ich meine Orientierung in den letzten Wochen wiedergefunden und mir geschworen hatte, sie nie wieder zu verlieren. Weil Marilu den Anhänger nötiger brauchte als ich. Weil sie mich gerettet hatte. Weil dieser Tag nach einem Geschenk schrie. Weil ich morgen gehen würde, während Marilu blieb.

»Das ist fantastisch«, flüsterte sie gerade, »jetzt kann ich die Sterne noch besser verstehen lernen. Das Universum wird mich leiten, immer den Sternen nach, dahin, wo das Leben lebt. Und«, sie kicherte, »die Uhrzeit kenn ich auch immer.«

Außer nachts, dachte ich, und schaute zu den Sternen. Dann betrachtete ich erneut den Anhänger, mit dem Marilu zwischen ihren Fingern mit den abgekauten Nägeln spielte, ihn aufgeregt drehte und die Gelenke gegeneinanderdrückte, all die Handgriffe, die ich selbst im Schlaf konnte. Sie drehte, bis der Anhänger nicht mehr flach war, sondern dreidimensional, bis ein Universum entstand, in dessen Mitte die Weltkugel gehörte, auch wenn da nur eine Leerstelle war.

»Ich freu mich, dass du dich freust«, murmelte ich. Ich schaute durch das Schutznetz zum Himmel hinauf und hoffte auf eine Sternschnuppe, um mir wünschen zu können, dass die Liebe in der Uhr ausreichte, um Marilu zu füllen. Damit sie das Leben nicht mehr ständig würde herausfordern müssen. Ich tastete nach ihrer Hand und hielt sie fest, mit der anderen deutete ich auf die Sterne über uns und erklärte, wie die Ringsonnenuhr funktionierte – funktionieren *würde*, wenn die Sonne scheinen *würde*.

Die Sonnenuhr sagte es uns nicht, aber meinem Gefühl nach war es etwa elf. Wir sollten uns langsam wieder nach unten schleichen, bevor unser Fehlen auffiel. Leon hatte heute Nachtwache und er verstand keinen Spaß, wenn zwei seiner Schäfchen nicht in ihren Betten lagen. Auch wenn sie im Dunkeln die Uhr nicht lesen konnten.

Marilu schien dasselbe zu denken. Ohne meine Hand loszulassen, flocht sie die Kette aus ihren Fingern und drückte den Anhänger flach. Sie streifte die Kette über den Kopf und ließ die Sonnenuhr in den Ausschnitt ihres Shirts gleiten. Dann steckte sie sich das letzte Macaron in den Mund, verdrehte genüsslich die Augen, zerrte mich auf die Füße und bugsierte mich zu der Tür, die durch das Personaltreppenhaus nach unten führte.

Ich wollte gerade die Tür aufziehen, als Marilu einen kleinen Pfiff ausstieß. Ein Ruck durch meinen Arm, meine Schulter, spielerisch, aber auch sehr bestimmend. Ich hielt inne, ihr Kichern in meinem Rücken. Langsam drehte ich mich zu ihr um. Mit einem vielsagenden Lächeln – irgendwas zwischen grimmig und beseelt – ergriff sie auch meine andere Hand. Wir standen uns gegenüber, eine Armlänge voneinander entfernt, Hand in Hand in Hand in Hand und alles fühlte sich extrem bedeutungsvoll an. Marilu schaute mich an, wie nur sie schauen konnte, die Augen unter dem dunkelbraunen, mikrokurz geschnittenen Pony geweitet. Das Blau war vollkommen verschwunden, es wirkte, als würden ihre Augen ausschließlich aus Pupillen bestehen, oder war das die Nacht?

Ich blickte zurück und ein ungutes Gefühl beschlich mich. Eine Ahnung, die mit dem Beginn des Abends zu tun hatte, mit dem, was passiert war, mit dem, was hätte passieren können, und mit etwas, das noch passieren würde.

»Hör zu«, wisperte sie. »Ich weiß, was die Kette dir bedeutet, und das macht das Geschenk so unglaublich wertvoll, dass ich es kaum aushalten kann. Deshalb werd ich niemals zulassen, dass jemand anders sie in die Finger kriegt.« Kunstpause, Griff zum Anhänger, der unter dem T-Shirt lag. Glitzernde blauschwarze Augen. »Wenn ich es jemals tue …«, sagte sie langsam und ich wusste sofort, was sie meinte, und auch, dass ich mit meiner unguten Vorahnung richtiglag. »Wenn ich es jemals tue, geb ich sie dir zurück. Das schwör ich beim Universum.«

Mein Mund war Staub und Worte waren da auch keine, weil das alles ein paar Nummern zu groß für mich war. Ich liebte diese Sonnenuhr, und okay, vielleicht war meine Entscheidung, sie zu verschenken, vorschnell gewesen, aber wenn der Preis wäre, dass Marilu »es« täte, dann wollte ich die Uhr nicht zurück, nie im Leben! Die Verbindung zwischen uns, die jünger und stärker war als alles, was ich je erlebt hatte, war ewig. Und dieser Abend, der den Endpunkt der intensivsten, schlimmsten, wunderbarsten Zeit meines Lebens markierte, durfte keine tragische Erinnerung werden. Auf keinen Fall.

Marilus ekstatisches Leuchten verstärkte meine Beklemmung. Langsam löste ich meine Hände aus ihren, trat einen Schritt näher und versuchte, möglichst bedrohlich auszusehen. Sie strahlte zu mir hoch, einen halben Kopf ungefähr, nicht, weil ich besonders groß, sondern weil sie ziemlich klein war. Ich legte ihr die Hand auf die Wange, streichelte sie kurz und gab ihr dann einen Klaps.

Wag es nicht, hieß das.

Ich hätte schwören können, dass Marilu verstanden hatte.

Hatte sie nicht.

Sonst würde Elli jetzt nicht die Ringsonnenuhr in den Händen halten. Voll mit Oma, mit ihr selbst und jetzt auch noch mit Marilus Schmerz. Er drang aus dem Palladium, aus dem die Uhr gemacht war, Palladium und Aluminium und Edelstahl, drang heraus, floss in Elli hinein, es tat weh, alles tat ihr weh.

Dreihundertsiebenundachtzig, zählte sie stumm, dreihundertsechsundachtzig, dreihundertfünfundachtzig, und weiter, minus eins, dann minus drei, ein paar Mal minus sieben. Bei dreihundertvier hatte sie ihre Finger so weit unter Kontrolle, dass sie in der Tasche ihrer Jacke nach den Überresten des Umschlages tasten konnte. Sie beförderte Fetzen um Fetzen heraus.

Elli steckte die Zunge zwischen die Zähne und biss genauso fest darauf, wie es nötig war, um sich zu konzentrieren. Dann setzte sie das Kuvert zusammen, sorgsam, mit Tesafilm und als hinge alles davon ab. Als sie fertig war, wog sie den Umschlag einen Moment lang in der Hand, schaute hinein, betrachtete die Verschlingungen, die eher nach Ornamenten als nach Schriftzeichen aussahen. Marilu schrieb nicht, sie schnörkelte. Immer in Orange, auf Schranktüren, der Innenseite der Fensterrahmen, in Lampenschirme, sie pulte sogar die Tapete ab und klebte sie nach dem Schreiben vorsichtig wieder an. Und sie schrieb von innen auf Briefumschläge.

Vorsichtig trennte Elli das restaurierte Kuvert auf, löste es entlang der originalen Klebestellen und entfaltete es beinahe ehrfürchtig, um zu lesen, was Marilu ihr geschrieben hatte. In orangefarbener Tinte, natürlich.

Ellili!

Was ich herausgefunden habe:

Norden ist eine Illusion.

Manchmal ist es lauter als sonst. Manchmal auch zu laut. Heute türmen sich die Geräusche.

Ohne Sonne nützt die Sonnenuhr nichts. Aber sie ist ein Symbol für ... du weißt schon.

Es ist noch nicht zu spät.

Such mich! Nein: Finde mich!

Du musst mich finden!

Wenn du schnell genug bist, ist das ein Pluspunkt auf der Leben-Seite.

Gib mich nicht auf.

Gib niemals auf.

Hab dich lieb.

Marilu

PS: Lasse wird dir helfen.

Eigentlich war es zu spät, um anzurufen, aber sie hatte die Hoffnung, dass Lasse noch wach war. Er war zwei Jahre jünger als Marilu, dann müsste er jetzt ... sechzehn sein. Ein Jahr älter, als sie selbst damals gewesen war. Jungs in dem Alter lagen selten um halb elf im Bett, zumindest nicht die, die Elli kannte.

Lasse kannte sie nicht. Alles, was sie über ihn wusste, wusste sie von Marilu. Und dieses Wissen war jetzt auch schon ungefähr zwei Jahre alt. Trotzdem musste sie ihn anrufen, weil er der Einzige war, mit dem sie sich verbünden könnte; der einzige Mensch, der wusste, dass es eine Verbindung zwischen Marilu und Elli gab, denn in ihrem aktuellen Leben hatte sie niemandem davon erzählt. Weil das, was sie beide verband, ausschließlich in *Sonnenblick* angesiedelt war und »Was in *Sonnenblick* passiert, bleibt in *Sonnenblick*«. Zumindest hatte das Therapieteam das immer gepredigt, von wegen Privatsphäre, Vertrauen und sicherem Ort.

Und Marilu? Schoss das Credo in den Wind und drängte sich und *Sonnenblick* und alles, was damit zusammenhing, in Ellis echtes Leben. Dem, in dem es ihr gut ging, in dem sie stabil stand und überwiegend glücklich war. In dem alles so funktionierte, wie Elli sich das vorstellte. Verdammt!

Sie spürte die Feuchtigkeit auf ihren Handflächen, spürte ihre schmerzenden Kieferknochen. Die Vergangenheit hatte sie eingeholt, in Form eines Anhängers und ein paar verworrener Zeilen, die alles bedrohten, was Elli sich hart erkämpft hatte.

Darum Lasse. Falls seine Nummer noch stimmte …

Marilu hatte sie ihr ins Handy getippt, ganz kurz nachdem Elli ihn kennengelernt hatte. »Ich hab ihm deine auch gegeben. Falls mal was ist«, hatte sie gemurmelt. »Was Wichtiges.«

Das hier war wichtig.

Wichtiger als ihr Ärger über Marilus Eindringen in ihr ziemlich perfektes Leben, wichtiger als ihre Angst und ihr eigenes schlechtes Gewissen, weil sie sich trotz ihres Schwurs nicht mehr bei Marilu gemeldet hatte, nachdem sie *Sonnenblick* verlassen hatte.

Was hätte sie denn tun sollen? Sie hatte ihre gesamte Energie für das Draußen gebraucht und Marilu … war noch drinnen gewesen. Natürlich hatte Elli an sie gedacht, im ersten Jahr beinahe täglich. Dann immer weniger, in letzter Zeit kaum. Und auf einmal war sie da. In Ellis Welt, erst am Briefkasten, jetzt in ihrem Zimmer. Und sie begriff, dass sie einen Riesenfehler gemacht hatte. *Sonnenblick* verschwand nicht aus ihrem Leben, bloß weil sie den Ort verlassen hatte. Es war und blieb ein Teil von ihr, genau wie Marilu. Ohne diesen Teil wäre Elli nicht, wo, und ganz sicher nicht, *wer* sie jetzt war.

Marilu war wichtig.

Also wählte sie. Strich über die Sonnenuhr, während es klingelte.

»Elli?«

Seine Stimme klang anders als in ihrer Erinnerung, tiefer, ruhiger, dunkelbraun. Nicht nach Kind. Ein bisschen nach Marilu, ein bisschen nach … Vampir, wisperte Marilus Stimme in ihrem Kopf.

Elli schwieg nachdenklich in das Mikrofon.

»Hallo? Bist du das?«

Sie holte tief Luft und dann, schnell und ehe die Situation noch peinlicher werden würde, antwortete sie: »Ja, sorry. Erinnerst du dich an mich? Ich … wir haben uns getroffen, als du Marilu in *Sonnenblick* besucht hast.«

»Und meine vorausschauende Schwester hat mir gleich deine Nummer eingespeichert.« Er lachte. »Logisch erinner ich mich. Du bist die, die sich nicht bewegen konnte.«

Die, die sich nicht … Wow. So viel zu »Was in *Sonnenblick* passiert, bleibt in *Sonnenblick*«. Bevor sie Lasse erklären konnte, dass sie sich sehr wohl hatte bewegen können damals, aber schlicht den Sinn darin nicht gesehen hatte, von der Energie mal ganz zu schweigen, sprach er weiter. »Marilu redet ständig von dir.«

Und plötzlich war nichts mehr wichtig, außer der Tatsache, dass er »redet« sagte. Präsens. Sie spürte, wie ihr Atem wieder floss *(Spür deinen Atem!)*, und hätte gerne aufgelegt, jetzt, da sie wusste, dass alles in Ordnung war. Einzig ihre Höflichkeit hielt sie davon ab.

»Sorry«, murmelte sie und verschob mit dem Finger die stählernen Ringe der Sonnenuhr, »dass ich um die Zeit …«

»Kein Ding. Ich überleg auch schon den ganzen Abend, ob ich dich anrufen soll.«

Er tat … bitte was?

»Warum?«

»Na, wegen Marilu.«

Wegen …? Sie räusperte sich.

»Was ist denn mit ihr?«

»Wie, was ist mit ihr?« Seine Stimme brach von Dunkel-
zu Hellbraun und einen Augenblick war Elli erleichtert,
dass er doch ein bisschen des Kindes in sich trug, das
sie kennengelernt hatte, und seinem Stimmbruch noch
nicht ganz entwachsen war. »Ich dachte, das würdest du
mir erzählen.«

»Ich dir?«

»Nicht?«

Das war das mit Abstand sonderbarste Gespräch, das
Elli je geführt hatte. Und das sollte was heißen. Verwirrt
verstummte sie und auch Lasse schien den Sinn dieses
Anrufs zu suchen.

»Noch mal von vorne«, forderte er schließlich. »Sie hat
dir einen Brief geschickt.«

»Du weißt davon?«

»Jap.«

»Aber …«

Wie konnte das sein? Marilu schickte ihr diesen Brief,
der überdeutlich ein Abschied war – und Lasse *wusste* davon? Wer, bitte schön, kündigte Abschiedsbriefe an? Und
warum klang Lasse zwar erstaunt, aber nicht aufgeregt,
warum sprach er im Präsens von seiner Schwester, was
lief hier ab? Elli räusperte sich erneut.

»Woher?«

»Weil ich auch einen bekommen habe.« In seiner Stimme lag kein Hauch von Ungeduld – eher Neugier. »Und in
meinem steht, dass sie dir geschrieben hat.«

»Weiter nichts?«

»Nicht wirklich. Irgendeine Geschichte von einem
Gasthaus im Odenwald, in dem wir früher mal Urlaub

gemacht haben, und wie glücklich sie da war. Total wirr alles, Marilu halt.«

Ja, Marilu halt.

»Hat sie in letzter Zeit ihre Tabletten genommen?«

»Woher soll ich das wissen?«

Elli schnaubte, das Telefon am Ohr und die Aufmerksamkeit fest auf den Anhänger in ihrer Hand gerichtet.

Gib niemals auf.

»Weißt du, wie es ihr geht?«

»Keine Ahnung, sie hat sich länger nicht gemeldet. Macht sie aber öfter«, fügte er schnell hinzu. »Kannst du dir wahrscheinlich vorstellen.«

Marilu halt.

»Und seit sie ausgezogen ist …«

»Sie ist ausgezogen?«

»Ja, am Tag nach ihrem Achtzehnten – Neujahr.« Langsam schlich Unruhe in seine gebrochene Stimme, als würde er begreifen, dass es hier um mehr ging als um wirre Briefe, um mehr als nur *Marilu halt*. »Sag mal, was ist eigentlich los? Ich dachte, das wär wieder einer ihrer blöden Scherze, sie hat ja manchmal eine Art, Menschen …«

Eine Art, Menschen … zu ärgern, zum Lachen zu bringen, herauszufordern, zusammenzuwürfeln, zu manipulieren, zu testen, ihre Liebe zu erklären … Elli hatte in den Monaten mit Marilu einen Eindruck von »ihrer Art« bekommen, Lasse hatte ein Leben lang Zeit gehabt, jeden einzelnen dieser Punkte zu ergründen – und vermutlich noch viele mehr. Darin, dass er den Satz nicht beendete, lag: alles. Wie er ihn fortsetzte allerdings, die plötzliche Wachsamkeit in seiner Stimme, zeugte davon, dass es sehr vieles gab, was Elli nicht wusste. »Stimmt was nicht mit ihr?«, hakte er nach. »Ist sie wieder …?«

»Keine Ahnung. Ich … ich hab keinen Kontakt zu ihr gehabt, seit *Sonnenblick*. Sie hat ein paar Mal geschrieben, aber ich …«

… hab mich seit unserem letzten Abend auf dem Dach nie mehr gemeldet. Weil sie mir Angst gemacht hat. Und Angst hatte ich schon ohne Marilu genug.

Sie schluckte ihre Gedanken herunter und sprach rasch weiter. »Jedenfalls war heute dieser Brief in der Post, aus heiterem Himmel.« Der Unterton in ihrer Stimme war nicht zu überhören; entschuldigend und aggressiv zugleich. Wenn Lasse von dem Versprechen wusste, das sie Marilu bei ihrem Abschied gegeben hatte *(Für immer, Elli, lass uns schwören, dass wir uns nie aus den Augen verlieren!)*, und schlimmstenfalls auch davon, dass sie es gebrochen hatte, ließ er es sich jedenfalls nicht anmerken.

»Und was steht drin?«, fragte er.

»Dass ich sie suchen soll.«

»Suchen? Wieso?«

»Weiß nicht, es ist alles ziemlich …« Sie zuckte hilflos mit den Schultern, was Lasse nicht sehen konnte. Er vollendete ihren Satz trotzdem.

»Wirr?«

»Ja.« Marilu halt. »Aber es ist auch egal, es geht, glaub ich, mehr um das, was sie nicht schreibt, also das, was zwischen den Zeilen …« Es ging um das, wofür die Sonnenuhr stand. Und dafür fehlten ihr gerade die Worte. Hilflos brach sie ab.

Eine Weile herrschte Stille in der Leitung, überbrückte die einundachtzig Komma neun Kilometer, die sie trennten. Von Tür zu Tür, sie hatten es mal ausgerechnet in *Sonnenblick.*

Mannheim–Frankfurt.

Elli–Marilu.

Elli–Lasse.

Manchmal ist es lauter als sonst.

»Okay«, setzte sie erneut an. »Du weißt nicht, wo sie steckt, und nicht, ob sie ihre Medikamente nimmt. Du hast einen komischen Brief bekommen, in dem steht, dass ich auch einen gekriegt hab. Wenn ich dir sagen würde, dass ich mir Sorgen mache, was würdest du dann antworten?«

Lasse seufzte, tief und resigniert – wie jemand, der solche Situationen schon viel zu oft erlebt hat. Als er sprach, hatte er seine Erwachsenenstimme wiedergefunden. »Ich mir auch, würde ich antworten. Und dass ich morgen vorbeikomm.«

»Morgen? Musst du nicht zur Schule?«

»Sommerferien.«

Klar. Einundachtzig Komma neun Kilometer, zwei Bundesländer. »Bei uns gehen die erst übermorgen los.«

»Ab Donnerstag habt ihr Ferien?«

Elli nickte, dann fiel ihr ein, dass er sie nicht sehen konnte, und wiederholte ihr »Ja« noch einmal laut.

»Okay, dann komm ich übermorgen.«

Sie wollte gerade zustimmen, als ein Gedanke in ihrem Kopf aufblitzte, in Großbuchstaben, und sie anbrüllte. DAS IST ZU SPÄT! HAST DU DEN BRIEF NICHT GELESEN? ÜBERMORGEN IST ZU SPÄT! Ihr Hirn wich zurück, stolperte und spuckte das Unwichtigste aus, was ihr einfiel.

»Hast du überhaupt Geld?«

»Geld?« Lachte Lasse über die Unsinnigkeit der Frage

oder über ihren Inhalt? So oder so: Sein Lachen passte nicht zu der Erinnerung, die sie an ihn hatte. »Geld war bei uns nie das Problem, Elli.«

Nein, Marilu war das Problem. Immer gewesen, immer noch. Im Kopf raste sie durch ihren Plan für den folgenden Tag.

Aufwachen.
Tagebuch.
Youtube-Morning-Work-out.
Schule.
Dr. Vervein.
Sportstudio.
Zu Tom.
Die letzte Folge *How to get away with murder* gucken.
Schlafen.

Wenn du schnell genug bist …

Ihre Hand schloss sich so fest um die Sonnenuhr, dass sich die Achse der Welt in ihre Handfläche bohrte. Pläne konnte man ändern. *(Pläne kann man ändern, Elli!)* War blöd, ging aber. Kein Sport also.

»Okay«, murmelte sie. »Du hast recht. Wir müssen uns beeilen. Komm morgen. Ich schick dir die Adresse.«

Sie wartete vorm Haus auf ihn, neben den meterhohen dunkelroten Stockrosen, auf die ihre Mutter so stolz war, den Rücken an die raue Wand gelehnt. Im Mund den Geschmack von Blut, um den Hals die Sonnenuhr, in der umgehängten Tasche den Brief.

Lasse war ein paar Minuten zu spät, das war okay, auf die Art konnte Elli ihr Gespräch mit Dr. Vervein sacken lassen. Es war ziemlich genau so verlaufen:

Marilu hat mir einen Brief geschrieben.
Aha. Und was stand drin?
Es geht eher darum, was nicht drinstand.
Oh?
Sie hat den Anhänger mitgeschickt.
Die Sonnenuhr? Aber ihr hattet doch abgemacht, dass sie dir die nur schickt, wenn sie …
Genau.
Oh.
Ja.
Und dieser Brief … Was macht der mit dir?

Weiter waren sie nicht gekommen, denn den Rest der Stunde hatte Elli hyperventiliert, während Dr. Vervein auf sie eingeredet hatte. Sie hatte sich in den vergangenen zwei Jahren daran gewöhnt, an diese Psychologensprache, an das »Was macht das mit dir« und »Wie fühlt sich das an«, sie konnte in den Boden atmen und sich eine Schutzhülle aus blauem Licht imaginieren, sie konnte analysieren, interpretieren und reflektieren.

Aber sie hatte keine Ahnung, was sie mit den Empfindungen anfangen sollte, die dieser Brief in ihr weckte, mit dem sich Marilu ungefragt in ihr Leben drängte. Oder mit ihren Schuldgefühlen, weil sie Marilu nie auf eine ihrer E-Mails oder Nachrichten geantwortet hatte – oder sie besucht. Obwohl sie es geschworen hatte. Und sie hatte keine Ahnung, wie sie damit umgehen sollte, was das alles *mit ihr machte*.

Sie starrte auf den Boden, in den sie atmete. Kopfsteinpflaster aus Granit, die Ecken abgerundet von Millionen an Füßen, die seit Hunderten Jahren darüber hinweggelaufen waren, auf Ledersohlen, Holzsohlen, Gummisohlen, Pfennigabsätzen. Ihr Atmen fand seinen Weg zwischen die Fugen der Steine, sackte in die Erde und nahm einen Teil ihrer Anspannung mit sich. Gerade genug, um aufrecht stehen zu bleiben.

»Alles okay bei dir?«

Ausgelatschte Vans, das Karomuster passend zu dem Kopfsteinpflaster, auf dem sie standen. Verwaschene Jeans, slim cut. Sie sah höher, ein abgeliebtes T-Shirt, noch höher.

»Krass«, entfuhr es ihr. »Du bist voll groß geworden!«

Einen kurzen Moment hing das Schweigen zwischen ihnen und sie spürte die Röte aufsteigen, langsam, vom Hals aufwärts. Als sie ihre Wangen erreicht hatte, begann er zu lachen, tief, kieksend und glucksend zugleich.

»Sorry«, murmelte sie betreten.

»Schon okay, Omi.«

Ein letztes Kieksgluckslachen, dann streckte er ihr die offene Hand hin, sie schlug automatisch ein und ebenso automatisch stieß sie anschließend ihre Faust gegen seine. Sie roch Aftershave, und obwohl sie ihm noch immer nicht richtig ins Gesicht gesehen hatte, hätte sie gewettet, dass es darin nichts zu rasieren gab.

Sie hob den Kopf ein letztes Stückchen und schaute nach.

Er hatte waldhonigfarbenes Haar, heller, aber genauso grundstrubbelig wie Marilus, besaß deren kantiges Kinn, deren große blaue Augen, und wenn er den Kranz dunkler Wimpern drum herum tuschen würde …

»Du wirkst nicht mehr so verhungert wie damals«, unterbrach er ihre Analyse. »Siehst gut aus.«

»Danke. Du siehst aus wie deine Schwester.«

Er runzelte die Stirn. »Oder sie wie ich?«

»Geht nicht.« Elli zuckte die Schultern. »Sie war zuerst da.«

Er legte nachdenklich den Kopf schief. »Stimmt. Als Zweitgeborener hat sich das mit der Individualität schnell erledigt.«

So redet doch kein Gerade-erst-Sechzehnjähriger, dachte sie. Nicht mal, wenn er aus einer reichen Familie mit altem Geld kommt und, genau wie Marilu, seit seiner Empfängnis mit klassischer Musik bombardiert wird. Nicht mal, wenn er – auch das wusste sie von Marilu – auf ein geisteswissenschaftliches Gymnasium geht, auf dem er Latein und Griechisch lernt. So redet man nicht, wenn man ausgelatschte Vans trägt und eine Schwester wie Marilu hat. Oder … gerade.

Sie stieß sich von der Wand ab und konnte sich zu ihrer eigenen Überraschung ganz leicht bewegen.

»Kaffee?«, schlug sie vor.

»Ich nehm keine Drogen«, erwiderte er. »Aber ein Kakao wär schön.«

»Zucker ist auch eine Droge«, bemerkte Elli amüsiert.

»Punkt für dich.« Er grinste sie dermaßen offen an, dass Elli gar nicht anders konnte, als ihn zu mögen.

Er trank Kakao, sie ihren geliebten Flat White.

Der Kick, den ihr der durch die Milch kaum abgemilderte doppelte Espresso gab, wirkte auf sie in der Tat wie eine Droge, und ja, sie sollte dringend zu Kamillentee statt Koffein greifen. Sollte. Leider liebte sie Kaffee, seit sie mit Tom zusammen war – seit mehr als eineinhalb Jahren. Sein Kaffeetick hatte auf sie abgefärbt, vielleicht weil sie gemeinsam so viel probiert hatten, als er sich bei einem Barista-Workshop angemeldet hatte. Tom machte so was: Geld sparen, um an einem Barista-Workshop teilzunehmen – bloß um das, was er mochte, besser zu verstehen. Ihm bereitete es keine Angst, neue Dinge zu lernen. Weil er, im Gegensatz zu ihr, keine Angst vorm Scheitern hatte.

Eine Weile schlürften sie schweigend und gleichermaßen zufrieden an ihren Getränken, dann fiel die Zufriedenheit langsam ab und der Elefant im Raum – Marilu – ließ sich nicht länger ignorieren.

»Okay.« Elli gab als Erste auf, setzte ihre Tasse ab und befreite den Brief aus ihrer Umhängetasche. »Hier.« Sie streifte die Kette über den Kopf und legte sie daneben. »Kann ich deinen Brief auch sehen?«

Ohne seinen Kakaobecher abzusetzen, griff Lasse in den Rucksack und zog einen zerknitterten Umschlag hervor.

Die Briefe schienen Zwillinge zu sein. Auch seiner war auf die Innenseite des Kuverts geschrieben, ebenfalls in Orange. »War was drin?«, wollte sie wissen.

Er nickte, wühlte erneut und legte dann eine vergilbte Werbebroschüre zu seinem Brief. Elli überflog sie kurz.

»Bad König? Was soll das? Wo ist das?«

»Odenwald.« Ohne eine weitere Erklärung nahm er die Sonnenuhr an sich, drehte und wendete sie. »Die kenn ich. Die hatte sie immer um den Hals. Sie hat gesagt, dass ihr das Teil hilft, den Sternen zu folgen.« Er spielte mit dem Anhänger herum, faltete ihn auf, sodass er die Welt umschloss, drückte ihn zusammen, bis er flach wurde. »Wieso hast du die?«

»Der Anhänger hat mir gehört.« Elli nahm einen Schluck Kaffee gegen den Knoten in ihrer Brust. »Ich hab ihn ihr an unserem letzten Abend geschenkt und sie … Lies erst mal den Brief.«

Gehorsam faltete er den Brief auf und las, den Finger auf dem Papier. Er verharrte bereits bei der Anrede, als ob der dumme Kosename, den ihr Marilu verpasst hatte, wichtig wäre. Sie schüttelte abwehrend den Kopf. Der Finger glitt weiter. Elli hätte mitsprechen können, Wort für Wort. Lasse stöhnte, als er bei dem PS angekommen war.

»Sie ist irre«, schussfolgerte er, als er das Blatt wieder ablegte. »Aber anders irre als sonst.«

Das stimmte. Jedes Wort in diesem Brief schien bewusst gewählt – der Brief hatte nichts von Marilus depressivem Schwarz und nur sehr wenig von ihrem manischen Wasserfallschreiben. Vor allem aber hatte er keinen Zusammenhang.

»Ist deiner genauso?«

Lasse deutete auffordernd zu dem Kuvert. Dann warf er ein paar Marshmallows in seine Kakaotasse und nahm sie zwischen beide Hände, als müsse er sich daran wärmen. Im Juli. Elli verstand ihn besser als ihr lieb war.

Alles in ihr drohte einzufrieren, genau wie gestern am Briefkasten, als sie die Hand ausstreckte, in Zeitlupe, Lasses Umschlag auffaltete, die orangefarbene Schrift scharf stellte.

Lasse.

Brüderchen und Schwesterchen.

Der Odenwald, das Gasthaus.

Dreieinssieben, weißt du noch?

Du bist fast durchgedreht, als ich auf dem Balkongeländer getanzt hab.

Du und deine Angst immer.

Vorm Glücklichsein muss man keine Angst haben.

Und ich war glücklich. So glücklich, damals, dort.

Weil das Leben mir da zum ersten Mal gezeigt hat, dass es mich liebt.

Weißt du, ob das Leben dich liebt?

Du musst es rausfinden! Du musst dahin.

Schnell.

Ohne dich wird es mich ausspucken.

Hab dich lieb.

Marilu

PS: Ich hab Elli geschrieben.

Elli spürte ihr Herz, als sie »Weißt du, ob das Leben dich liebt?« las. Es beschleunigte von eingefroren zu Jogger zu Rennpferd zu Überschall. Sie sollte kein Koffein trinken. Sie sollte keine solchen Briefe bekommen.

In. Den. Boden. Atmen.

Der Boden hier war mit Fliesen versiegelt, die nach Südfrankreich aussahen – oder arabisch, jedenfalls nach weit weg und ohne Zugang zur Erde. Ihre Panik floss über die Fliesen, unter dem Tisch hinüber zu Lasse, bis an die Sohlen seiner Vans.

Über den Tisch schwappte Lasses Unverständnis. Er hatte sie nicht aus den Augen gelassen, den Kakao in der Hand, den Blick ernster, als er alt war, und mit einem Subtext darin, den sie nicht greifen konnte. Lauernd? Neugierig?

»Verstehst du das?«, fragte seine Vampirstimme.

Du bist zu jung für das alles hier, antwortete Elli stumm. Und ich auch.

»Ich fürchte schon«, erwiderte sie leise. Sie schob das Kuvert zurück in die Mitte des Tisches, neben die Broschüre, die Sonnenuhr, ihren eigenen Brief, ein Haufen aus Drama. Ihre Hände blieben auf dem Tisch liegen. »Wir müssen in den Odenwald – und zwar so schnell wie möglich.«

»In den Odenwald? Warum?

»Weil sie uns dahaben will.«

»Ganz ehrlich, Elli? Es interessiert mich einen Dreck, was meine Schwester will!«

Er knallte seine Tasse auf den Tisch. Ein Spritzer Kakao landete auf dem Holz des Tisches, gleich neben ihrer Hand.

»Es interessiert dich einen Dreck?«, wiederholte sie ungläubig.

»Allerdings.« Seine Hände lagen neben der Tasse, zu Fäusten geballt, er grub seine Nägel in die Handflächen und löste sie wieder, grub und löste, beinahe spürte sie den Schmerz in ihrem eigenen Fleisch.

Nur wahrnehmen, nicht bewerten.

Wahrnehmen, wie Lasses Schmerz, als Wut getarnt, aus ihm herauspolterte.

»Mein ganzes Scheißleben dreht sich um sie. Seit ihrem ersten Schub. Da war sie zwölf und ich zehn, verdammt! Alles, was ich wollte, waren ein Hund und ein bisschen Aufmerksamkeit. Aber egal, was *ich* wollte, egal, was *ich* gemacht hab, es ging immer nur um sie. Immer!«

Er klang wie einer, der Therapien hinter sich und zu reflektieren gelernt hatte. Wie einer, der in *Sonnenblick* gewesen war. War er etwa …? Elli betrachtete ihn mit anderen Augen, aber sie zügelte ihre Neugier, weil Lasse dran war mit Reden.

»Wenn sie depressiv war, haben wir alle in einem dauerschwarzen Dauerwinter im Nirgendwo gelebt, wenn sie manisch war, in einem Disneyfilm und später in einem Club und die Luft hat geprickelt vor Elektrizität, aber nicht auf eine gute Art, sondern auf die, die da ist, bevor ein Jahrhundertsturm losdonnert. Und in den Phasen dazwischen«, er stieß die Luft durch die Nase aus, »hab ich kaum zu atmen gewagt, aus Angst, dass es wieder anfängt. Dabei konnte ich nichts tun. Nichts!« Die Wut verschwand. Zurück blieb Hilflosigkeit.

Elli löste die Hände von der Tischplatte und wischte mit ihrer Serviette den Kakaotropfen weg.

»Aber das hat sie doch nicht absichtlich gemacht.« Woher nahm sie die Kraft, Marilu zu verteidigen? Vielleicht weil sie deren Sicht der Dinge kannte, ihre Qual, ihre Schuldgefühle der eigenen Familie gegenüber. Lasse gegenüber. »Es ist eine Krankheit!«

»Aber sie hätte ihre Medikamente nehmen können, wenigstens das! Stattdessen hat sie sie jedes Mal, wenn's ihr besser ging, wieder abgesetzt.«

»Wegen der Nebenwirkungen. Weil sie nichts mehr gefühlt hat.«

»Das weiß ich. Ich weiß alles über diese Scheißkrankheit, aber ich weiß auch, dass meine Schwester mir die Luft zum Atmen genommen hat. Dass sie alle Energie absorbiert hat, meine, die meiner Eltern, sogar die von meinen Kumpels. Und wenn du ehrlich zu dir bist, Elli, deine auch.«

War das so? Hatte sie deshalb nie auf Marilus Kontaktversuche geantwortet? Dr. Vervein hatte so was mal angedeutet …

»Möglich«, räumte sie ein und legte vorsichtig ihre Hand auf Lasses. Er zuckte kaum merklich zurück, dann entspannte er sich. Es gab so viel zu reden, zu fragen. So viel zu denken. Später, ermahnte sie sich. Später. »Ganz egal kann sie dir jedenfalls nicht sein. Sonst wärst du nicht hier.«

Die Hand unter ihrer begann zu zittern, ganz leicht, dann zu beben, noch leichter. Schließlich zog er sie fort und wischte sich mit dem Handrücken über die Augen, grob, als hätte er diese Geste mal in einem Film gesehen.

»Natürlich ist sie mir nicht egal! Sie ist meine Schwester, verdammt, die einzige, die ich je hatte. Sie ist toll. Sie hat mir alles Mögliche beigebracht. Nicht nur die Sternbilder, auch die Chaostheorie und wie man ohne Dosenöffner eine Dose öffnet.«

Elli hätte gern nachgefragt, wie das gehen sollte, verkniff es sich aber wegen des Schleiers, der über Lasses Augen lag. »Sie weiß krass viel, Elli, über Farbpigmente, über Psychologie, und sie kann ein Dreitausend-Teile-Puzzle in einer Nacht zusammensetzen! Sie ist die beste große Schwester, die ich mir hätte wünschen können. Aber …« Der Schleier wich etwas anderem, etwas, das Elli nicht greifen konnte. »Es war auch alles immer anstrengend. Überintensiv. Als wären wir alle Strichmännchen und sie wär die Einzige, die ausgemalt war. Oder halt andersrum. Es gab nie ein Dazwischen, nie ein Normal. Ich hatte keine Ahnung, wie sehr ich das vermisst hab, bis sie ausgezogen ist. Seitdem ist es besser. Ich weiß, es ist schrecklich, das zu sagen, aber als sie weg war – das hat sich angefühlt, als ob jemand einen Filter von meinem Leben genommen hat, der entweder alles megagrell oder schwarz-weiß gefärbt hat.« Hilflos verstummte er, zog die Schultern hoch und ließ sie wieder fallen.

»Bei mir war es umgekehrt«, murmelte Elli. »Bei mir war alles schwarz-weiß, na ja, mehr schwarz eigentlich, und Marilu hat meine Welt angemalt. Und alles wurde … heller irgendwie. Als hätte jemand das Licht angemacht.«

»Einen Stadionscheinwerfer, nehm ich an?«

Sie seufzte. Lasse seufzte ebenfalls.

Elli dachte an das Dreitausend-Teile-Puzzle und daran, dass Lasses Brief ein Puzzleteil war, das ihn zu ihr geführt hatte. Zu ihrem Brief. Der eine Ankündigung, eine Absichtserklärung, vielleicht auch eine Drohung enthielt.

Sie horchte auf das Koffein in ihrem Blut, winkte der voll-bärtigen Bedienung und bestellte einen Kamillentee und ein Glas Wasser.

Trink Wasser.

»Okay. Und warum müssen wir ausgerechnet in den Odenwald?«

Odenwald, genau. Sie mussten einen Plan machen, denn wenn es stimmte, was sie befürchtete, war jetzt nicht der Moment, um in Erinnerungen zu schwelgen. Aber ein paar mehr Informationen musste sie ihm geben, damit er verstehen würde, was zwischen den Zeilen lauerte. Sie sammelte ihre Kraft und erzählte Lasse die Kurzversion: von den erfundenen oder realen Geschichten, mit denen Marilu sie zugestrudelt hatte in der Zeit, in der sie selbst sich nicht bewegt hatte. Davon, dass sie Angst hatte und dass sich der Brief wie eine Strafe dafür anfühlte, dass sie nie auf Marilus Nachrichten reagiert hatte, sprach sie nicht, stattdessen von ihren späteren Gesprächen auf dem umnetzten Dach und denen im Zimmer, abends. Den Gesprächen, die tiefer wurden, als das Lithium bei Marilu zu wirken und Elli sich wieder zu spüren begann. Schließlich von der Sonnenuhr und ihrem Pakt.

Der letzte Satz kostete sie all ihre Kraft, weil Dinge real werden, wenn man sie ausspricht.

»Und das mit dem Pluspunkt fürs Leben, wenn wir uns beeilen … also, ich fürchte, sie will sich umbringen.«

Er wirkte nicht mal erstaunt, eher … resigniert.

»Oder hat schon.«

»Glaubst du?«, fragte sie leise.

Vor ihrem inneren Auge erschien Marilu, wie sie am ver-schlossenen Fenster lehnte, in ihrem gemeinsamen Zimmer in *Sonnenblick,* und nach draußen schaute. »Dieses Leben, dieses Leben ist so kostbar«, hatte sie gesagt, mit weit ausgreifender Geste. »Wenn wir es lieben, dann liebt es uns zurück.« Und dann, kaum hörbar: »Wenn es bloß nicht so scheißkompliziert wär.«

Lasse fegte Marilu aus ihren Gedanken, für die sie ohnehin keine Zeit hatte.

»Nee, glaub ich nicht.«

»Warum?«

»Weil sie mich dann nicht zu dir geschickt hätte. Und uns in den Odenwald. Viel wahrscheinlicher ist, dass sie mal wieder eins ihrer Spiele spielt.«

»Ein Spiel?«

Er zuckte die Achseln, dann legte er den Kopf in den Nacken, um seine Tasse zu leeren, und als er sie wieder absetzte, zierte ein bräunlicher Kakaobart seine Oberlippe. Ehe sie ihn darauf aufmerksam machen konnte, leckte er ihn fort.

Elli überflog Lasses Brief erneut.

»Was meint sie eigentlich mit *dreieinssieben?*«

Er zuckte mit den Achseln. »Hab ich mich auch schon gefragt.«

Der Kellner stellte den Kamillentee sacht vor ihr ab und verschwand wortlos. Elli nahm einen vorsichtigen Schluck.

»Denkst du wirklich, dass sie noch lebt?«, hakte sie nach.

»Absolut. Alles andere ergibt keinen Sinn. Weil sie nämlich *entweder* hochdreht und sich für den Nabel der Welt hält und orangefarbene Briefe schreibt und sich wahnwitzige Spiele ausdenkt *oder* gar nichts tut. Nichts. Und in diesem Nichts, okay, ja, da könnte sie sich umbringen.«

Lasse wusste mehr über seine Schwester, als Elli in der kurzen Zeit in *Sonnenblick* jemals hätte herausfinden können. Sie kannte die wasserfallartig redende Marilu, die an den ersten Tagen nur in Fünfzehn-Minuten-Schichten geschlafen hatte und derem ununterbrochenen Gekritzel auf Hunderte Papierbögen, auf den Boden und unter Tapetenfetzen Elli nächtelang gelauscht hatte. Und dann, als das Medikament langsam Wirkung zeigte, lernte sie die kluge, noch immer leicht gehetzte, aber irrsinnig schlaue und einfühlsame Marilu kennen.

Das Nichts, von dem Lasse sprach, kannte Elli von sich selbst. Weniger als Depression, sondern als Abbild der gesamten Sinnlosigkeit der Welt. Der ultimativen Erschöpfung. »Aber die Briefe *und* Selbstmord«, unterbrach Lasse erneut ihre Erinnerung. »Das passt nicht. Da steckt was anderes hinter.«

Der hastige Schluck Kamillentee verbrannte ihre Zunge. Elli fluchte. »Was anderes? Und was, bitte schön?«

»Um das rauszufinden, gibt es nur einen Weg.« Lasse stopfte sich die letzten Marshmallows in den Mund. »Wir spielen ihr Spiel mit.«

»Was? Aber … ich will nicht!«

Sein zynisches Lachen war Antwort genug. »Als hätten wir eine Wahl.«

Er hatte recht: Hatten sie nicht.

Tom war sauer und sie konnte ihm nicht mal einen Vorwurf daraus machen. Schließlich stahl ihm eine fremde Person die gemeinsame Zeit mit seiner Freundin und durchkreuzte ihre gemeinsamen Pläne.

Für ihn war Marilu das: eine Fremde. Er war nie in ihr Strahlen getaucht gewesen, hatte nie das Geperle ihres Kicherns und ihr gackerndes Lachen gehört.

Er wusste nicht von ihrer Zauberkraft, sondern nur, dass diese Marilu seine Freundin an eine Zeit erinnerte, an die sie nicht erinnert werden wollte. Eine Zeit, über die sie nicht sprach und die er deshalb ihr *Tal* nannte. Und er respektierte, dass sie dieses tiefe Tal hinter sich lassen wollte. Das passte zu ihm, denn Täler waren ohnehin nicht Toms Spezialität – er war eher der Berggipfel-Typ: mit angeborenem Optimismus und dem festen Glauben daran, dass man jeden Gipfel erklimmen konnte, wenn man lange genug nach oben kletterte. Diese Einstellung war Elli als Erstes aufgefallen, als sie ihn im Sportstudio kennengelernt hatte. Ein bisschen später hatte sie begriffen, dass ihm nicht mal in den Sinn kam, dass jemand schon beim Anblick eines Gipfels zu erschöpft sein könnte, um den Fuß zu heben, geschweige denn den ersten Schritt nach oben zu machen. Aber da war sie schon zu verliebt gewesen und hatte viel zu viel Angst gehabt, ihn zu verlieren. Also hatte sie ihm nie davon erzählt, dass es genauso gewesen war, für sie, damals.

Jetzt war es zu spät für derartige Geständnisse und außerdem war es nicht mehr wichtig: Ihre Erschöpfung war glücklicherweise Vergangenheit, und was zählte, war die Gegenwart, fand Tom, und die Zukunft, die erklommen werden wollte.

Und weil Tom das fand, fand Elli das auch, genoss seine Berggipfel-Haltung, bedeckte ihr Tal mit Nebel und erzählte ihm nur das Nötigste. Auch wenn die Wahrheit manchmal ein bisschen darunter litt. Sie wollte ihm seinen Ausblick auf sie selbst nicht vermiesen und er fragte nie nach. Weil, laut Tom, »jeder Mensch das Recht hat, seine eigene Geschichte zu schreiben«.

»Schön und gut«, hatte ihre Mutter entgeistert gesagt, als Elli diesen Satz mit strahlenden Augen zitiert hatte, ein paar Wochen, nachdem sie mit Tom zusammengekommen war. »Und auch süß, wie sensibel er ist und dass er dir Raum lässt … Aber ein bisschen mehr nachfragen, könnte er schon, find ich. Wie soll er dich sonst jemals verstehen?«

Elli hatte mit den Schultern gezuckt, weil sie *Sonnenblick* und alles, was damit zu tun hatte, vergessen wollte.

»Ich erzähl es ihm schon … irgendwann«, hatte sie leise erwidert. »Aber gerade ist alles so frisch … und … ich will einfach mal normal sein.«

»Normal!« Ihre Mutter hatte herablassend geschnaubt. »Glaub mir, Schatz: Wenn das mit euch Zukunft haben soll, dann muss er wissen, warum du bist, wie du bist.«

»Muss er nicht!« Allein der Gedanke, dass Toms verliebte Blicke sich durch Mitleid trüben könnten! Ellis Finger hatten zu zittern begonnen. »Es geht nicht darum, *warum* ich bin, wie ich bin. Es geht nur darum, *dass* ich bin!«

Ihre Mutter hatte gestöhnt und den Kopf in die Hände gestützt. »Sorry, aber da komm ich nicht mit. Ich freue mich, dass du glücklich bist, aber … Wie willst du das vor ihm verheimlichen?«

»Mir fällt schon was ein«, hatte Elli gesagt. »Aber das ist meine Sache. Bitte! Ihr müsst mir versprechen, ihm niemals von *Sonnenblick* zu erzählen.«

Ihre Mutter hatte resigniert gegrunzt, während ihr Vater seine Tochter musterte, mit diesem Ausdruck, der sie immer zu durchschauen schien, ehe sie sich selbst verstand. Er würde wissen, dass die Haut, die ihr während ihrer Zeit in Sonnenblick gewachsen war, dünn und zart und viel zu leicht zu verwunden war. Dass sie dieses Versprechen brauchte.

»Wenn du meinst«, sagte er schließlich.

Mit diesem »Wenn du meinst« in der Tasche hatte Elli schnell den Raum verlassen.

Ihre Mutter hatte, wie meistens, recht behalten. Das Verheimlichen war nicht ganz leicht. Aber nachdem Elli Tom am Anfang ihre stark vereinfachte und in weiten Teilen geschönte Version der Geschichte aufgetischt hatte, klammerten sie das Thema weitestgehend aus. Und Elli hatte den Zeitpunkt verpasst, aus ihrer anfänglichen Lügengeschichte irgendwann die Wahrheit rauszuschälen. Er glaubte deshalb seit eineinhalb Jahren, bei ihrem wöchentlichen Termin mit Dr. Vervein ginge es um eine Ernährungsberatung im Zusammenhang mit einer seltenen Stoffwechselerkrankung, wegen der sie vor zwei Jahren für drei Monate im Krankenhaus gelegen hatte.

Wo sie Marilu kennengelernt hatte.

Was Marilu anging, hatte Elli sich so dicht wie möglich an die Wahrheit gehalten. Tom, der gute Tom, vertraute ihr. Er hakte nicht nach, er googelte die Klinik nicht, er glaubte ihr einfach. Für ihn war Elli die vollkommene Freundin, seine große Liebe, die an einer beherrschbaren und rein körperlichen Krankheit litt. Sie war das Mädchen, das er liebte, und das war alles, was sie sein wollte.

Und jetzt tauchte die schattenhafte Marilu aus Ellis *Tiefem Tal* auf wie ein unansehnliches Monster aus einem Tiefseegraben und brachte ihren nicht weniger schattenhaften Bruder mit. Mitten hinein in den strikten Zeitplan, den Elli für ihre ersten vier Ferientage ausgetüftelt und den Tom stets belächelt hatte. Sie wollte probepacken, mit Tom die letzten Mitbringsel besorgen und ihre Listen ein letztes Mal abgleichen, Donnerstag und Samstag zusammen zum Sport, Freitag mit seinen Freunden am Neckar grillen und Sonntag früh ins Bett, ehe Montag ihr Praktikum losging.

Dass ausgerechnet *sie* einen durchgetakteten Tag voller Aufgaben über Bord warf, grenzte an ein Wunder. Ein negatives.

Logisch, dass Tom irritiert war.

»Diese ganze Geschichte klingt komplett absurd.« Er verschränkte die Arme vor der Brust. Sie saßen auf seinem Bett, er unter den Filmpostern gegen die Wand gelehnt, sie ihm gegenüber im Schneidersitz, mit ihrer antrainierten überaufrechten Haltung. »Du willst also echt dahin.«

Elli knackte bejahend mit ihren Fingern. Links klein,

Grundgelenk, Mittelgelenk, oberstes. Bei jedem Knacken verzog sich Toms Mund schmerzlich.

»Morgen?«

Sie nickte. Links Ring, Grundgelenk, Mittelgelenk, oberstes.

»Mit diesem Typen?«

Linker Mittelfinger, Grundgelenk, Mittel... – Tom knurrte, beugte sich zu ihr, ergriff ihre Hand und drehte sie, damit sie mit der Innenfläche nach oben in seiner zu liegen kam. »Aber du kennst den doch gar nicht! Woher weißt du, dass der nicht genauso durchgeknallt ist wie seine Schwester?«

»Marilu ist nicht durchgeknallt«, fuhr Elli ihn an. »Sie ist krank.«

»Von mir aus«, ruderte er zurück, »dann halt krank. Auf jeden Fall tut sie dir nicht gut. Seit du gestern diesen komischen Brief gekriegt hast, bist du total verstrahlt. Glaubst du, ich merk das nicht?« Seine Hand begann, ihre zu streicheln, mit dem Daumen, sehr sacht. Elli suchte seinen Blick, die rehfellfarbenen Augen, die er von seinem Vater geerbt hatte. Sie hatten sogar rehfellfarbene Sprenkel.

»Warum hältst du dich nicht einfach fern von Leuten, die dir nicht guttun? Die saugen deine Energie aus.«

So was Ähnliches hatte Lasse über Marilu gesagt – dass sie Energien absorbieren würde. Ehe sie sich über die Parallele wundern konnte, fuhr Tom fort: »Echt, du brauchst deine Kraft für dich! Erst das Praktikum, dann die Reise, das ist alles schon anstrengend genug! Und hattest du nicht morgen diesen Arzttermin, für den Check-up? Damit alles gut läuft in den USA?«

»Den hab ich verschoben«, murmelte Elli.

Das war der Nachteil an der Version der Wahrheit, die sie ihm aufgetischt hatte: Er glaubte an die chronische Stoffwechselkrankheit – und schloss daraus, dass sie eine fragile Gesundheit hatte. Dabei war sie so gesund, wie man sein konnte, rein äußerlich. Innerlich auch. Einzig in ihrem Kopf hakte es manchmal, aber das wusste er nicht.

Ihr Blick rutschte zu seinem Mund und sie hörte auf, darauf zu achten, was er sagte. Jedes Wort erinnerte sie daran, wie unterschiedlich sie aufgewachsen waren. Schon alleine sein Zuhause! Die gesamte Wohnung seiner Familie war mit Selbstoptimierungssprüchen plakatiert.

Du kannst alles erreichen, wenn du nur willst. *Energy flows, where attention goes*. Ein Problem ist erst dann eins, wenn es auch in einem Jahr noch eins ist. Ein Tag, an dem du nicht gelächelt hast … Wenn dir das Leben Zitronen gibt …

Elli wurde manchmal schummerig davon, aber sie musste zugeben, dass es was hatte, sich derartig mit positiven Vibes zuzuballern. Auch wenn das bedeutete, dass man alles selbst in der Hand hatte. Haben musste. Was sie wahnsinnig anstrengend fand.

Tom hingegen waren diese Glaubenssätze seit seiner Geburt vor fast neunzehn Jahren eingeimpft worden. Akzeptabel waren nur gute Energien und gute Energien waren die, die einen selbst weiterbrachten.

Elli wollte unbedingt eine Energie sein, die ihn weiterbrachte.

Seine Lippen hörten auf, sich zu bewegen.

Verwirrt schaute sie auf.

»Hörst du mir überhaupt zu?«, erkundigte er sich.

»Klar! Ich hab bloß …«

»Es ist wichtig, nicht nach unten zu sehen, Honey. Und diese Marilu … Briefe mit irgendwelchen kryptischen Andeutungen – was soll das bringen?«

»Keine Ahnung, aber es ist wichtig.«

»Woher weißt du das? Woher weißt du überhaupt, dass sie in diesem Gasthaus ist? Woher weißt du, dass sie dich nicht –«

»Ich weiß es halt.«

»Lass mich raten. Dein Bauchgefühl?«

Sie murmelte Bestätigung und er seufzte.

»Okay. Willst du wissen, was mein Bauchgefühl sagt?«

Elli wagte es nicht, ihn anzusehen, also schaute sie auf ihre Hand in seiner. Es war ein Klischee, aber der Anblick gab ihr Sicherheit. Sie mochte Hände.

»Es sagt, dass Marilu Hilfe braucht! Und zwar nicht deine!«

»Sie braucht mich.«

»Nein.«

»Warum hat sie mir dann geschrieben?«

»Gute Frage! Aber rechnest du wirklich mit was Positivem? Nach allem, was du über sie weißt? Nachdem du seit zwei Jahren nichts von ihr gehört hast?«

Das war ein Teil ihrer Lüge. Die Wahrheit war, dass Marilu sehr wohl von sich hatte hören lassen. Aus *Sonnenblick* war jede Woche ein Brief gekommen, nach ihrer Entlassung täglich eine Textnachricht, dann gelegentlich eine Sprachnachricht, schließlich nichts mehr. Seitdem hatte Stille geherrscht, nicht zwei, sondern ungefähr ein Jahr lang. Bis vorgestern.

Elli entzog Tom ihre Hand und begann, den unteren Rand ihres Tops zu einer kleinen Rolle zu wickeln. Hoch, dann wieder runter. Er rutschte zu ihr, schob seine Beine unter ihre und bugsierte Elli auf seinen Schoß. Sie wusste nicht, wohin mit sich, ließ von ihrem Top ab und verschränkte ihre Beine hinter seinem Rücken.

Aus dieser Nähe heraus war es unmöglich, sich anzuschauen. Tom gelang es trotzdem. Elli grub ihre rechte Hand in seine Haare, die gerade lang genug waren, um sich daran festzuhalten, und zog seinen Kopf an sich. Er strich mit den Fingern über ihren Rücken, krabbelte unter den Trägern ihres Tops hindurch und ließ seine Hand auf ihrem Schulterblatt ruhen.

»Was, wenn sie sich wirklich umbringen will?« Sie spürte die Wärme seiner Worte an ihrem Hals. »Was willst du dann machen? Glaubst du echt, du kannst sie davon abhalten?«

Ja, schrie Ellis Instinkt, natürlich! Warum hätte sie mir sonst den Brief geschrieben? Warum hätte sie mir Lasse geschickt? Sie will gerettet werden!

Von mir.

Genau wie sie mich damals gerettet hat.

Auge um Auge.

»Natürlich nicht«, entgegnete sie. »Aber es nicht zu versuchen, ist ja wohl keine Option, oder?«

Tom stöhnte. »Wahrscheinlich nicht«, räumte er ein. »Aber ich will trotzdem zu Protokoll geben, dass ich diese Idee für beschissen halte und Marilu ein schrecklicher Mensch sein muss, sonst würde sie dir das alles nicht antun.«

Ein Teil von ihr gab ihm recht. Ein anderer wunderte

sich darüber, dass er nicht anbot mitzufahren, obwohl er Semesterferien hatte. Er schien zu spüren, dass sie das allein regeln musste.

»Und dieser ... Lasse? Wie ist der so?«

Marilu-ig, dachte Elli. Vampirig. Älter, als er ist.

»Er trinkt Kakao mit Marshmallows.«

Tom kicherte sanft in ihr Schlüsselbein, dann begann er, sie zu küssen, erst auf die eine, dann auf eine andere Art, und das Gespräch war vorbei.

Ellis Vater hob den Kopf, als sie am nächsten Morgen in die Küche kam. »Moin.«

Er war in Mannheim geboren und aufgewachsen, aber im Herzen, behauptete er, sei er Hamburger. Und wenn es ihm richtig gut ging, sagte er »Moin, moin«, was Elli extrem peinlich fand. Heute schien ein weniger guter Tag zu sein, aber auch kein ganz schlechter, sonst hätte er geschwiegen.

»Morgen«, gab Elli zurück. »Wie geht's?«

»Hmmmm«, lautmalte ihr Vater. Und dann: »Geht schon.«

Morgens fühlte er sich meistens besser als abends, dieser blöde Bandscheibenvorfall musste eine ziemliche Hölle sein. Sie begutachtete den dreispaltigen Familienkalender, der an der Wand neben dem Kühlschrank hing, um herauszufinden, warum er nicht in der Buchhandlung war. Bei ihr war der erste Ferientag eingetragen, bei ihm war der heutige Tag mit neongelbem Stift markiert. Vernunft war es also nicht, sondern … »Spritzentag?«, fragte sie.

»Erinner mich nicht daran.« Er stöhnte theatralisch.

»Ach, tu nicht so. Danach geht's dir immer besser.«

Er machte ein weiteres Geräusch, das sie als Zustimmung interpretierte, und faltete seine Tageszeitung zusammen. Unter dem vielen Papier offenbarte sich ein gedeckter Tisch – Tassen, Teller, Käse, Marmelade, die

Butterdose in Kuhform, die Elli hasste, und das Cashewmus, das sie liebte.

»Du hast für mich mitgedeckt!«, freute sie sich.

»Klar, gleich als du angerufen hast. Auch wenn ich, ehrlich gesagt, nicht versteh, warum du an deinem ersten Ferientag um acht Uhr aus Toms Bett kriechst. Doch wohl nicht, um mit deinen Eltern zu frühstücken?«

»Tom musste früh raus, was erledigen.« Und Elli musste einen Zug kriegen, um ein Leben zu retten, aber das würde sie ihm nicht auf die Nase binden. »Und von wegen ›um acht aus dem Bett kriechen‹! Um acht hatten wir schon eine Joggingrunde am Neckar hinter uns!«, prahlte sie stattdessen. »Ferien oder nicht, du weißt doch: geregelter Tagesablauf, bla, bla. Und Sport tut uns beiden gut.«

Ihr Vater hob, halb spöttisch, halb beunruhigt, die Augenbrauen. Die größte Freude, mutmaßte Elli, würde sie ihm machen, wenn sie eine Nacht durchfeiern, komplett betrunken nach Hause kommen und bis mittags um zwei schlafen würde. Exzesse – wie er sie niemals pflegte – bedeuteten für ihn »jung sein«. Für Elli bedeutete es den ultimativen Kontrollverlust. Er würde damit leben müssen. Zum Trost schwenkte sie die Bäckereitüte.

»Guck, was ich mitgebracht hab!«

Sie nahm ein Croissant heraus und legte es ihm auf den Teller. Er vergaß die Besorgnis über seine unjugendliche Tochter und vermutlich auch seine Schmerzen und strahlte sie dankbar an.

»Du bist ein Engel!«

Sie lachte, legte ein weiteres Croissant auf den Teller ihrer Mutter und das letzte auf ihren eigenen. Ein Blick zur Uhr, die über der Küchentür hing: noch eine knappe

Dreiviertelstunde, ehe sie zum Bahnhof musste. »Sollen wir schon mal anfangen oder kommt Mama zum Frühstücken hoch?«

»Ja, in …«, er schaute ebenfalls auf die grünen Ziffern der überdimensionierten Digitaluhr, »sieben Minuten.«

Ihre Mutter war extrem zeitgetaktet. Bei ihr waren sieben Minuten sieben Minuten und die reichten, um einen Flat White zuzubereiten. Oder besser gesagt: zwei. Denn bei aller Unruhe wusste Elli, dass sie sich die Zeit für ein schnelles Frühstück mit ihren Eltern nehmen musste.

Sie holte den Espressokocher aus dem Schrank, füllte ihn mit Wasser, schaufelte Kaffeepulver in das Sieb, presste es mit dem Tamper zusammen und schraubte den Kocher wieder zu. Beide Teile hatte ihr Tom geschenkt, zwei Tage, nachdem er das erste Mal bei ihr übernachtet und morgens Filterkaffee hatte trinken müssen. Seither war ihr Kaffee besser geworden, das hatte sogar ihre Mutter zugegeben. Ihr Vater trank nur Tee.

Tom hatte ihr Leben grundlegend verändert. Seit sie zusammen waren, schien alles leichter, alles möglich – auch wenn es an manchen Tagen eine große Herausforderung war, sich von seinem Perfektionismus nicht anstecken zu lassen. Perfektionismus hatte sie in ihr *Tiefes Tal* gestürzt, aber das ahnte er natürlich nicht. Was er sagte, meinte er und lebte es auch und Elli machte dankbar mit. An den meisten Tagen war das Leben mit ihm ein leichteres Leben.

Und ausgerechnet jetzt tauchte Marilu wieder auf.

Sie sehnte sich zurück nach der vergangenen Nacht, nach dem, was sie getan hatten, nach Toms Haut an ihrer, ihren Lippen auf seinen, danach, dass sie gar nicht an

Marilu gedacht hatte währenddessen und hinterher auch nicht, seufzte und bemerkte ihr breites Grinsen erst, als ihr Vater kicherte.

»Na, habt ihr gestern ein bisschen gefeiert?«

Vor Schreck goss sie die Milch neben den Topf, fluchte, wurde rot und hoffte inständig, dass er nicht meinte, was sie glaubte, dass er meinte. Bei aller Entspanntheit, die ihre Eltern an den Tag legten, und auch wenn sie es zu schätzen wusste, dass sie bei Tom übernachten durfte und er bei ihr: Das hier ging eindeutig zu weit.

»Was meinst du?«, fragte sie scharf.

»Na, euer erstes Mal steht vor der Tür!«

»Mach keine blöden Alte-Männer-Witze, Papa«, grummelte Elli und wischte die Milchlache auf. Der Espressokocher begann, leise zu zischeln.

»Okay, okay.« War es ihm peinlich? Hoffentlich. Seit der Bandscheibengeschichte klammerte er sich für Ellis Geschmack ein bisschen zu sehr an seiner bemühten Lässigkeit fest. Als würde er seinen eigenen Dauer-Funktionsmodus bedauern. »Ich mein euren ersten gemeinsamen Urlaub.«

»Ich weiß, was du meinst. Deshalb ja.« Missmutig griff sie nach seiner Tasse und schenkte, ohne nachzufragen, frischen Tee ein.

»Danke«, murmelte er betreten und dann: »Sorry, ich bin ein Idiot.«

»Er versucht bloß, von seinem Kontrollfetischismus abzulenken«, frotzelte Ellis Mutter, die in diesem Moment in die Küche kam. Sie gab ihrem Mann einen Kuss auf den Mund und ihrer Tochter einen auf die Wange. »Und von seiner Verlustangst. Und von seinem Beschützerinstinkt.

Deshalb reißt er peinliche Witze – vor lauter Angst, dass du in New York bleiben könntest.«

»Quatsch«, widersprach ihr Vater, nun wieder in seinem normalen Tonfall. »Ich mach mir Sorgen, dass irgendein Wahnsinniger sie erschießt, weil sie versehentlich in die falsche Straße abbiegt.«

»Wir passen schon auf«, murrte Elli zum tausendsten Mal. »Außerdem sind wir da nur vier Tage und danach … Der Roadtrip wird bestimmt mega, und wenn wir dann bei Toms Großeltern in *Matfield Green* sind, ist es total safe, sagt er.«

»Na, wenn er das sagt«, brummelte ihr Vater, ebenfalls zum tausendsten Mal.

»Oh Mensch Papa, da wohnen siebenundvierzig Leute. Es ist ein Kaff! Ich hab eher Angst, mich zu Tode zu langweilen, als ausgeraubt zu werden!«

»Pah«, entgegnete ihr Vater. »Wenn du wüsstest! Selbst wenn ihr den Roadtrip unbeschadet übersteht –« Ellis Mutter tätschelte warnend seinen Arm, aber er war nicht zu stoppen. »Kansas! Sobald du da einen Schritt neben der Straße läufst, bist du auf Privatgebiet und die Eigentümer haben das Recht, dich zu erschießen.«

Sie verdrehte die Augen und wandte sich an ihre Mutter. »Wie lang hast du?«

»Halbe Stunde, dann kommt die nächste Patientin.«

Elli checkte erneut die Zeit, schaltete den Herd ab und schlug die Hafermilch für ihre Mutter zu sehr feinem Schaum, mit dem Milchschaumaufschläger, ebenfalls ein Tom-Geschenk. Sie goss die Milch auf den Espresso und malte damit ein Herzchen in den Schaum, dann stellte sie die Tasse vor ihrer Mutter ab. »Voilà!«

»Du bist die beste Tochter der ganzen Welt.«

»Jaja«, Elli grinste amüsiert, »fang du auch noch damit an.«

Seit *Sonnenblick* hatten sie sich alle drei darauf konzentriert, Leichtigkeit in ihr Familienleben zu bringen. An der Oberfläche klappte das gut, aber untendrunter brodelte es manchmal ganz schön.

So gern ihr Vater nämlich tönte, dass sie mehr über die Stränge schlagen müsse, schien er andererseits ganz froh, dass sie eben *nicht* kiffte und die Nächte durchmachte, sondern eine stabile Beziehung hatte und Croissants zum Frühstück mitbrachte. Und wenn es nach ihm ginge, sollte sie – Freiheit, eigene Entscheidungen und Jugend hin oder her – auch ganz sicher keinen Roadtrip von New York nach Kansas planen.

Widersprüche, dachte Elli, überall Widersprüche.

Ihre Mutter begann, ihrem Vater gedankenverloren die Nackenmuskeln zu massieren.

»Du hast Pause«, erinnerte Elli sie und hätte sich am liebsten auf die Zunge gebissen, weil sie schon wieder das Mutter-Tochter-Ding verdrehte. Ihre Mutter gurrte sanft, ließ von ihrem Mann ab und schlang von hinten die Arme um Elli, sodass sie den Milchschaumaufschläger, mit dem sie gerade ihre eigene Milch schlug, nicht mehr bewegen konnte.

»Lass das, Mama, der Schaum!« Sie hörte sich selbst, die Tonlage einen Tick zu hoch, und wusste, dass diese ganze Situation sich deshalb schräg anfühlte, weil Marilu mit ihnen in der Küche stand. Sie musste ihren Eltern von Lasse und den Briefen erzählen. Nur wie?

Ihre Mutter lachte, dann ließ sie von Elli ab und sich

selbst auf den Stuhl fallen. Elli ließ die Milch in den eigenen Kaffee fließen, sehr vorsichtig. In dem Schaum bildete sich ein perfektes Herz. Mit dem Löffel zog sie es, aus Prinzip und um sich zu erziehen, ein bisschen schief, bis es eher einer Sprechblase glich.

Sprich mit ihnen, schien die zerstörte Kaffeeschaumkunst zu sagen. Elli seufzte. Ihre Mutter beobachtete sie mit schief gelegtem Kopf.

»Und?« Sie klopfte auf den Stuhl an ihrer Seite. »Was sind die Pläne für deinen ersten Ferientag?«

Gehorsam ließ sich Elli neben ihre Mutter sinken, begann, ihr Croissant in Streifen zu reißen und einen nach dem anderen in den Mund zu stecken, um einen Moment über ihre Antwort nachzudenken.

Aus dem Augenwinkel registrierte sie das erleichterte Leuchten in den Augen ihres Vaters. Bloß, weil sie aß!

Die Briefkastensache vorgestern hatte ihm ganz offensichtlich mehr zugesetzt, als sie erwartet hatte. Wenn sie jetzt von Marilus Brief erzählen würde und dem Pakt, würde das fragile Gleichgewicht, das sie sich in den vergangenen zwei Jahren gemeinsam aufgebaut hatten, augenblicklich einstürzen.

Sie konnte ihnen Marilu nicht antun.

Also entschied sie sich für eine Halbwahrheit. »Wir wollen heut einen Ausflug machen. Ich muss gleich wieder los, zum Bahnhof, wollte euch bloß fix sehen und mich umziehen und ein paar Sachen einpacken.«

»Richtig so.«

Ihre Mutter stippte das Croissant in die perfekte Schaumlage des Flat White und führte es mit genießerisch geschlossenen Augen zum Mund. Ihr Vater betrachtete sie einen Moment lang ein bisschen zu verliebt für Ellis Geschmack, dann seufzte er wehmütig.

»Du machst das toll, mein Schatz. Genieß das Leben. Bist du sicher, dass du das mit dem Praktikum wirklich willst?«

»Papa!«

»Was denn? Ich wette, du würdest auch lieber zwei Wochen Ferien haben, als dich in einer kapitalistischen Knochenmühle ausbeuten zu lassen, bevor ihr abfliegt.«

Mit der *kapitalistischen Knochenmühle* meinte er die Werbeagentur, in der Elli ab Montag ein freiwilliges Praktikum absolvierte. Sie hatte alles darangesetzt, diesen Job zu ergattern – weil er der ideale Schritt in Richtung der Zukunft war, die Tom und sie sich zusammen ausmalten. Tom studierte im ersten Jahr *Music and Creative Industries* an der Popakademie, und wenn sie selbst mit der Schule fertig war, würde sie in den Marketingbereich einsteigen. Gemeinsam würden sie große Festivals organisieren, die Welt bereisen und spannende Menschen und Orte kennenlernen …

Aber ihr Vater schien von diesem Praktikum ebenso wenig zu halten wie von Kansas. Genau wie Dr. Vervein übrigens. Es kam Elli vor, als ob die beiden alles daransetzten herauszufinden, wessen Traum diese Zukunft tatsächlich war, und Elli wusste es selbst nicht genau. Aber war das wichtig?

Als könnte ihre Mutter sie denken hören, stippte sie Krümel vom Teller und schlug, scheinbar nebenbei, in dieselbe Kerbe: »Wird das dir auch nicht zu viel mit diesem Praktikum?«

»Mama!«

»Ich mein ja nur.«

»Ich auch.«

Ihre Eltern tauschten einen Blick, in dem offensichtlich gleich mehrere Botschaften mitschwangen, denn ihr Vater wechselte wenig unauffällig das Thema.

»Ausflug, *hé?* Wohin geht's denn?« Er legte die Hände auf die Tischplatte und drückte sich hoch, bis er schließlich in leicht gekrümmter Haltung stand. Er unterdrückte ein Stöhnen, das Elli natürlich trotzdem hörte, und quälte sich zur Anrichte, um sich erneut Tee nachzuschenken. Ihre Mutter hob eine Augenbraue, verkniff sich aber einen Kommentar. Sie hatten es beide schon zu oft versucht, ihr Vater war überdurchschnittlich stur.

»Bad König.«

»Bitte was? Wo ist das denn?« Er balancierte seine volle Teetasse zum Tisch und ließ sich vorsichtig wieder auf den Stuhl fallen.

»Im Odenwald. Wir wollen eine Freundin besuchen.«

»Eine Freundin«, wiederholte ihre Mutter. »Im Odenwald?«

Elli stopfte den Rest des Croissants in den Mund und nickte. Dann schaute sie demonstrativ auf die Küchenuhr. Bevor ihre Eltern fragen konnten, wer eigentlich »wir« war und wessen Freundin im Odenwald wohnte, stellte sie Teller und Tasse in den Geschirrspüler und warf ihnen jeweils eine Kusshand zu. »Ich muss mich beeilen.«

Das war die Wahrheit. In einer Viertelstunde fuhr die Straßenbahn zum Bahnhof.

»Kommst du denn nach Hause heut Abend?«, rief ihr Vater ihrem Rücken zu.

»Denk schon.« Elli huschte aus der Küche. »Falls nicht, schreib ich euch«, setzte sie vom Gang nach.

»Versprochen?«

»Papa!«

Sie hörte ihre Mutter lachen und ihren Vater brummeln, als sie in ihrem Zimmer eilig die lange Jeans gegen eine kurze tauschte, ein frisches T-Shirt überstreifte und schließlich in die Sneakers schlüpfte. Unentschlossen stopfte sie einen Schal, das Ladekabel für ihr Handy, die Powerbank, Kontaktlinsenzeug, Brille und ihre Wasserflasche in den Rucksack. Ins Reißverschlussfach quetschte sie den Brief, das Portemonnaie und ihre Notfallmedikamente. Sie tastete mit der Linken nach der Sonnenuhr unter ihrem Shirt.

Im Rausgehen angelte sie ihre Lieblingsjacke mit dem seit vorgestern zerrissenen Innenfutter vom Sessel.

Sie rief »Tschüss!« und »Hab euch lieb!« und »Bis heut Abend« und zog die Wohnungstür ins Schloss, ohne die Antworten abzuwarten.

Das Sommerferienticket hatte seine Grenzen. Eine davon lag in Eberbach, was bedeutete, dass Elli für die fehlenden Stationen zu diesem komischen Nest im Odenwald einen Extrafahrschein lösen musste. Acht Euro fünfunddreißig, na toll.

Bad König.

Sie konnte nicht mal googeln, im Regionalexpress gab es weder Empfang noch WLAN. Schlecht vorbereitet, schimpfte sie mit sich, du bist schlecht vorbereitet, Elli, weil du keinen Plan gemacht, sondern die Nacht mit Tom verbracht hast, was eine sehr schöne, aber sehr beschissene Idee war.

Sie fluchte gerne, aber nur innerlich. Fluchen hatte etwas Bodenständiges und etwas Therapeutisches, weil es sie mühelos in der Gegenwart verwurzelte. Aber es musste still geschehen, denn Elli wusste, was sich gehörte. Laut fluchen gehörte sich nicht, genauso wenig, wie die Frau in der Nebensitzgruppe anzustarren, die sich hinter ihrem Riesenkoffer verschanzt hatte und ein sehr kleines Baby an die Brust drückte. Es gehörte sich nicht, auf die Narben an ihren Armen zu starren, die wulstigen, inszenierten und komponierten Narben, wie Elli sie an zu vielen Menschen in *Sonnenblick* gesehen hatte.

Und plötzlich war da Marilus Stimme in ihrem Kopf und sie flüsterte etwas.

Sonnenblick.

»Lasse mag Blut«, flüsterte Marilu. »Manchmal denk ich, er ist ein Vampir.«

Ich wusste natürlich, über wen sie sprach, weil sie seit Tagen von nichts anderem redete als von ihrem kleinen Bruder. Der ihr so ähnelte, aber »in gesund«, sagte sie immer, den sie vergötterte und der morgen zu Besuch kommen würde. Übermorgen würde sie hoffentlich wieder andere Themen haben – bis dahin würde ich ihren Schwesterstolz ertragen. Während ich die Information (»Lasse mag Blut«) zu verarbeiten versuchte, konzentrierte ich mich auf den Klumpen Ton zwischen meinen Fingern.

»Plastizieren« nannten sie das hier, aber Marilu sagte hartnäckig Plasti*nieren* und erzählte jedem viel zu laut von diesem Typen, der Leichen plasti*nierte* und ausstellte. Körperwelten. Frauen mit Baby im Bauch, tot, Speerwerfer, tot, Liebende, tot. Manchen ließ er die Muskeln, manchen die Adern, allen die Augäpfel. Ich war noch nie in einer dieser Ausstellungen gewesen, auch wenn meine Mutter davon total begeistert war, musste sie ja, Muskeln waren schließlich ihr Job, aber ich fand die Idee total eklig. Und Marilu? Wollte sich sogar als Körperspenderin registrieren lassen, wenn sie achtzehn war! Etwas in mir hoffte, dass sie ihre Meinung in den zwei Jahren bis dahin ändern würde. Die Chancen standen gut, Marilu änderte ihre Meinung ziemlich oft.

Aber in diesem Moment fand sie die Idee gigantisch und ihren Witz über das Plastizieren-Plastinieren auch. Ich nicht so. Stattdessen bekam ich jedes Mal Gänsehaut, wenn Plastizieren auf dem Plan stand, dienstags und donnerstags. Deshalb hieß es bei mir Therapietöpfern.

Der Ton war kalt und geschmeidig und saugte die Feuchtigkeit aus meinen Händen, sein erdiger Geruch brachte mich endlich wieder auf Marilus sonderbare Bemerkung zurück.

»Wie, er mag Blut?«, fragte ich, um Minuten zeitverzögert. »Schneidet er sich?«

Regel Nummer eins in *Sonnenblick:* nicht über den Grund reden, warum man hier war. Nicht über schlimme Dinge reden. Schneiden war schlimm. Schneiden war ein potenzieller Trigger. Vielleicht nicht für Marilu oder mich, aber für andere, vielleicht. Ich schaute mich unauffällig um, aber Lenssen stand am anderen Ende des Tisches über Karima gebeugt und neben uns saß Onala. Onala sprach kein Deutsch. Genau genommen, sprach er gar nicht, aber das war eine andere Geschichte.

»Lasse?«, widersprach Marilu empört. »Schneiden? Natürlich nicht!«

Wie dumm von mir, dachte ich gehässig. Superbruder Lasse doch nicht! Dass ein Vierzehnjähriger Blut mochte, war offenbar nur eine weitere, ganz gewöhnliche Absonderlichkeit in Marilus Familiengeschichte. Kurz zuckte mein Blick erneut zu Lenssen, dann konzentrierte ich mich wieder auf den Ton.

»Aber«, fuhr sie verschwörerisch fort, »er isst gern Fleisch, so eklig halb durch, dass das Blut rausläuft. Und er liebt Bluntz!«

Sie schüttelte sich angewidert. Ich mich auch, weil sie mir erzählt hatte, dass *Bluntz* auf Frankfurterisch Blutwurst hieß. Von wegen Superbruder.

»Und er schläft nie. Und ist megablass.«

»Das liegt wohl in der Familie«, murmelte ich. »Du schläfst schließlich auch nicht.«

»Das ist was anderes.« Marilus Stimme trübte sich ein. »Bei mir ist das wegen …«

»Ich weiß. Aber ich schlaf auch nicht und ich …«

»Lasse ist nicht wie du oder ich! Lasse ist gesund!«

»Ja, das hast du schon gesagt.« Unaufhörlich ließ ich meine Hände um die Kugel gleiten, die ich heute formen sollte, und überlegte, ob ich es als Kompliment oder als Beleidigung auffassen sollte, dass Marilu mich *nicht* gesund fand. Ich tröpfelte Wasser auf den Ton. »Ich bin jedenfalls definitiv kein Vampir.«

»Bist du dir sicher?« Sie umklammerte mit der linken Hand den Kopf des Drachen, den sie gerade geknetet hatte, und trieb mit der rechten die Drehscheibe an, auf der die Figur stand. Mit jeder Drehung um sich selbst wurde der Drachenhals dünner, in Runde drei gab er nach. Befriedigt betrachtete Marilu den unförmigen Tonklumpen in ihrer Hand, der vor wenigen Sekunden noch ein Drachenkopf gewesen war. Ich schaute auf den Ex-Kopf und den kopflosen Körper, dann wieder auf meine Kugel.

Warum es ausgerechnet eine Kugel werden musste, hatte mir Lenssen nicht ausdrücklich erklärt, aber im Gegensatz zu Marilu tat ich meistens, was man mir auftrug – und zwar ohne nachzufragen. Außerdem durchschaute ich den Subtext auch ohne Erklärung: Eine Kugel zu töpfern, sollte mich beruhigen und Beruhigung konnte ich brauchen. Es war der vierte Tag in Folge, an dem ich das Bett verlassen hatte, und alles um mich herum war das Gegenteil von beruhigend.

Also streichelte ich den Ton, rund, rund, rund, und stellte fest, dass Lenssen recht hatte – es tat gut, körperlich zu kreisen, statt der ständigen Spiralbewegung zu folgen, die mein Hirn mir vorgab.

»Ich bin gespannt auf Lasse«, brummte ich versöhnlich im Takt des Rund-rund-rund. Selbst wenn er ein Vampir war und ich mir in den letzten Tagen in Dauerschleife Geschichten über ihn hatte anhören müssen, von einer hingerissenen Marilu, die Grübchen bekam, wenn sie von ihm redete. Nach allem, was sie erzählte, war er ziemlich cool. Trotz der Blutwurst und obwohl er bleich war.

»Lasse hat einen krass starken Willen«, schwärmte Marilu. »Er hat sich das Schlafen abgewöhnt, dafür zockt er die Nächte durch und schläft tagsüber auch kaum.«

Mit vierzehn, dachte ich. Der Arme.

Der Ton zwischen meinen Handflächen war mittlerweile feinkörnig und weich. Ich löste die eine Hand aus meiner Umschmeichlung, um das Ergebnis zu betrachten. Die Kugel war perfekt. Sie hatte keine Dellen und die Linien meiner Haut zeichneten sich auch nicht auf ihr ab: Wie konnte es sein, dass es mir gelungen war, etwas derart Vollendetes zu formen?

Vorsichtig streckte ich Marilu meine Kugel auf der flachen Hand entgegen.

Sie schnalzte anerkennend mit der Zunge, betrachtete dann den Drachenkopf in ihrer eigenen Hand, sah wieder auf meine Kugel, dann in meine Augen und donnerte, ohne den Blick von mir zu lösen, ihre Handfläche mitsamt dem Drachenkopf darin auf den Tisch.

Onala stieß vor Schreck sein Wasser um.

Es lief auf die Tischplatte, umflutete Marilus flache

Hand, und als Onala lautlos zu weinen begann und Lenssen zu uns eilte, hob Marilu langsam, sehr langsam, die Hand und gab die Aussicht auf den wasserumspülten Matschfladen frei, der ein Kopf gewesen war.

Das Grinsen, das sich auf ihrem Gesicht ausbreitete, machte mir Angst. Und während Marilu grinste und Onala heulte und Lenssen tröstete, schaute ich auf meine perfekte Kugel und begriff, was sie mir mit der Zerstörung des Drachenkopfes sagen wollte: Ich hatte mich getäuscht. Es ging bei dieser Aufgabe nicht um die Beruhigung, es ging darum, dass ich am Ende die Perfektion zerstören musste, denn sobald ich die Kugel auf den Tisch legen würde, würde sich der Ton eindrücken und alles, alles würde umsonst gewesen sein.

Ich spürte Panik aufwallen, hinter meiner Stirn, es begann immer im Kopf und von da aus wanderte es in den Körper und dann kam das Eis und ich wusste, ich würde scheitern.

Schon wieder.

Ob die Frau mit dem Kind neben ihr jemals einen so sanftmütigen Gestaltungstherapeuten wie Herrn Lenssen gehabt hatte? Einen, der sie beruhigte, wenn sie eine Panikattacke hatte? Wegen einer Kugel, die auf den Tisch gelegt werden musste? Oder eine Marilu, die nerven konnte wie Hölle, aber deren Dauergeplapper wie eine warme Dusche aus Endorphinen wirkte? Ob es jemanden gab, der ihr über die zerfurchten Arme strich und ihr sagte, wie schön sie war? Das Kind in ihren Armen sprach dafür, dass es Liebe in ihrem Leben gab.

Elli musste doch gestarrt haben, denn unvermittelt hob die junge Frau den Kopf und blickte ihr direkt in die Augen. Vor Schreck vergaß sie, entschuldigend zu lächeln, und wandte sich errötend ab.

Noch drei Stationen.

Bei jedem Halt piepten die Türen, kamen Menschen, gingen Menschen. Mit jedem Halt verengte sich ihre Kehle ein Stückchen mehr. Sie hatte seit gestern alles versucht, um so wenig wie möglich an Marilu zu denken. Hatte Dr. Vervein nach dem Treffen mit Lasse nicht angerufen, obwohl sie es ihr versprochen hatte. Hatte das Telefon nur kurz eingeschaltet, um mit Lasse den Treffpunkt abzusprechen, und war bei jeder eingehenden Nachricht zusammengezuckt, weil sie neue kryptische Botschaften fürchtete, nicht in Orange und auf Papier, sondern in Blasen auf dem Display ihres Handys. Als sie den Stress nicht mehr ausgehalten hatte, hatte sie es auf lautlos gestellt. Gerade lag es tief in ihrem Rucksack verborgen – obwohl ihre Sorge unbegründet gewesen war: Marilu hatte sich nicht gemeldet. Oder bedeutete das, dass ihre Sorge gerade begründet war?

Was, wenn, dachte sie, was, wenn?

Zweitausenddreihundertachtzehn minus siebenundneunzig, rechnete sie gegen die Enge in ihrem Hals an.

Vor dem Fenster wichen die dichten Bäume jenseits der Bundesstraße Häusern.

Minus siebenhundertdreiundvierzig. Plus vier.

Mit flatternden Fingern verstaute sie ihre Jacke, für die es viel zu warm war, in ihrem Rucksack und tastete dabei nach den Tabletten, um sicherzugehen, dass sie da waren.

Sie waren da.

Minus fünfundsiebzig. Minus dreihundertzwölf.

Mehr Häuser, dann ein trister, zweigleisiger Bahnsteig.

Das Schild an dem Bahnhofsgebäude: Bad König.

Einatmen, ausatmen. Mit dem Ausatmen schob sie sich auf die Füße und hörte Dr. Verveins Stimme.

Wie stehst du, Elli?

Nicht besonders stabil, stellte sie fest, als der Zug abbremste. Sie schwankte dennoch kaum, *Körperbeherrschung, Beherrschung!*, setzte den Rucksack auf, nickte der vernarbten Frau freundlich zu und ging so aufrecht wie möglich zu den Türen. Drückte den Knopf, es piepte, die Türen glitten auf, ein Trittbrett fuhr heraus und da war Lasse.

Ein bisschen blass, wie auch vor zwei Jahren, und mit einem Gesichtsausdruck, der vermutlich ein Spiegel ihres eigenen war.

Sie trat auf den Bahnsteig.

Lasses dahingeworfenem »Hi« gelang, woran das Zählen fast gescheitert wäre: Elli war sofort da, an diesem Ort, im Hier und im Jetzt. Sie trafen sich zum dritten Mal, aber es fühlte sich an, als würde sie ihn kennen, gut kennen, wenn auch überwiegend durch Marilus Augen. So dunkelblau wie seine.

Sie stoppte mit einem Meter Abstand. Die drei anderen Menschen, die mit ihr den Zug verlassen hatten, wichen ihnen aus und verschwanden im Bahnhofsgebäude. Lasse war größer, als sie abgespeichert hatte, bestimmt zehn Zentimeter länger als sie, trug dieselben ausgelatschten Vans wie gestern, eine enge helle Jeans mit Rissen und ein viel zu langes T-Shirt, über dessen Brust sich die Mondphasen zogen.

Es fühlte sich vertraut an, wie er dastand und auf sie wartete, wie er sie musterte, wie er versuchte, ihre nackten Beine in den Shorts zu ignorieren. Einen Gedankenanflug lang schämte sie sich, ihn in Verlegenheit zu bringen, hörte Marilu in ihrem Kopf losprusten und recht hatte sie. Es waren dreißig Grad angesagt, da musste er durch.

»Hey. Hat alles geklappt?« Hatte sie das gerade wirklich gefragt? Wenn nicht alles geklappt hätte, wäre er nicht hier, sondern würde am Bahnhof in Frankfurt stehen und auf den Zug warten.

»Ja«, erwiderte er, als hätte sie nicht gerade die überflüssigste Frage der Welt gestellt. »Bei dir auch?«

Er trug einen Rucksack, genau wie sie. Im Gegensatz zu ihrem vollgestopften hing seiner ziemlich tief und dieser kleine, unbedeutende Unterschied löste Traurigkeit in ihr aus. Alles an Lasse strahlte eine Selbstverständlichkeit aus, die sie schon von Marilu kannte.

Egal, was die trug, egal, wie es ihr ging: Marilu wirkte immer … speziell. Genau wie ihr Bruder. Und genau wie Elli selbst eben nicht. Nichts an ihr war besonders, außer ihrer Geschichte wahrscheinlich, die sie niemandem erzählte. Aber sonst? Sie war durchschnittlich schlau und hübsch auf eine Instafilter-Art, ihre hellbraunen Haare schulterblattlang, die Wimpern dicht und dunkel gefärbt, schlank, aber nicht mehr zu dünn, sie hatte fast nie Pickel und trug ihre Brille nur vorm Schlafengehen.

»In den USA wärst du garantiert Cheerleaderin«, schmeichelte ihr Tom manchmal – wobei sich Elli gar nicht sicher war, ob das ein Kompliment war. Aber er hatte vielleicht in einem recht: Sie war eine sportliche, disziplinierte, leere Leinwand und hätte dabei viel darum gegeben, all das nicht zu sein. Stattdessen strubbelig zu sein, runder, sprühend, lebendig. Selbstverständlich zu sein. Wie Marilu und, offensichtlich, wie Lasse.

Wobei der heute schüchterner wirkte als gestern, so unbeholfen, wie er auf dem mittlerweile leeren Bahnsteig stand und den Boden beäugte.

»Nice«, murmelte er schließlich.

»Was?«

»Deine Sneakers.«

Sie lachte. »Danke. Gibt's hier irgendwo einen Kaffee?«

Er stimmte in ihr Lachen ein und seine Schüchternheit verpuffte.

»Keinen, der deinen Ansprüchen genügen würde«, spottete er. »Hier gibt's maximal Filterkaffee mit Dosenmilch – nach dem Aufriss, den du gestern um deinen *Flat White* gemacht hast, fürchte ich, du musst bei Wasser bleiben.«

Elli schluckte kurz, zwang sich aber weiterzulachen. »Vermutlich«, stimmte sie zu. »Wasser hab ich immerhin dabei. Wollen wir erst mal einen Plan machen?«

Er deutete in Richtung einer Bahnhofsbank. »Lass uns setzen.«

Elli folgte ihm zu der Bank, die im Schatten lag, eng an das Bahnhofsgebäude gedrückt. Sie ließen sich auf die verkratzte Sitzfläche fallen, Elli kramte ihre Flasche hervor und nahm einen Schluck. Lasse wühlte in seinem eigenen Rucksack, der nicht besonders viel zu enthalten schien, und zog eine verwaschene rote Basecap hervor.

Basecap, dachte Elli. Wegen der Sonne. Schlau. Und

ich? Hab einen Schal dabei! Und eine Jacke. Ich hab eine Vollmeise.

Lasse strich sich die wirren Haarsträhnen aus dem Gesicht und setzte die Cap auf. Selbstverständlich. Elli betrachtete ihn, wie er dasaß, die Unterarme auf die Oberschenkel gestützt, und vergaß beinahe, warum sie hier waren. Lasse roch gut, nach Ausflug und Ferien und ein klein bisschen nach Schweiß. Sommerschweiß, kein Stressschweiß. Wenn sie nicht wüsste, warum sie hier waren, hätte sie sich selbst die Geschichte vom Ausflug sicher abgekauft.

Leider wusste sie es.

»Okay«, zwang sie sich zu sagen. »Was jetzt?«

Lasse seufzte. »Ich hab diese Werbebroschüre tausendmal Wort für Wort gelesen und versucht, mich zu erinnern, wann wir dort gewesen sind und wie es da aussah, aber mein Kopf ist ziemlich leer. Also bin ich zu meinen Eltern und hab behauptet, dass ich von unserem Urlaub hier geträumt hätte.«

Elli pfiff beeindruckt durch die Zähne.

»Und das haben sie dir abgenommen?«

Er zuckte mit den Achseln. »Voll. Sie haben angefangen zu schwärmen, genau wie Marilu in dem Brief. Sie wussten sogar noch, wie das Gasthaus hieß, in dem wir damals abgestiegen sind. Erinnern tu ich mich trotzdem nicht.«

»Vielleicht wenn du es siehst.«

»Ja vielleicht.«

Er schaute nach oben, als würde er versuchen, den Himmel über Bad König wiederzuerkennen. Elli legte den Kopf ebenfalls in den Nacken, um nachzuvollziehen, was er sah. Den Rand des Bahnhofsgebäudedaches, eine einzelne Wolke, so perfekt und so klein, dass sie unter Artenschutz gestellt gehörte, und ansonsten nichts als Blau.

Ellis Finger begannen zu kribbeln. Hier zu sitzen und die Wolken anzuschauen, war das Gegenteil von der Hast, die aus Marilus Brief gesprochen hatte, das Gegenteil von der beinahe flehenden Dringlichkeit des *Such mich.* Ihre Unruhe stand im kompletten Widerspruch zu Lasses scheinbar gelassenem Himmelgestarre. »Und wo ist dieses superspezielle Gasthaus?«, erkundigte sie sich mit mühsam beherrschter Ungeduld.

»Halbe Stunde von hier, ein Stück durch den Wald.«

»Super. Wollen wir dann jetzt …?« Sie rutschte an den Rand der Bank, stopfte ihre Flasche zurück in den Rucksack und sah ihn auffordernd an. Er ignorierte ihre Hibbeligkeit und sagte – ungerührt und ohne sich vom Blau zu lösen: »Ich habe eine Idee, was dieses Dreieinssieben-Ding sein könnte.«

Mit Drängeln kam man bei Lasse offensichtlich nicht weiter – eine Eigenschaft, die ihn mit Marilu verband. Resigniert schob sich Elli zurück auf die Bank, bis ihr Rücken die Lehne berührte, und legte den Kopf ab. Als sie die Artenschutzwolke wiedergefunden hatte, rang sie sich ein »Und?« ab.

Lasse grunzte. »Meine Eltern haben erzählt, dass sie damals elf war und ich neun. Und dass sie sich in diesem Urlaub ziemlich schräg benommen hat. Das Tanzen auf dem Balkongeländer war nämlich nicht halb so witzig, wie Marilu das darstellt. Und es sind wohl noch ein paar andere komische Sachen passiert, aber sie dachten, es wär die Pubertät. Dass das die ersten Anzeichen einer Manie waren, haben sie erst eineinhalb Jahre später durch, als Marilu … Na ja, als wir hier waren, hat da jedenfalls keiner dran gedacht.«

»Ihr hattet keine Ahnung?«

»Nee. Ich mein: Da rechnest du ja nicht mit, dass eine Elfjährige bipolar sein könnte.«

Die Wolke am Himmel wurde zu Marilus Gesicht, der breite Mund, die runden Augen, die leise Stimme, als sie auf dem Tisch in *Sonnenblick* saß, mit den Beinen baumelte und erzählte, dass sie *nach ihrem Opa* käme.

»Aber ich dachte, euer Opa wär auch …«

»Schon, aber trotzdem. Und außerdem war sie viel zu jung – in dem Alter hat man noch keine Schübe.«

Die Marilu-Wolke wurde zu einem Wolkenfaden und verschwand aus ihrem Blickfeld. Geduld, befahl sich Elli. Atmen. »Und was hat das mit *dreieinssieben* zu tun?«

»Drei plus eins plus sieben ist elf«, erklärte Lasse dem Himmel.

Sie löste den Kopf von der Lehne, rieb ihren Nacken und schaute ihn ungläubig an.

»Bisschen weit hergeholt, findest du nicht?«

»Hast du eine bessere Idee?«

Es klang nicht patzig, eher … ratlos, und nein, hatte sie nicht. Dreieinssieben hin oder her … Sie hatten nichts. Blieb das Hotel. Und zwar schnell.

»Nee. Hast recht. Wollen wir los?« Elli klopfte Lasse ermunternd auf den Oberschenkel und stand auf.

»Von Wollen kann keine Rede sein.« Endlich löste er den Blick vom Himmel.

»Sag mal, wenn wir in diesem Gasthof sind«, fragte sie, als er auf den Füßen stand, »was machen wir dann eigentlich?«

Lasse griff nach dem Schirm seiner Cap, schob sie einmal in den Nacken, zog sie dann tiefer in die Stirn. Eine Nonsensgeste.

»Sag du's mir. Du hast schließlich gesagt, dass sie uns hierhaben will.«

Elli hasste ihn einen Moment lang dafür, dass er den Ball zurückspielte, statt die Initiative zu ergreifen. Marilu hätte gewusst, was wir tun sollen, ätzte eine Stimme in ihr, ehe ihr einfiel, dass sie genau deshalb hier waren. Weil Marilu etwas vorhatte. Bestenfalls ein blödes Spiel, wie Lasse vermutete, schlimmstenfalls etwas Furchtbares.

Und auf einmal sollte *sie* die Führung übernehmen?

Es war doch *seine* Schwester, es war seine Verantwortung, sie selbst war doch nur eine Person, die ihr mal nahe gewesen war, sehr nahe, okay, aber das war schon zwei Jahre her, ein halbes Leben! Sie war fast noch ein Kind gewesen in *Sonnenblick* und die Situation eine Ausnahme.

Fünfhundertsiebenundneunzig mal zwei. Minus Achtzehn.

Tom hatte recht gehabt, diese Aktion war eine Scheißidee. Sie stand an einem Ort, von dem sie nicht wusste, was sie hier sollte, mit einem Jungen, den sie nicht kannte, und sollte Marilu retten, ohne eine Ahnung zu haben, wie und wovor.

»Bist du …«, Lasses Stimme brach, er schluckte, und als er weitersprach, hatte er sie wieder unter Kontrolle. »Bist du okay?«

Sie schluckte die Lüge herunter.

»Nein«, antwortet sie ehrlich.

Wie, das geht nicht?«

Tat Lasse nur so erstaunt, um die Frau hinter dem Tresen zu täuschen, oder wunderte er sich wirklich? Hatte er ernsthaft erwartet, dass der halb gare Plan, den sie während des Fußmarsches durch den Wald ausgeheckt hatten, aufgehen würde?

Also, wenn *sie* hier am Empfang des Landgasthofs stehen würde, hätte sie den beiden leicht erhitzten Jugendlichen, denen man mit Sicherheit ansah, dass sie erstens aus der Stadt kamen und zweitens nicht volljährig waren, auch nicht einfach den Schlüssel für ein Zimmer ausgehändigt. Damit der eine (Lasse) seiner Freundin (Elli) zeigen konnte, wo er den glücklichsten Sommer seines Lebens verbracht hatte. Vor sieben Jahren!

Die Geschichte war dermaßen schräg, Elli konnte der Rezeptionistin das Nein nicht verdenken.

Am liebsten hätte sie sich hinter dem braunen Ledersofa versteckt, das unter einer Dreierreihe unterschiedlich großer Geweihe dem Empfangstresen gegenüberstand, und dort ausgeharrt, bis ihre Gesichtsfarbe wieder normal war. Sie wagte nicht mal, daran zu denken, was im Kopf der Frau vor sich ging. Selbst wenn sie ihnen die Geschichte von der romantischen jungen Liebe abkaufte – oder gerade, *wenn* sie die ihnen abkaufte, würde Elli an ihrer Stelle einen Teufel tun und zwei frisch verliebte Teenager »mal eben« in das Hotel lassen.

Aber einen Back-up-Plan hatten sie nicht.

Je länger sie darüber nachgedacht hatten, desto deutlicher wurde, dass sie Lasses Erinnerungen auffrischen mussten.

»Können Sie nicht ein Auge zudrücken?« Seine Stimme kiekste, er räusperte sich und Elli sprang ihm nun doch bei.

»Bitte?«, fügte sie hinzu, zart, um möglichst unbedrohlich zu wirken. Zeitgleich griff sie nach seiner Hand, um die erfundene Liebesgeschichte glaubhaft wirken zu lassen.

Er zuckte zusammen, war aber geistesgegenwärtig genug, seine Hand nicht wegzuziehen. Dankbarkeit durchströmte Elli, denn sie fühlte sich sofort weniger allein, weniger hilflos – die Berührung war ein Anker und Elli spürte, wie die Röte in ihrem Gesicht nachließ. Ein Seitenblick zeigte ihr, dass diese wahrscheinlich durch ihre Hände in Lasses Kopf floss, denn jetzt war er es, dessen Wangen sich rosa färbten.

Die Frau betrachtete die beiden mit schief gelegtem Kopf, seufzte und wandte sich um. »Mutti?«, rief sie. Als niemand reagierte, bedachte sie das vermeintliche Liebespaar mit hochgezogenen Brauen. »Wartet hier«, befahl sie und marschierte in das Zimmer hinter dem Tresen.

Kaum dass sie außer Sichtweite war, zog Lasse seine Hand aus Ellis und trat einen Winzschritt zur Seite. Wo eben ein Anker gewesen war, herrschte plötzlich wieder Leere.

Ein wenig gekränkt, drehte sie der Rezeption den Rücken zu, ließ den Rucksack auf das Sofa plumpsen und begutachtete den Raum. Was genau hatte Marilu an diesem Gasthaus gefallen? Der Boden war hellgrau gefliest, die Wände schlicht verputzt, das braune Sofa, hinter dem sie sich gerade hatte verstecken wollen, wirkte einladend, und die Geweihe sorgten für den stylischen Landhaus-Schick, auf den ihre Oma stand.

»Sie haben renoviert.« Lasse wedelte mit einem Flyer, den er vom Tresen genommen hatte, vor ihrem Gesicht herum. »Vor einem Jahr erst.«

»Renoviert? Aber wie sollen wir dann rausfinden, was Marilu …?«

»Da seid ihr ja!«

Elli fuhr herum und Lasse zerknickte vor Schreck den Flyer. Am Tresen stand eine Kopie der Frau von eben, nur älter. Sie legte den Kopf auf dieselbe Art schief wie ihre Tochter.

»Wir haben schon gestern mit euch gerechnet.«

»Sie haben …?«, stammelte Elli. Und dann: »Wie bitte?«

Lasse, neben ihr, schwieg und in jedem anderen Moment hätte sie sich darüber amüsiert, wie er in einem Moment offen und frei redete, viel reifer, als sie das von anderen Jungs kannte, und dann wieder verstummte und errötete. Gerade aber war sie viel zu verwirrt, um zu denken.

»Elli Grünwald und Lasse Lindberg?«

»Ja.« Sie würgte das kleine Wort hervor.

»Willkommen.« Die Frau, dem Namensschild auf ihrer Bluse nach zu urteilen *Ilona Mersfeld, Gastfrau,* strahlte wie ein Lottobote mit einem Millionen-Euro-Scheck und legte einen Schlüssel auf den Tresen. »Ihr habt Zimmer 317.«

»Wir haben ein Zimmer?«, wiederholte Elli ungläubig.

Lasse starrte auf den Schlüssel, schwieg aber hartnäckig weiter. Sie schluckte, dann fügte sie, noch ungläubiger und ziemlich sinnlos, hinzu: »Nummer 317?« In ihrem Kopf klingelte etwas Sturm, aber sie hatte sich in einem anderen Gedanken verfangen: Wo hatte dieses dreigeschossige Landgasthaus bitte schön dreihundertsiebzehn Zimmer versteckt?

Frau Mersfeld schien ihren Gedanken gelesen zu haben. Sie kicherte. »Ja, mein Großvater hatte einen ziemlich speziellen Humor. Keine Sorge, wir haben bloß elf Zimmer, aber jedes trägt die Nummer eines Datums, das für ihn wichtig war. Am einunddreißigsten Juli hat er meine Großmutter kennengelernt, 317 ist unsere Honeymoon-Suite.«

»Deshalb!«, flüsterte Lasse.

»Ja deshalb.« Die Frau kicherte erneut.

Aber das hatte er nicht gemeint. Er hatte nur schneller geschaltet als Elli. Der Brief! Sie sah die Zahlen vor sich, ausgeschrieben, in Orange.

Dreieinssieben, weißt du noch?

Lasse hatte sich getäuscht. Die Zahl war nicht die Quersumme von Marilus Alter gewesen, sondern die Zimmernummer!

Dreihundertsiebzehn minus neunundvierzig.

Plus vierhundertzwölf.

»Jedenfalls ist das für euch reserviert. Bis Samstag. Frühstück gibt's um –«

»Wer?«, platzte sie heraus. »Wer hat das Zimmer reserviert?«

»Na, seine Schwester.« Frau Mersfeld deutete auf Lasse. »Zumindest hat sie gesagt, dass ihr Bruder vorbeikommt.

Das bist du doch? Der Bruder?« Sie wartete nicht auf eine Antwort, sondern plauderte fröhlich weiter. »Blöde Frage, du bist ihr ja wie aus dem Gesicht … Ist alles in Ordnung?«

Auch Elli hörte das Grollen aus Lasses Richtung und merkte, dass sie selbst die Fäuste geballt hatte.

»Ja, alles gut, er ist nur überrascht.« Sie zwang sich zu dem Fake-Lächeln, das sie zu einer so guten Cheerleaderin machen würde, wie Tom ständig behauptete. »Ich auch.«

»Kann ich mir vorstellen.« Sie war derartig freundlich, dass Elli ihr liebend gerne anders begegnen würde als mit dieser bleichen Front aus Abwehr, die sie beide ausstrahlen mussten.

Aber der Gedanke, dass Marilu hier gewesen – nein! Dass sie vielleicht noch hier *war*. In Dreieinssieben … Dass sie beide vielleicht zu spät … Verdammt!

Langsam schien auch die Gastfrau zu begreifen, dass diese Überraschung keine freudige war.

»Na, sie war jedenfalls total aufgeregt, weil sie euch eine Freude machen wollte! ›Meine beiden Lieblingsmenschen‹, hat sie dauernd gesagt.«

Und plötzlich konnte Elli sich vorstellen, wie Marilu durch die Lobby fegte und ohne Punkt und Komma plapperte und die Besitzerin ganz nebenbei um den Finger wickelte. Lieblingsmenschen, dachte sie. Lasse, okay, aber ich? Das Grollen neben ihr verstärkte sich und ihr war nicht klar, ob Lasse gleich explodieren oder zu weinen beginnen würde. Hinter ihrer Stirn ballte sich Panik. Schon wieder.

Konzentrier dich auf was anderes, riet Dr. Vervein.

Elli griff nach dem Schlüssel. »Ist sie noch da?«

»Ob sie …? Ich hab keine Ahnung.« Sie musterte Elli mit wachsendem Misstrauen und rief über die Schulter: »Miri, hast du das Mädel vom Dienstag noch mal gesehen?«

Dienstag? Am Tag, als der Brief gekommen war. Vor zwei Tagen. »Nee«, erwiderte die Stimme der Tochter.

»Shit«, murmelte Elli. Sie waren zu langsam gewesen, viel zu langsam. Marilu hatte alles eingefädelt und sie Mittwoch erwartet, gestern, hatte gedacht, dass sie schneller begreifen und sofort losfahren würden, dass sie dem Ganzen mehr Bedeutung beimessen würden, *ihr* mehr Bedeutung beimessen.

Du musst mich finden!

Sie waren zu spät. Elli wurde schlecht.

Neben ihr saugte Lasse die Luft durch die Zähne. Sagen tat er immer noch nichts.

»Macht euch keine Sorgen, sie hat ja den Zweitschlüssel, weil sie oben was vorbereiten wollte. Sie taucht also garantiert wieder auf. Soll Miri euch mit dem Gepäck helfen?«

Elli schaute reglos auf ihren vollgestopften Rucksack, der auf dem Sofa lag, dann auf Lasses, der träge und halb leer auf seinem Rücken hing.

»Nicht nötig«, zwang sie sich zu antworten. »317, sagten Sie?«

Die Frau nickte. »Ganz oben, unterm Dach. Durch die Glastür, Treppe hoch und dann rechts.«

Lasse war schon fast im Treppenhaus, bis Elli »Vielen Dank« hervorgepresst hatte.

Sie schnappte ihren Rucksack und eilte ihm hinterher.

Er lehnte im Gang an der Wand neben der verschlossenen Tür, weiß wie der Putz, die Kieferknochen traten deutlich hervor, und sah ihr mit leeren Augen entgegen.

Ihre Hand zitterte so sehr, dass sie den Schlüssel kaum ins Schloss bekam. Als er schließlich steckte, konnte sie ihn nicht drehen. Sie wich zurück und schaute versteinert auf den baumelnden Schlüssel. Er hing an einer kleinen Holzscheibe, speckig von den vielen Händen, durch die er schon gegangen war. *Dreihundertsiebzehn*, hatte jemand hineingebrannt.

Wieder ein Schlüssel, baumelnd, wie der vor zwei Tagen an den Briefkästen.

»Glaubst du, sie ist dadrinnen?« Lasses Stimme spülte ihre Panik fort und legte stattdessen Wut frei, stechende, eruptive Wut.

»Was denn sonst?«, blaffte sie ihn an. »Was denn sonst, verflucht noch mal?«

Eine Freude machen! Uns! WTF, Marilu?

Elli begann zu beben, als die Wut ihren Körper übernahm, und ehe es zu spät sein und sie die Beherrschung verlieren und die Tür eintreten würde, drehte sie grob den Schlüssel um, stieß die Tür auf und stürmte in den Raum.

Keine Leiche.

Nicht am Dachbalken, nicht in der Whirlpool-Wanne, nicht auf dem Bett.

Dafür lag dort ein Briefumschlag.

DIN A4.

Weiter nichts.

Und es passierte wieder.

Sie wusste nicht, ob die Wut, der Schock, die Erleichterung oder die Anspannung der Auslöser war – vermutlich pulsten sie alle gemeinsam diese durchdringende Eiseskälte durch Ellis Adern, Venen, Organe, Muskeln, Gelenke.

Sie erstarrte, mitten im Zimmer.

Nicht!, protestierte ihr Gehirn, das glücklicherweise immun gegen das Erfrieren zu sein schien.

Bleib in Bewegung, riet Dr. Verveins Stimme.

Ihr Gehirn reichte den Befehl an die Arme und Beine weiter, erfolglos.

Es gibt kein Eis in dir.

Von wegen.

In den beiden herrlich normalen Jahren nach *Sonnenblick,* einer Zeit ohne Eis und ohne größere Aussetzer, hatte sie fast vergessen, wie schrecklich es sich anfühlte. Bis vorgestern, am Briefkasten, als das Eis auf einmal wieder da gewesen war, mit der gleichen Wucht wie damals, als sie so lange eingefroren gewesen war, dass sie in der Jugendpsychiatrie gelandet war.

Damals war ihr die Bewegungslosigkeit wie ein Geschenk vorgekommen, eine logische Reaktion auf die Anforderungen und Überforderungen, heute war sie ein Albtraum.

Hilflos stand Elli in dem Hotelzimmer, in dem Marilu sich *nicht* umgebracht hatte, ihre Arme baumelten an den Seiten ihres Körpers herab, ihre Füße standen hüftbreit auseinander. Eine Körperhaltung, die perfekte Entspannung und Balance ausstrahlte – zumindest hatte die Sporttherapeutin in *Sonnenblick* das behauptet.

Der Haltung zum Trotz war Elli alles andere als entspannt.

»Lasse.«

Gott sei Dank, die Stimme gehorchte ihr.

»LASSE!«

Er tauchte unter dem Bett auf, wo er nach weiteren Hinweisen gesucht hatte, und schaute sie fragend an. Sie schluckte und stellte sich vor, mit den Schultern zu zucken. Nichts passierte, aber er schien dennoch zu begreifen. Er sprang auf, und als er bemerkte, dass sie sich ihm nicht zuwandte, positionierte er sich neben ihr, in der gleichen Körperhaltung, und starrte in dieselbe Richtung wie sie.

Sie war zu überrascht, um zu sprechen.

»Was ist los? Was siehst du?«

Erklär es ihm, forderte Dr. Vervein. *Du musst darüber sprechen!*

»Elli? Mensch, was ist denn los?«

Das Übliche, dachte sie niedergeschlagen. »Ich kann mich nicht bewegen.«

»Du kannst dich nicht bewegen?«

Sie konzentrierte sich auf ein Nicken. Nichts passierte.

»Du kannst dich nicht bewegen«, wiederholte er, diesmal ohne Fragezeichen, und stellte sich vor sie, damit sie ihm ins Gesicht sehen konnte, theoretisch zumindest, denn er war ein Stückchen größer als sie, und sie konnte den Kopf nicht heben, also schaute sie geradewegs auf sein Kinn.

Sein Adamsapfel hüpfte, erst schnell, schließlich langsamer, dann schluckte er. Er musste sie für einen kompletten Freak halten, aber zu ihrer Überraschung kümmerte sie das herzlich wenig.

»Okay«, sagte er überraschend sanft. »Was soll ich machen?«

Sie brauchte drei Anläufe, um es ihm zu erklären.

»Was bildet die sich eigentlich ein?«

Lasse stapfte durch das kleine Zimmer, immer um Elli herum, die auf dem Boden lag, die nackten Füße an der Wand abgelegt, und zu atmen versuchte.

In den Boden. Laminat. Dunkel. Kühl. Schön. Atmen.

»Ich hab das so satt, es ist jedes Mal derselbe Mist! Wenn sie so drinhängt, ist ihre ganze Empathie im Arsch. Dann geht's nur um Marilu und Marilu und Marilu. Alle anderen sind ihr egal, als hätte sie uns ausgeblendet, genau wie früher, als sie …«

Bevor er zu toben begonnen hatte, hatte Lasse ihr gehorcht, auch wenn es ihm spürbar widerstrebt hatte. Er hatte sie geschüttelt, bis sich das Eis in ihr löste, bis sie fühlte, wie ihr Blut sich wärmte, und sie ihre Gliedmaßen wieder eigenständig lenken konnte. Als die Wärme in ihren Körper zurückkehrte, ließ er von ihr ab und stieß sie beinahe von sich fort. Er war derartig blass gewesen, dass Elli einen Moment lang befürchtete, ihr Eis könnte auf ihn übergesprungen sein.

Aber er hatte sich noch bewegt. Das Gesicht in seinen Händen geborgen und sich von ihr abgewandt. »Das war verdammt scary, Mensch! Hat Marilu das gemeint, als sie erzählt hat, dass du dich nicht bewegen kannst?«

Zu mehr als einem Grunzen hatte ihr die Kraft gefehlt. Mit zitternden Knien hatte sie sich auf den Boden sinken lassen, wo sie jetzt lag.

»Weißt du, wie krass das ist? Dieses Geschüttel ist ... Es fühlt sich an, als würde ich dir Gewalt antun!«

»Es ist das Einzige, was hilft«, hatte sie gemurmelt, die Stimme noch nicht wieder ganz unter Kontrolle. »Wenn das Eis kommt, dann ... Manchmal reicht es, mich abzulenken, mich abzuklopfen oder so, aber manchmal ... halt auch nicht. Wenn es zu schnell kommt, also ... wie gerade eben, dann ...« Sie schluckte. »Einmal war es ganz schlimm, da hab ich vier Stunden im Zimmer gestanden in *Sonnenblick* und konnte mich nicht rühren.« Die drei eingefrorenen Wochen vor der Einweisung, zu Hause, in ihrem Bett, verschwieg sie, Lasse wirkte auch ohne diese Information schon geschockt genug. Er hatte sich dann neben ihr auf den Boden gekauert, den Rücken an die Wand gelehnt und sie mit einem Blick gemustert, der viel zu viel Ähnlichkeit mit Marilu hatte.

»Vier Stunden lang?«

Sie bejahte. »Als Marilu endlich reinkam, hatte sie die Idee mit dem Schütteln. Es ist brutal, aber sie hat mich dadurch gerettet. Ein paar Mal schon. Genau wie du gerade.«

»Nix für ungut, aber auf die Erfahrung hätte ich gern verzichtet.«

Ich auch, seufzte Elli innerlich, ich auch. Aber ehe sie etwas Beschwichtigendes sagen und sich bei Lasse bedanken konnte, war der schon wieder aufgesprungen.

»Aber diesmal – diesmal hat sie dich nicht gerettet, sondern es verdammt noch mal *verursacht!* Wie kann sie es wagen? Wie kann sie ...?«

Seither tigerte er lautstark monologisierend durch das Zimmer, während sie atmete und den Boden spürte *(Spür den Boden!)* und sich auf das Positive zu fokussieren versuchte.

Marilu hatte sich nicht getötet.

Zumindest nicht hier, warf eine kleine Stimme in Ellis Kopf ein.

Noch nicht, ergänzte eine weitere.

»Mir geht diese Dramakacke so was von auf den Sack«, wütete Lasse.

Dramakacke, dachte Elli, auf den Sack. Passt gar nicht zu ihm, das Gefluche. Das Gebrüll auch nicht. Wenn er brüllte, klang er wie ein kleiner Junge. Tick zu schrill, Tick zu unkontrolliert.

Die Wirtin bereute sicher schon, diese unerwünschte Überraschung mit Marilu geplant zu haben, schließlich war nichts als Geschrei und Gepolter zu hören, seit sie hier waren. Von wegen Honeymoon-Suite.

»Hör auf zu schreien, Lasse. Das bringt doch nichts.«

»Und ob das was bringt!«, tobte er weiter. »Warum tut sie dir das an? Und mir! Glaubst du etwa, ich schluck das alles einfach? Sie ist ja nicht mal hier, sonst könnte ich wenigstens …«

»Schschschsch.« Demonstrativ schloss sie die Augen. »Ich atme ein, Ruhe, ich atme aus, die Anspannung fließt ab.«

Sie hoffte, dass ihre Bemühungen auf Lasse abfärben würden, dass sie ihm ein Ruhepol sein könnte, ihm helfen, genau wie er ihr gerade geholfen hatte. Zumindest ein Hauch der Autosuggestion schien bei Lasse anzukommen; seine Lautstärke sank um ein paar Dezibel. »Sie manipuliert uns, das merkst du doch auch! Nicht dass mich das überraschen würde, ich kenn ja meine Schwester, aber früher wollte sie damit bloß ihren Willen durchdrücken. Sie hatte ein Ziel, das wollte sie erreichen, darum ging's. Aber das hier, einfach so, zum Spaß? Was hat sie denn davon?«

Resigniert unterbrach Elli das Geatme. Eben war er stark gewesen, jetzt musste sie stark sein, so war das in einem Team. Sie fühlte sicherheitshalber noch einmal in sich, ihr Blut floss, kein Eis mehr, Wärme und Ruhe, wieso ging das so schnell? Offensichtlich hatte sie viel gelernt in *Sonnenblick* und in den vergangenen Jahren mit Dr. Vervein. Sie setzte sich auf, lehnte den Rücken an die angenehm kühle Wand, erinnerte sich daran, wie gut sie im Funktionieren war und dass das nicht nur ein Fluch, sondern auch eine Fähigkeit sein konnte, und klopfte neben sich auf das Laminat.

»Brief«, ordnete sie an. »Wasser. Setzen.«

Es klappte: Lasse sah sie einen Moment lang irritiert an, dann verstummte er, klaubte seinen Rucksack aus der Ecke neben der Tür, griff den Briefumschlag vom Bett und ließ sich neben ihr auf den Boden sinken. Er wirkte beherrscht, aber sein Atem verriet ihn.

Er ging genauso schnell, wie sein Herz vermutlich schlug. Und ihr eigenes Herz, das begriffen zu haben schien, dass Erstarrung keine Lösung war.

Abhauen war eine.

Glaubst du echt, du kannst sie davon abhalten? Tom.

Er hatte recht. Elli musste sich nicht in Marilus Tal zerren lassen, es war Marilus beschissene Krankheit, nicht ihre. Sie könnte aufstehen, die Tür öffnen und sie von außen sachte zuziehen. Retten, was sie sich in den vergangenen Jahren aufgebaut hatte: Normalität.

Die Luft wurde ihr knapp, sie zerrte am Kragen ihres T-Shirts, um Platz zu schaffen.

Lasse neben ihr zog sich die Cap vom Kopf, zerwuschelte sein Haar, trank einen Schluck Wasser. Während ihre Herzen im hilflosen Gleichklang donnerten, schauten sie sich die ganze Zeit kein einziges Mal an.

Es nicht zu versuchen, ist keine Option.

»Stimmt«, räumte sie ein. »Sie manipuliert uns, und ja, das ist gemein und unfair und das Allerletzte, aber im Ernst: Es ist zu spät, Lasse. Wir haben keine Wahl.«

»Man hat immer eine Wahl«, widersprach er. Seine Stimme klang monoton.

»Marilu nicht.«

»Doch! Marilu auch. Sie hätte ihre Tabletten nehmen können, statt uns in diese …« Er unterbrach sich. »Okay, vergiss es. Aber manchmal wünschte ich mir, ich könnte einmal *nicht* tun, was sie will. Mich einmal nicht erpressen lassen.«

Sie verstummten erneut und erst, als sein Atem sich beruhigt hatte, hielt er ihr den Umschlag hin. Er war dick und ein bisschen weich, es war wieder etwas drin, was über einen normalen Brief hinausging.

Vorsichtig öffnete sie das Kuvert, schaute hinein und stieß einen überraschten Quietscher aus.

»Was?«, fragte Lasse.

Sie drehte den Umschlag um, hielt seine Öffnung weit auf und schüttelte. Es regnete Geldscheine.

Lasse quietschte auch.

Und dann blickten sie sich zum ersten Mal an, zum ersten Mal, seit sie in diesem Zimmer waren, blickte Elli in Marilus Augen im Gesicht ihres Bruders. Erahnte den

Wahnsinn darin, der nicht seiner war, schluckte und kickte den Stapel Fünfzigernoten mit der Fußspitze zu Lasse. Behutsam begann sie, den Briefumschlag aufzutrennen und aufzufalten.

Er war eng beschrieben, in Orange und mit sehr dünner Feder, von links oben bis rechts unten. Anders als bei ihrem eigenen Brief und dem, den Marilu Lasse geschickt hatte, enthielt dieser hier keinen einzigen Punkt, dafür massenhaft Kommas und hin und wieder Ausrufezeichen, einige Fragezeichen. Sie begann zu lesen. Laut und langsam, ein Protest gegen Marilus getriebenes Wispern, das diesen Zeilen innewohnte.

Lasse! Ellili!
Ihr seid da, ich wusste, dass ihr es schaffen würdet,
meine beiden Lieblingsmenschen, ist das nicht eine
wunderbare Überraschung? Sorry, Ellili, dass ich dir
die Uhr geschickt hab, aber es musste sein, weil du
dich schließlich nie zurückgemeldet hast und ich nicht
wusste, wie ich dich sonst dazu hätte bringen können
herzukommen, sei nicht

Lasse schnappte nach Luft.

»Du hast nie geantwortet?«, fragte er leise. »Warum?«

Weil ich nicht konnte, müsste sie antworten. Weil Marilu mir unter die Haut gekrochen ist und ich Angst hatte, dass sie mich von da aus jederzeit aufplatzen lassen kann. Weil ich nicht wieder aufplatzen darf. Weil ich normal sein will. Weil ich all meine Kraft gebraucht habe, um zusammenzuhalten, was ich in *Sonnenblick* zusammengesetzt habe. Weil ich ein Puzzle bin und Marilu ein Erdbeben. Weil ihre Liebe mich erdrückt hat. Weil ich die Intensität nicht ausgehalten hab. Weil nicht du der Vampir bist, sondern Marilu.

Müsste sie antworten.

Stattdessen erwiderte sie mit fremder Stimme: »Ging nicht. Haste doch selbst gesagt: Sie saugt Menschen aus. Ich hatte nichts mehr, was man noch hätte raussaugen können.«

»Hm«, machte Lasse.

Sie zog die Füße an, bis ihre Knie an der Brust waren, las die letzten Worte noch einmal und dann weiter.

sei nicht böse, ich hab dich nicht belogen – dass du hier bist, hat etwas mit meinem Tod zu tun, aber auch mit dem Leben, warum, erklär ich gleich, erst mal die Fakten: Ihr seid hier, zusammen, die beiden Menschen, die ich am meisten auf der ganzen Welt liebe, ja, dich auch, Ellili, für immer und ewig, auch wenn du nie geantwortet hast, hatte ich dir versprochen, weißt du noch? Bei unserem Schwur an dem Abend mit den Sternen, erzähl es Lasse! Und du, Brüderchen, erzähl ihr, dass hier alles angefangen hat, auch wenn wir es damals noch nicht kapiert hatten und auch wenn du es vielleicht gar nicht weißt, aber hier hat alles angefangen, mein erstes Mal, ausgerechnet hier, als alles noch in Ordnung war, als Mama und Papa noch mit uns geredet haben, nicht nur gesprochen, sondern echt

geredet, hier hat alles angefangen und ich hab das
Gefühl, dass ich der Grund war, warum sie aufgehört
haben, mit uns zu reden, später, miteinander auch,
wegen der Sache auf dem Balkongeländer, um genau
zu sein, da war so viel Glück, so viel Glück, ich spür es,
wenn ich es schreibe, all das Glück in meinem Körper,
tanzende Pünktchen und ich auf dem Geländer, das
Glücksgeschäume, das damals noch sein durfte, weil
es noch keinen Namen hatte außer Glück, aber es war
trotzdem der Moment, von dem an alles schiefging,
von wegen Pubertät! Du warst noch ein Kind, aber ich
konnte schon fliegen und fallen – fallen konnte ich
auch und ich weiß nicht, was du mehr gehasst hast:
Die Wochen und Monate, in denen ich vor Schwärze
nicht sprechen konnte und mich manchmal nicht
bewegen (wie du, Ellili, ich konnte mich auch oft nicht
bewegen, vielleicht hab ich dich deshalb sofort verstanden, auch wenn der Grund bei dir ein anderer
ist), oder hast du das Glück mehr gehasst, das mir
Momente wie diesen, damals und jetzt, bescherte?
Es ist wunderbar, dass wir wieder hier sind, erst ich,
dann ihr, ihr seid hier und hier beginnt es und ich will
euch zeigen, wie das ist, mein Leben, ich muss das mit
euch teilen, weil es großartig ist, fantastisch, weil ich
keine Angst hab, vor nichts, und ihr auch keine Angst
haben müsst! Ich weiß, wovor ihr Angst habt, meine
beiden Liebsten, und deshalb hab ich die allerbeste

Idee von allen, sie kam mir vorgestern, Sonntag war
das, als mir klar wurde, dass ich nicht mehr viel Zeit
hab, also beeilt euch, denn wenn alles läuft, wie ich
es geplant hab, ist heut Mittwoch, und hach, ich hab
eine wundervolle Aufgabe für euch, na, erst mal für
dich, Lasse, denn du musst deiner Angst ins Gesicht
schauen, wirst sehen, und die nächste Aufgabe ist
dann für dich, Ellili, weil du meine Herzensfreundin
bist, meine bessere Hälfte, niemand hat mich je so
verstanden wie du, du warst die Sonne in Sonnenblick
und ich schwöre – auch wenn ich sauer bin! –, ich
schwöre, ich versteh, dass du dich nie gemeldet hast,
du hast Angst, wie immer, immer diese Angst! Du willst
alles richtig machen und ich bin nicht richtig, weiß
ich, aber du, du bist richtig, für mich und für jeden,
der dich treffen kann, du wirst auch richtig für Lasse
sein, weiß ich, aber jetzt los, die Zeit drängt, oh, wie
die Zeit drängt! Heute müsst ihr die erste Aufgabe
bestehen, ankommen und euch ausruhen, morgen geht's
dann los, ihr müsst euch beeilen, ich hab das Zimmer ein paar Tage gebucht, weil ich wollte, dass ihr
ein Basislager habt, aber ihr müsst nicht, ihr müsst
nicht! Alles, was ihr müsst, ist, euch beeilen, denn
weißt du, Lasse, du hast oft gesagt, dass das Leben
kein Spiel wär – wenn es mir schlecht ging, um mich
aufzuheitern, und wenn's mir ging wie gerade, dann als
Vorwurf, aber du liegst falsch, Bruderherz, das Leben

ist ein Spiel! Und wenn es mit einem spielen will, kann man nicht Nein sagen, also spielen wir das Spiel des Lebens, ihr und ich, oder besser: das Spiel um das Leben, meins nämlich, und vergesst niemals: Egal, ob das Leben mich liebt – ich liebe euch, und wie!
Und jetzt raus mit dir aufs Geländer, Brüderchen, tanz, schau in den Himmel und vergiss die Erde einen Augenblick und dann –
Marilu

PS: Am Samstag ist alles vorbei, so oder so, ich schwöre!
PPS: Geld für alle Fälle, hab's im Casino gewonnen, kurz bevor ich hierherkam, ein Zeichen, dass alles richtig ist, was ich tue, wir tun, ihr tun werdet, benutzt es, ich werd es nicht mehr brauchen, es war viel mehr, aber ich hab für euch eingekauft, hatte den Verdacht, dass ihr keine Klamotten dabeihabt, hab darum jedem von euch ein Köfferchen gepackt, sie stehen im Schrank

Zwölf Jeans, neun Sommerkleider, siebzehn T-Shirts, Unmengen an Boxershorts und BHs, Socken, vier Fleecejacken, drei Allwetterjacken. Sechs Paar Wanderschuhe in sechs verschiedenen Größen, eine Riesentüte voller Duschgels und Kosmetiksachen, ein Luxusrasierer, zwei elektrische Ultraschallzahnbürsten mit drei Paketen Aufsteckbürsten, fünf Basecaps und ein breitkrempiger Strohhut.

Ungläubig starrte Elli auf das Bett, auf dem sich Klamotten und Kram im Wert von mehreren Tausend Euro stapelten. Ein Gebirge unnötiger Dinge, die Lasse zunächst Stück für Stück aus dem Schrank genommen und auf das Bett gelegt, schließlich aber stapelweise geworfen hatte.

»Köfferchen«, stammelte sie ungläubig. »Sie hat was von einem Köfferchen geschrieben.«

»Hat wohl nicht alles reingepasst.« Lasse deutete auf zwei in der Tat beinahe bescheiden wirkende silberfarbene Aluminiumkoffer, die in die Schuhablage des Schrankes gequetscht waren.

»Aber …«, begann sie und verstummte sofort wieder, als ihr bewusst wurde, dass Marilu ein kleines Vermögen für dieses ganze Zeug ausgegeben hatte – konnte es sein, dass sie so viel Geld im Casino gewonnen hatte? Und warum sechs Paar Schuhe?

Komm schon, Elli, ermahnte sie sich. Du weißt es doch. Ja natürlich, sie wusste es.

Sonnenblick.

In den ersten vierundzwanzig Stunden, nachdem sie in meinem Zimmer einquartiert worden war, hatte Marilu nicht geredet. Zumindest nicht mit mir. Stattdessen hatte sie vier dicke Notizblöcke mit ihrer orangefarbenen Kringelschrift gefüllt und dann, als ihr das Papier ausging, mit den Wänden unter der Tapete weitergemacht, bis sie schließlich das halbe Zimmer beschriftet hatte. Alles, außer einem Zirkel von etwa einem Meter um mein Bett herum.

In dem ich lag und Marilu erst teilnahmslos, dann neugierig anstaunte. Am zweiten Tag, als sie begriffen hatte, dass ich mich zwar nicht bewegte und auch nicht sprach, aber dennoch ein echter Mensch war, einer, der fühlt und denkt und beobachtet, hatte sie aufgehört zu schreiben, einen Stuhl an mein Bett gezogen und begonnen, im gleichen Tempo auf mich einzureden, in dem sie zuvor geschrieben hatte.

Über alles, sprunghaft, zusammenhangslos, klug und sonderbar, schillernd, sprudelnd und irrsinnig, so lange, bis mir die Kraft ausgegangen war.

Nach einer regungslosen, stummen Woche, in der ich das Zimmer für mich allein gehabt hatte, war ich bereits am fünften Tag nach Marilus Einzug derartig vollgesogen mit deren Dauerinfusion aus Lebensfreude, Tatkraft, Superpower und Wahnsinn, dass meine ersten Worte seit viereinhalb schweigenden Wochen aus mir herausplatzten: »Kannst du bitte mal für fünf Minuten die Klappe halten?«

Marilu, die wahrscheinlich genauso überrumpelt vom rauen, ungeübten Klang meiner Stimme war wie von der

Tatsache, dass ihre Zimmergenossin überhaupt sprechen konnte, hatte genau drei Minuten lang gehorcht. Von da an waren wir Freundinnen.

Klar, Marilu redete mehr als ich, aber die Anteile, die ich zu unseren Gesprächen beisteuerte, verschoben sich täglich ein wenig mehr zu meinen Gunsten. Das lag daran, dass ich mit jedem Tag ein bisschen stärker wurde, während das Lithium, mit dem Marilu behandelt wurde, ihre Energie bremste und sie langsamer werden ließ.

Sobald ich mich stabil genug fühlte, bat ich Papa, mir ein Buch über »Bipolarität« mitzubringen, weil ich wissen wollte, was los war mit Marilu. Dass er nicht nur dieses eine Buch, sondern gleich drei und zusätzlich ein paar Studien zu Burn-out bei Jugendlichen aufgetrieben hatte – geschenkt. Abgesehen davon, dass die Forschungslage diesbezüglich eher mau war, interessierte mich die funkelnde Marilu sowieso viel mehr als meine eigene Dunkelheit.

Also las ich von manischen und depressiven Phasen, von Therapien und Lithium, so lange, bis Marilu frotzelte, dass meine Beschäftigung mit ihrer Erkrankung was Manisches habe, um dann hinterherzuschieben: »Das nervt übrigens wie Sau, Ellili, wenn Leute behaupten, sie wären zwanghaft, bloß weil sie zweimal checken, ob sie das Auto abgeschlossen haben. Oder autistisch, weil sie die Stifte auf ihrem Schreibtisch sortieren, oder depressiv, weil sie manchmal nicht aus dem Bett kommen.«

»Ich bin also nicht manisch?«, versuchte ich einen Scherz. Und Marilu trübte sich ein und brummte: »Wenn du wüsstest, Schätzchen, wenn du wüsstest.«

»Was wüsste?«

»Was dir entgeht und was dir erspart bleibt.«

Danach war sie es, die schwieg, zumindest bis zum Abendessen. Dann, nachts, beantwortete sie mir alle Fragen, von denen die Bücher nichts wussten: dass die Ärzte komplett aus dem Häuschen gewesen waren, als sie mit dreizehn in die Klinik eingewiesen worden war. Weil sie zu jung war für eine bipolare Störung und ihr erster Schub (sie nannte es *Hypomanie* und zeichnete fette Anführungsstriche in das sanfte Licht ihrer Nachttischlampe) mit elf für die Ärzte in etwa so fantastisch war, wie eine *Blaue Mauritius* zu finden. Auch wenn ich keine Ahnung hatte, was eine *Blaue Mauritius* war, krampfte sich mein Herz zusammen, wenn ich mir vorstellte, was Marilu schon erlebt hatte. Nach dieser Nacht stopfte ich die Bücher in eine Tüte und hörte auf zu recherchieren. Stattdessen verhielten wir uns, als gäbe es Marilus Krankheit nicht – und als hätten meine bewegungslosen Wochen nie stattgefunden. Zwei ganz normale Mädchen halt.

An dem Sammelsurium an Dingen, die Elli auf dem Hotelbett liegen sah, war nichts normal. Das hier wirkte wie ein Lehrstück aus allem, was sie zu dem Krankheitsbild gelesen hatte.

Der Druck in ihrem Kopf nahm zu. Sehr langsam löste sie den Blick von Marilus Beute auf dem Bett, ging zu ihrem Rucksack, nahm die Tabletten heraus, wog die beiden Blister in der Hand. Den Streifen mit den chemischen Psychodingern hatte Marilu ihr zum Abschied in die Hand gedrückt, was natürlich verboten war. Elli hatte sie schon in der Klinik nur zweimal und widerwillig genommen, weil die Dinger sie komplett wegballerten und die Kontrolle über sie übernahmen – und die Kontrolle über sich behielt sie lieber selbst. Trotzdem hatte sie Marilus Geschenk angenommen, für den Fall der Fälle. Oder als Erinnerung daran, wie es war, wenn nichts mehr ging. Und wie sie es hasste.

Nehmen würde sie die nicht. Auch wenn alles in ihr um schnelle Erlösung bettelte – von dem Druck, den Gedanken an Marilu, dem Chaos im Zimmer und dem in ihrem Kopf –, steckte sie die heftigen Teile wieder zurück. Auch im Hinblick auf Marilus Andeutungen, dass ihnen irgendwelche Aufgaben bevorstünden, und auf Lasse, der abwechselnd auf das übervolle Bett und in den leeren Schrank stierte, presste sie eine der pflanzlichen aus dem Blister und spülte sie mit einem Schluck Wasser hinunter.

Kurz war sie versucht, Lasse ebenfalls eine anzubieten, Baldrian und Johanniskraut und Melisse, hoch dosiert, dann fiel ihr ein, dass er sogar Kaffee als Droge bezeichnete, und sie verkniff sich das Angebot. Stattdessen subtrahierte sie nacheinander im Kopf vier Beträge von achttausendneunhundertsiebzehn.

»Okay«, sagte sie, als sie das Ergebnis berechnet und sich wieder halbwegs im Griff hatte. »Warum stehen da sechs Paar Wanderschuhe?«

»Wahrscheinlich wollte sie sichergehen, dass wir beide ein Paar in der richtigen Größe finden«, mutmaßte Lasse und hängte ein unlustiges Lachen an den Satz. »Immerhin scheint sie das Zeug diesmal nicht geklaut zu haben.«

»Diesmal?«

»Du weißt nicht viel über sie, oder?«

Falsch, sie wusste irrsinnig viel über Marilu. Schließlich

lebte sie ausschließlich aufgrund von Marilus Informationsinfusion, wusste durch sie, dass Perfektion überflüssig und ein Leben, in dem sich alles um Anpassung und ums Funktionieren drehte, Zeitverschwendung war. Sie wusste eine ganze Menge von und über Marilu, aber offensichtlich war diese Menge nur ein Bruchteil. Hilflos zuckte sie mit den Achseln.

Lasse schnaubte. »Na dann: Willkommen in meinem Leben. Diese Inszenierung«, seine Geste umfasste das Bett, das Zimmer, sie beide, »ist allerdings heftig. So was hab ich erst zweimal erlebt. Einmal, als sie dreizehn war, und das letzte Mal mit sechzehn, danach hast du sie kennengelernt. Damals hatte sie alle möglichen Politikerinnen und Politiker angeschrieben, weil sie fest davon überzeugt war, das Mittel für den Weltfrieden gefunden zu haben.«

»Den Weltfrieden?«

»Exakt. Willst du wissen, was es war?«

Elli hmhmte schwach.

»Vollverschleierung, weltweit. Bei Frauen und Männern. Auf die Weise könne man nicht mehr einschätzen, woher jemand käme, und alle Menschen würden sich auf Augenhöhe begegnen und Werte und Wärme und Verstand wären wichtiger als das, was man sähe. Totale Gleichheit für alle, völlig unabhängig von Kulturen und Geschlechtern. Sie hatte sich ein riesengroßes neongrünes Stück Stoff genäht, zwei Gucklöcher ausgeschnitten und Tausende Botschaften draufgeschrieben, allerdings so klein, dass keiner sie entziffern konnte.«

Das klang in der Tat nach Marilu.

»Und dann?«

»Ist sie zum Römer gefahren, das ist das Frankfurter Rathaus ...«

»Weiß ich.«

»... und hat demonstriert. Oder eher getanzt, gesungen, gebrüllt, behauptet die Polizei. Sie sah aus wie ein neongrünes Gespenst. Sie haben sie natürlich festgenommen.«

Natürlich. Elli hatte keine Ahnung gehabt. Marilu hatte stets behauptet, sich an nichts erinnern zu können, und weil sich das mit den Beschreibungen deckte, von denen Elli in den Büchern gelesen hatte, hatte sie ihr geglaubt. Nachdenklich schob sie den Kleiderberg beiseite und ließ sich auf das Bett fallen.

»Aber wieso«, grübelte sie laut, »wieso ist sie nicht in Frankfurt in die Klinik gekommen? Wieso Mannheim?«

Lasse zögerte keine Sekunde. »Na, weil meine Eltern nicht wollten, dass jemand davon erfährt.«

Elli wollte protestieren, da fiel ihr sein Satz von gestern ein.

Geld war bei uns nie das Problem.

Marilu war das Problem, hatte sie herausgehört, aber das hatte er offensichtlich nicht gemeint. Elli fuhr sich mit der Hand durch das Haar, automatisch, zwirbelte es zu einem Zopf, griff nach einer der Basecaps, zog den Zopf durch die hintere Öffnung der Kappe und setzte sie auf. Ihr Gesichtsfeld schränkte sich ein, der Schirm schnitt den Kunstdruck, der über dem breiten Sofa hing, in der Mitte ab und auf verdrehte Art fühlte es sich beruhigend an, wie einfach sich ihre Welt verkleinern ließ. Das Chaos, das sie umgab, konnte die Cap allerdings nicht ausradieren. Genauso wenig wie das, wofür es stand.

»Sie nimmt ihre Tabletten also nicht mehr?«

»Sieht danach aus.« Lasse ließ sich neben ihr aufs Bett sinken. »Aber immerhin will sie diesmal nicht die ganze Welt retten. Sie spielt nur. Mit uns.«

»Nee«, widersprach Elli. »Sie spielt nicht mit uns. Sie will gerettet werden. Von uns.«

Als sie es aussprach, wusste sie, dass es der Wahrheit entsprach. Lasse schien es ähnlich zu gehen – wie zur Bestätigung schlug er einige Male mit der Faust auf die Matratze, nicht wütend, eher nachdenklich, und unvermittelt überkam Elli eine Ruhe, die unmöglich bereits von der eben erst geschluckten Pille herrühren konnte.

Sie erwuchs aus der Erkenntnis, dass es hier um ein Leben ging, Marilus nämlich. Und dass Elli ihr, nach allem, was Marilu für sie getan hatte, etwas schuldig war. Marilu hatte sie zurück ins Leben geholt, damals, in *Sonnenblick*, und ohne sie, so komplex und anstrengend sie auch war, wäre Elli nicht, wer, und nicht, wo sie heute war. Nicht in diesem Hotel, natürlich, aber vor allem nicht stabil im Leben, manchmal sogar glücklich, auf jeden Fall verliebt in Tom. Ohne Marilu hätte Elli nicht begriffen, dass der Sinn des Lebens das Leben war. Dass es sich darum zu kämpfen lohnte.

Darum ging es in diesem »Spiel«, darum war sie hier: ein Leben für ein Leben. Bei aller Panik, die sie fühlte, begriff sie instinktiv, dass sie dieses Spiel gewinnen musste, dass sie nicht wieder erstarren durfte, um nichts in der Welt.

Sie erhob sich und ging zur Balkontür. Als sie sie öffnete, strömte warme Sommerluft herein und daran, dass diese Luft nicht durch sie hindurch-, sondern um sie herumfloss, merkte Elli, dass sie existierte. Ich bin stark, dachte sie. Ich schaffe das.

»Los jetzt«, befahl sie. »Sie hat uns gestern schon erwartet, die Zeit läuft davon. Wir müssen uns beeilen.«

»Beeilen?«, fragte Lasse. »Womit?«

Elli nickte in Richtung Balkon und bemerkte, wie Lasse die Gesichtszüge entglitten.

»Du willst doch wohl nicht wirklich auf dieses Balkongeländer klettern?«

»Ich nicht«, antwortete sie mit fester Stimme. »Du.«

Lasse stand am Ende des Balkons, auf dem Geländer, an einen der Eckpfosten geklammert.

»Such dir einen Fixpunkt. Nein! Nicht auf dem Boden, guck nicht nach unten, guck einfach nicht nach unten!« Elli versuchte es mit der surrenden Stimmlage, die Dr. Vervein bei ihr an den Tag legte, wenn sie sich in Panik verstrickte. Es schien wenig zu nutzen – Lasse starrte weiterhin nach unten, sein Brustkorb pumpte. Er wirkte, als würde er sich jeden Moment übergeben.

Sie hätte sich ohrfeigen können, aber woher hätte sie wissen sollen, dass Lasse so heftige Höhenangst hatte? Marilus Andeutungen im Brief hatten geklungen, als würde er sich anstellen, aber was Elli sah, auf diesem Geländer im dritten Stock, zehn, fünfzehn Meter über dem Erdboden, erweckte eher den Anschein einer ausgewachsenen Todesangst als den einer harmlosen Überreaktion.

Warum mutete Marilu ihrem Bruder das zu? Und Elli selbst hatte ihn auch noch genötigt, auf das Geländer zu klettern! Warum hatte er cool getan, statt zuzugeben, dass es nicht darum ging, dass er die Aufgabe seiner Schwester nicht erfüllen wollte, sondern dass er schlicht nicht konnte?

»In Ordnung, Lasse«, setzte sie erneut an. »Schau mich an. Nicht nach unten, schau mich an. Und jetzt rechne zweihundertdreizehn minus zwölf.«

Endlich schien er aus seiner Lähmung zu erwachen. »Ich soll rechnen?«

»Glaub mir, es hilft! Die Panikstrukturen sitzen ganz tief eingegraben in unserem Gehirn, in der Amygdala, haste bestimmt schon mal …« Was redete sie da? »Jedenfalls, wenn man rechnet, ist das Gehirn abgelenkt und muss seine Energie in den Neocortex verlagern und hat keine Kapazität mehr für … Ist doch auch egal, rechne einfach!«

»Zweihunderteins.«

»Plus siebenhundertdreizehn.«

Während er sie unverwandt anstarrte, näherte Elli sich dem Eckpfosten und legte ihre Hände auf die Brüstung neben seinen Schuhen.

»Neunhundertvierzehn.«

Ohne nachzurechnen, sprach sie weiter. »Du machst das toll. Minus dreihundertneunundfünfzig. Ich fass dich jetzt an, nicht erschrecken.« Sie wartete seine Erlaubnis nicht ab, sondern umschloss seine Beine mit beiden Armen, lose, ohne ihn wirklich zu berühren. »Okay. Lehn dich ein bisschen zu mir, so ist gut. Und jetzt komm mit deinem linken Fuß runter vom Geländer –«

»Auf keinen Fall«, stieß er hervor, »ich lass diesen Pfosten nicht los!«

»Musst du auch nicht, halt ihn fest und hab keine Angst, ich sichere dich. Lös deinen linken Fuß, er soll zurück auf den Balkonboden, verstehst du?«

Lasse stieß ein ungläubiges Geräusch aus. »Ich soll …?«

»Vertrau mir. Minus dreihundertneunundfünfzig.«

»Minus dreihundertneunundfünfzig«, wiederholte Lasse. Seine Beine schlackerten, als er den Fuß vom Geländer hob und dann – an den Pfosten geklammert und von Elli geleitet – langsam in die Knie ging. Sein linker Fuß erreichte beinahe den Holzboden des Balkons.

»Sehr gut. Du machst das toll.«

»Fünfhundertfünfundfünfzig.« Seine Stimme zitterte ein bisschen weniger.

»Minus zweiundsiebzig. Ha! Geschafft. Und jetzt lass den Pfosten los und … Sehr gut. Und jetzt setz dich. Mit dem Gesicht zu mir! Super. Ich hab dich.«

Geschafft. Er saß auf dem Geländer, beide Beine baumelten zur Balkonseite, sein Gesicht war beinahe auf gleicher Höhe mit Ellis. Sie schlang ihre Arme um ihn, sparte sich jeden Kommentar, hielt ihn bloß fest.

Wie konnte Marilu ihrem Bruder das antun? Wie hatte sie selbst ihm das antun können? Hatte sie nicht gemerkt, wie er gezögert und gezittert hatte, wie er es nur ihr zuliebe tat, aus Stolz und weil er sich schämte. Sie wusste doch, wie sich das anfühlte, und sie wusste auch, wie schwer es war, Ängste zuzugeben. Sie hatte seine Angst abgetan, weil es nicht ihre war. Sie kannte keine Höhenangst, und weil sie dieses Gefühl nicht kannte, hatte sie es nicht ernst genommen. Genau wie ihre Eltern *ihre* Angst nicht ernst genommen hatten, die Angst, davor zu versagen, nicht zu genügen, ihre Freundinnen, die Familie, die Welt zu enttäuschen. »Du würdest uns nie enttäuschen, Elli. Du bist perfekt ganz genau so, wie du bist!«

Perfektion war ein großes Wort. Und genau daran war

sie gescheitert. Weil sie sich niemals ein Scheitern erlaubt hatte. Und gut nicht gut genug war. Bis sie in einer Klinik landete, weil sie innerlich erstarrt war, weil sie zu lange funktioniert hatte.

Amygdala, dachte sie. Neocortex. Ich bin eine Heuchlerin. Sie schlang ihre Arme fester um Lasse, der nun nicht mehr bebte, sondern schwitzte.

»Vierhundertdreiundachtzig«, murmelte er. »Nicht dass es eine Rolle spielen würde.«

Sie hob das Gesicht, bis sie sich anschauten, direkt in die Augen, die sich bei näherem Betrachten doch von Marilus unterschieden; seine besaßen grünliche Pünktchen und die Pupillen waren geweitet. Die Intimität des Momentes war so stark, dass der einzig logische nächste Schritt war, sich zu küssen, weil sie sich ohnehin schon so nahe waren.

Auch Lasse schien zu erahnen, was geschehen würde, müsste, sollte, aber zu ihrer Überraschung wand er sich aus ihrer Umarmung, sprang vom Geländer und ging ohne ein Wort ins Zimmer. Sie hörte die Badezimmertür schlagen und die Verriegelung zuschnappen.

Shit, dachte sie, was war das denn? Und dann: Ich muss Tom anrufen.

Es gab mutige Momente in Ellis Leben.

»Du kannst fliegen, wenn du willst«, hatte Marilu gesagt. »Du brauchst bloß jemanden, der dich schubst.«

Für die Sache mit dem Balkongeländer brauchte sie keinen Schubs, ein triftiger Grund reichte.

Schau in den Himmel und vergiss die Erde einen Augen-

blick. Ach, Marilu. Immer kryptisch, immer metaphorisch. Der Himmel also. Sie schaute nach oben. Dachbalken, die am Rand des Pfostens, an dem Lasse sich festgeklammert hatte, zum Greifen nah waren, dann steil anstiegen, bis sie sich in der Mitte des Balkons am Giebel trafen, wo sie ein Dreieck aus Holz bildeten, viel zu hoch, um es zu erreichen, dann wieder abfielen bis zur anderen Seite.

Um von hier aus den Himmel zu sehen, musste man sich weit über das Geländer beugen, am besten rücklings. Warum schrieb Marilu solchen Unsinn?

Elli lief an der Balustrade entlang bis zur gegenüberliegenden Seite. Sie dachte an Marilu, an das von Netzen umspannte Dach in *Sonnenblick* und wie sie dort nebeneinandergelegen hatten, um in den Himmel zu schauen. Einer Eingebung folgend, ließ sie sich auf den Boden des Balkons sinken, bis sie auf dem Rücken lag, und fuhr mit dem Blick die Grenze zwischen Dach und Himmel ab. Und stieß einen überraschten Schrei aus.

»Lasse!«, brüllte sie.

Die Badezimmertür klappte, dann war er neben ihr und schaute zu ihr herunter.

»Was ist los? Ist dir schlecht?«

Elli schüttelte den Kopf, richtete sich ein wenig auf, griff nach seiner Hand und zog ihn zu sich runter, bis sie nebeneinanderlagen, Kopf an Kopf, wie Marilu und sie damals.

»Elli«, seine Stimme überschlug sich, er rückte ein Stück ab von ihr, schluckte und setzte erneut an. »Ich bin nicht …«

»Guck halt!«, unterbrach sie ihn und deutete nach oben. Zur letzten Schindel, die vom Geländer aus zu erreichen sein musste – wenn man sich weit, weit reckte und keine Angst vorm Fallen hatte.

»Scheiße«, krächzte Lasse.

Und dann: »Warum tut sie das?«

Und dann, kaum hörbar: »Ich kann nicht, Elli, ich kann das nicht.«

»Weiß ich«, beruhigte sie ihn. »Aber woher soll Marilu wissen, wer den geholt hat?«

Sie drückte seine Hand und sprang auf. Taumelte ein wenig, hielt sich am Geländer fest, bis der Schwindel aufhörte, dann stieg sie hinauf. Neben ihr kam Lasse ebenfalls wieder auf die Füße. »Mach das nicht, Elli, das ist zu … Was, wenn du fällst?«

»Ich fall nicht. Aber zur Sicherheit: Kannst du mich vielleicht festhalten?«

Sie legte sich seine Hände um die Taille, wo er sie liegen ließ, sie ein bisschen zu fest hielt. »Guck nicht zu mir hoch«, ordnete sie an. »Guck woandershin. Auf … den Boden. Guck auf den Boden!« Als er gehorchte, stellte sie sich auf die Zehenspitzen und hangelte nach dem Umschlag.

Gut gemacht, Brüderchen!

Und die Moral: Es ist wichtig, sich mit sich selbst zu konfrontieren. Angst ist nämlich bloß eine Erfindung deines Gehirns – deine auch, Ellili, deine auch, also bereite dich vor, schlaft euch aus, esst was, sie haben hier fantastische Pommes, und morgen früh, Donnerstag, wenn alles gut ist, geht's los, der Kampf gegen die Angst!

Seid pünktlich, es geht ein Stück nach Norden und beeilt euch, die Zeit läuft davon – beeilt euch!
49°44'34.192" N, 9°0'22.59" E

Elli kochte schon wieder vor Wut, starrte auf die GPS-Daten, als könnten die ihr dabei helfen, Marilus Plan zu durchschauen.

Auf Lasse konnte sie nicht zählen – nachdem sie den kurzen Brief gelesen hatten, hatte er »Alter, wir sind doch hier nicht in einem Scheißcomputerspiel!« gebrüllt und war erneut im Badezimmer verschwunden. Wo er seit zwanzig Minuten unter der Dusche stand, zumindest rauschte das Wasser.

Computerspiele waren nicht ihre Spezialität, aber sie erkannte eine Schnitzeljagd, wenn sie eine sah. Allerdings war sie sich ziemlich sicher, dass am Ende kein Schatz aus Schokolade auf sie wartete.

Das Spiel um mein Leben.

Selbst wenn das wieder eins von Marilu bescheuerten Sinnbildern sein sollte, mussten sie die Drohung, die darin lag, ernst nehmen. Sie mussten Marilu finden und davon überzeugen, dass das Leben sie liebte, und dafür mussten sie mitspielen – und zwar nach Marilus Regeln.

Und das, nachdem Elli Ewigkeiten gebraucht hatte, um zu begreifen, dass sie niemandem Rechenschaft ablegen musste außer sich selbst. Nicht ihren Eltern, nicht Tom, ganz sicher nicht Marilu. Auch wenn sie ihr was schuldig sein mochte, auch wenn sie ein schlechtes Gewissen hatte. Niemand außer Elli selbst hatte zu bestimmen, was sie zu tun hatte. Oder zu fühlen.

Nur bis Samstag, erinnerte sie sich. *Am Samstag ist alles vorbei.*

Und dann würde Elli ihr unmissverständlich klarmachen, dass sie kein Recht hatte, andere Menschen zu zwingen, über ihre Grenzen zu gehen, bloß weil das für Marilu der Inbegriff von Lebendigkeit war.

Allerdings hinkten sie, wenn Elli richtig rechnete, Marilus striktem Zeitplan bereits einen Tag hinterher.

Was hieß, dass jede Minute zählte.

Was hieß, dass es dieses Mal keinen anderen Ausweg gab.

Sie musste das durchziehen. Ein letztes Mal.

Als Geschenk für Marilu, als Wiedergutmachung für alles, was sie ihr verdankte. Zum Ausrasten war danach genug Zeit.

Sie zog ihr Telefon aus der Tasche und schaltete es ein. Tom hatte dreimal versucht, sie zu erreichen, aber sie war ihm noch nicht gewachsen. Also tippte sie erst mal eine harmlos klingende Nachricht an ihre Eltern, gespickt mit Schlagworten, die sie mochten, und in ihrer Sprache. Mit Anrede, mit Abschiedszeile, ihr Vater war schließlich Buchhändler.

> Lieber Papa, liebe Mama, es ist unglaublich idyllisch hier. Wir haben ein schnuckeliges Gasthaus gefunden, bleiben noch ein paar Tage, bisschen Natur und Ausruhen vor dem Praktikum. Ich hoffe, das ist okay? Macht euch keine Sorgen, alles bestens hier.
> Küsschen, eure Elli

Der zweite Teil war schwerer. Sie vergewisserte sich, dass die Badezimmertür geschlossen war, rollte sich vom Bett und verzog sich auf den Balkon, dann wählte sie.

»Tom?«

»Honey, endlich!« Vorwurf, Sorge, Erleichterung, alles in diesen zwei Worten. Und Wärme. Sie strömte aus seiner Stimme direkt in ihre Adern.

»Ja sorry, der Empfang hier ist …« Warum sagte sie das? Der Empfang war super. »Ich hab es vorher nicht geschafft, es war alles ein bisschen … viel.«

»Verstehe … Und jetzt? Ist Bad König so verwunschen, wie es klingt?«

»Nö, ist eigentlich ganz normal. Schon schön, aber … klein halt.«

Führten sie wirklich ein Touristengespräch? »Kannst es dir im Netz angucken, Lasse hat einen Link gefunden, da hat jemand ein Drohnenfoto …«

»Lasse. Natürlich.« Die Wärme versiegte. »Und Marilu? Habt ihr sie gefunden?«

»Nein, sie …«

»Nein?«

Wie sollte sie das erklären? Am Telefon? Ohne Tom zu beunruhigen oder zu viel preiszugeben? »Es ist alles viel komplizierter, als ich gedacht hab. Ich … Sieht aus, als müssten wir ein bisschen länger bleiben.«

»Ein bisschen länger?«

Am Samstag ist alles vorbei, so oder so!

»Maximal bis Samstag«, murmelte sie, so leise sie konnte. Nicht leise genug.

»Bis Samstag? Wieso das denn?«

Gute Frage. In einem letzten Versuch, ihre Alles-im-Griff-

Fassade zu wahren, platzte die dümmste Ausrede der Welt-geschichte aus Elli heraus: »Das ist eine lange Geschichte.«

»Ich höre.«

Im Gegensatz zu ihrem eigenen Satz war das keine Phrase – nicht, wenn es von Tom kam. Also erzählte Elli. Von dem Hotel. Von Marilus Vorbereitungen, von den Klamotten, den Zahnbürsten, dem Zimmer, den Briefen. Der sonderbaren Schnitzeljagd. Dass sie sich nicht um-gebracht hatte, aber es vielleicht noch tun würde. Dass ihnen die Zeit davonlief. Elli konnte die Hast in ihrer fla-chen Stimme hören, als sie die Ereignisse beschrieb – in Halbsätzen, die er vermutlich nicht verstehen konnte. Als sie spürte, dass Toms Energie am anderen Ende von In-teresse und Neugier zu einer gepressten Stille umschlug, unterbrach sie ihre Zusammenfassung.

»Bist du noch da?«

»Allerdings.« Das Gepresste in der Stille war Wut. Unter-drückte Wut. »Marilu erpresst euch also?«

»Erpressen? Na ja, nicht wirklich, obwohl … ja doch, irgendwie schon, glaub ich. Aber sie meint das nicht so, sagt Lasse, sie glaubt in ihrem Zustand wohl echt, dass es ein Spiel wär …«

»Ein Spiel!«, wiederholte Tom. »Sagt Lasse.« Erst in die-sem Moment dämmerte Elli, dass es nicht allein Marilus Plan war, der Tom verärgerte: »Du willst also zwei Nächte in einem Hotelzimmer mit einem Typen verbringen, den du gar nicht kennst?«

Er war eifersüchtig! Fast hätte sie laut aufgelacht, so ab-surd war die Situation, dann dachte sie an den Kuss, der hätte stattfinden können, aber nicht stattgefunden hatte, und schluckte das Lachen herunter.

»Ähm. Ja. Aber Lasse ist … er ist noch ein halbes Kind. Und außerdem voll schüchtern, mach dir keine …«

»Ein halbes Kind? Voll schüchtern? Das ist echt das beschissenste Argument ever, Honey. Der Typ ist sechzehn, hast du gesagt. Ich war auch mal sechzehn und es ist noch nicht so lange her, dass ich mich nicht daran erinnern könnte, wie das für mich gewesen ist, mit einem Mädchen wie dir …«

Wenn das ein Kompliment sein sollte, dann war es ein ziemlich verdrehtes. An dieser Stelle hätte Elli normalerweise gegrinst, wäre ihm durch das Haar gefahren und hätte ihm hundertmal versichert, dass Lasse sie nicht interessierte.

Aber Tom war nicht hier und Lasse *war* süß. Er *sah* gut aus. Er war, wenn er nicht brüllte, ziemlich sexy. Er hatte eine Anker-Hand und er roch gut. Trotzdem gab es überhaupt keinen Grund durchzudrehen, zumindest nicht für Tom. Es ging nicht um Eitelkeit oder Besitzansprüche oder Eifersucht oder Sex – es ging um Marilus Leben!

Elli spürte, wie sich etwas in ihr verhärtete, aber statt, wie sie es üblicherweise tun würde, zu beschwichtigen, preschte sie nach vorne: »Sag mal, geht's noch? Hast du schon mal was von Vertrauen gehört, Tom?«

Wenn ihr Ausbruch ihn erstaunte, ließ er es sich jedenfalls nicht anmerken.

»Kann er sich wenigstens ein eigenes Zimmer nehmen?«

»Echt jetzt?«

Tom knurrte auf eine Art, die sie von ihm nicht kannte und lieber auch nicht kennen wollte. »Gibt's eine Couch?«

Sie biss die Zähne aufeinander, bis ihr Kiefer schmerzte, um nicht aus Verzweiflung loszupoltern. Als sie wieder sprechen konnte, ohne Gefahr zu laufen, ihn anzubrüllen, erwiderte sie mühsam beherrscht: »Deine Eifersucht ist gerade wirklich keine Hilfe, Tom. Marilu ist verschwunden, wir wissen nicht, was sie vorhat, und wir können nicht mal jemanden informieren, weil wir absolut keinen Schimmer haben, wo sie ist. Offensichtlich hat sie diese Aktion komplett durchgetaktet und wir hinken ihrem verdammten Zeitplan schon einen ganzen Tag hinterher, weil sie dachte, dass wir früher kommen würden, dass sie uns wichtiger wäre …« Ihre Stimme brach vor Unglauben darüber, dass sie ihm das wirklich alles erklären musste. »Und ja, du hast recht, ich bin hier mit einem Jungen, den ich kaum kenne, aber wenn du denkst, dass ich gerade keine anderen Sorgen hab, als mit ihm rumzumachen, dann kennst du mich verdammt schlecht.«

Woher kamen die Tränen auf ihren Wangen? Sie fing ein paar davon mit der Zunge auf und strich mit der freien Hand über das raue Balkongeländer, auf dem sie eben noch balanciert, und ja, möglicherweise ihr Leben riskiert hatte. Für Marilu. Und sie würde es wieder tun. Weil es genau darum ging. Um Liebe. Nur anders, als Tom vermutete.

»Ich vertrau dir doch«, grummelte er schließlich, als deutlich wurde, dass sie nichts mehr sagen würde, und einen Moment lang schien es, als ob er begriffen hätte, aber dann fügte er hinzu: »Aber ihm halt nicht.«

Elli stieß ein frustriertes Zischen aus. »Ich bin kein Opfer und Lasse ist kein gefährliches Tier«, fauchte sie in den Hörer. »Er ist Marilus Bruder!«

»Genau das ist ja das Problem«, fauchte Tom zurück.

»Woher weißt du, dass die beiden nicht unter einer Decke stecken? Vielleicht ist er genauso psycho wie sie?«

»Sie ist nicht …«

»Okay, dann halt krank. Auf jeden Fall ist es das Allerletzte, was die abzieht, mit dir und von mir aus auch mit ihm, das ist doch total gemein! So was tut man doch seinem ärgsten Feind nicht an und ganz sicher nicht seinem Bruder!«

Er hatte recht: Marilu *war* gemein. Aber eben nicht absichtlich. Sie lebte in einer anderen Welt und wollte niemandem wehtun, sie wollte bloß verstanden werden. Sie versuchte, ihnen etwas mitzuteilen – etwas, das sie nicht erzählen konnte, sondern von dem sie wollte, dass sie es selbst erlebten.

»Warum ruft ihr nicht einfach die Polizei? Von wegen Gefahr für Leib und Leben? Ich mein: Wenn sie wirklich vorhat, sich umzubringen … Das ist doch vollkommen gestört, Mensch!« Jetzt hörte sich sogar Tom hilflos an.

Polizei? Alles in ihr sträubte sich gegen den Gedanken. Er war logisch, es war naheliegend, aber … Sie dachte an die neongrüne Ganzkörperverschleierung, stellte sich Marilu mitten auf einer Brücke vor, die Beine über die Brüstung geschwungen, hinter ihr Polizisten, die sie ruhigzureden versuchten, oder eine Dr. Vervein mit Samtstimme, wie in einem blöden Sonntagabendkrimi, erinnerte sich daran, dass Marilu die Erwartungen anderer Menschen niemals erfüllte, dass sie springen würde, gerade *weil* alle sie anflehten, es nicht zu tun. Marilu halt.

Ihre Wut auf Tom verflog.

Die Zeit lief ihnen davon, sie mussten los, wohin diese GPS-Daten sie auch führen würden, sie konnten nicht bis morgen warten, und egal, was logisch wäre – Marilus Plan war so perfide, dass von außen niemand eingreifen konnte. Sie hatte alles dafür getan, dass es nach ihren Regeln lief. Sie mussten in ihren Kopf kriechen, die Stationen verstehen, sie einholen und dann hoffentlich: sie retten.

Elli versuchte, Tom das klarzumachen, brach ab, setzte erneut an, verlor den Faden und redete schließlich derart unzusammenhängendes Zeug, dass sie nicht sicher war, ob er ihr überhaupt folgen konnte. Dabei war es wichtig, dass er sie verstand! Als sie mehrmals »Wir müssen kapieren, wie sie tickt, verstehst du?« gestammelt hatte, fiel er ihr ins Wort.

»Das reicht, Honey. Ich erkenn dich nicht wieder, du bist ja total durch den Wind. Ihr bewegt euch nicht von diesem Gasthaus weg. In anderthalb Stunden bin ich bei euch.«

»Und deine Hausarbeit? Du hast doch gesagt, dass sie im ersten Semester noch mal nachfiltern, es ist …«

»Ich diskutier da nicht drüber.«

»Aber …«

»Warte auf mich.«

Er legte auf.

Die Achtziger-Jahre verfolgen mich«, stöhnte Elli, als die überaus freundliche Bedienung ein kleines Silbertablett zu ihnen auf die Terrasse trug. Der Cappuccino stand auf einem Tropfenfänger aus weißer Papierspitze und war mit einem Sprühsahnehäubchen gekrönt. Weiter konnten ein Kaffee und ein Flat White nicht voneinander entfernt sein. Tom wäre vermutlich in Tränen ausgebrochen.

»Ich hab dich gewarnt«, feixte Lasse, dem die ausgiebige Dusche offensichtlich gutgetan hatte. Während Elli darüber nachdachte, ob sie die Unhöflichkeit aufbringen würde, den Cappuccino ungetrunken zurückgehen zu lassen, leerte er seine Apfelsaftschorle in einem Zug. Dann stürzte er sich auf den Riesenberg Pommes, den die Kellnerin vor ihm abgestellt hatte. Das Besteck, das in eine dunkelgrüne Papierserviette gewickelt war, ignorierte er. »Marilu hat recht«, stöhnte er mit vollem Mund. »Die sind der Hammer!«

Elli stibitzte sich eine Fritte und riss begeistert die Augen auf – die Pommes waren so göttlich, wie der Kaffee schlecht war. Lasse schob den Teller in ihre Richtung und eine Weile kauten beide in ehrfürchtigem Schweigen. Es war Lasse, der es brach.

»Ich bin eigentlich nicht so.« Er sah sie nicht an, sondern leckte seine Finger ab und sich dann über die Lippen, und es kostete Elli ein klein wenig Mühe, das nicht attraktiv zu finden.

»Wie, nicht so?«

Sexy? Verfressen? Süß?

»Na ja, ich bin eigentlich echt mutig.«

»Eigentlich?« Wie konnte sie lachen in Anbetracht von …
allem? Andererseits: Was sollte sie sonst tun? Sie waren
zum Nichtstun verdammt, bis Tom kam. Sie riss ein Ma-
yo-Tütchen auf und drückte den Inhalt auf ihre Seite des
Tellers.

»Jetzt komm schon, mach's mir nicht noch schwerer. Ich
krieg echt nicht bei vielen Sachen Panik, aber mir wird
schon schummerig, wenn ich auf einen Stuhl steige. War
schon als Kind so. Ist uncool, ich weiß, aber …«

»Ist nicht uncool. Uncool ist, dass Marilu so was überhaupt von dir verlangt.«

Lasse hielt inne, seine Hand schwebte über dem Teller,
ehe er nach der nächsten Fritte griff.

»Stimmt.« Es klang, als hätte er es auf diese Weise noch
nicht betrachtet.

»Und«, fügte Elli hinzu, »wenn's dich beruhigt: Ich find's
megamutig, dass du es überhaupt probiert hast.«

»Danke.«

Sie kauten beide weiter, weil damit alles gesagt war. Zumindest zu diesem Thema. Erst als nur noch vereinzelte
Pommesstängchen in etwas zu viel Salz auf dem Teller
lagen, rollte Elli das überflüssige Besteck aus und wischte sich mit der Serviette das Fett von den Fingern. Als sie
sich sauber genug fühlte, zog sie das aufgetrennte Kuvert,
das sie zwischen den Dachbalken herausgefischt hatte,
aus der Tasche und legte es neben den Teller.

»Sieht allerdings leider nicht aus, als wär es das schon
gewesen.«

Lasse griff nach dem Papier.

»Okay.« Er betonte das Wort wie ein Schauspieler in einer amerikanischen Komödie, der etwas begriffen hatte, was er lieber nicht hatte begreifen wollen. Ooookaaaaa-y. »Aber weißte: Wenn wir eh mitspielen müssen, können wir genauso gut versuchen, Spaß dabei zu haben.«

Überrascht starrte sie ihn an. Was, bitte schön, hatte diese Aktion mit Spaß zu tun? Außerdem hatte er gut reden, *sie* hatte seine Aufgabe zu Ende geführt. Aber im nächsten Schritt war Elli dran und ihre eigenen Ängste forderten sie weitaus mehr heraus als Lasses. Nach Spaß klang das nicht.

»Spaß? Sie droht damit, sich umzubringen, wenn wir nicht schnell genug sind!«

Lasse zuckte mit den Achseln. »Das ist, was du schlussfolgerst. Vielleicht meint sie es auch nur metaphorisch. Du darfst nicht vergessen, dass sie manisch ist. Es geht ihr super. Sie spielt ein Spiel und genießt es offensichtlich. Warum sollte sie sich umbringen wollen?«

»Warum schreibt sie es dann? Warum schickt sie mir die Sonnenuhr?«

»Keine Ahnung. Aber ich glaub, es geht um was ganz anderes.«

»Darum, uns zu quälen?«

»Glaub ich nicht. Eher, dass wir ihr Leben nachfühlen können. Stand doch in diesem Willkommensbrief … Lass uns gucken, was sie diesmal will.« Er fuhr die Zeilen mit den Fingern nach. Hinterließ dabei Fettflecken auf dem Dachbalkenbrief. »Es geht ein Stück nach Norden«, las er laut.

»In meinem ersten Brief hatte sie geschrieben, dass Norden eine Illusion wär«, murmelte sie.

»Sag ich ja. Metaphern.«

Unsinn, dachte Elli. Was soll daran eine Metapher sein? Aber ehe sie Lasse das erklären konnte, ließ der seine Finger weiter nach unten rutschen und stoppte bei der letzten Zeile des Briefes. Dann begann er, auf seinem Handy herumzutippen.

Die GPS-Daten, natürlich! Sie spürte die Anspannung, die diesmal wenig von Panik und viel von Hoffnung hatte. Warum war sie nicht selbst darauf gekommen?

»Und? Wo ist das?«

»Irgendwo hier in der Gegend. Ein Stückchen nördlich von hier. Scheint ein beliebter Ort bei Geocachern zu sein. Aber was das ist? Auf Google Maps sieht man nur Wald.«

Wald, dachte Elli. Keine Brücke. Bäume. Ein Bild tauchte vor ihrem inneren Auge auf. Der Selbstmordwald in Japan, wo einer dieser aufmerksamkeitssüchtigen Youtuber gedreht hatte. Die Hoffnung zerplatzte.

Verorte dich in der Welt, befahl Dr. Vervein in ihrem Kopf.

Gehorsam ließ Elli den Blick über die Terrasse des Gasthauses schweifen, wo alles in Ordnung war, wo die Welt aus Sonne und Plastikstühlen und schlechtem Kaffee bestand.

»Wie weit?«, zwang sie sich zu fragen.

»Sechs Kilometer, anderthalb Stunden zu Fuß. Bisschen kürzer, wenn wir uns beeilen.«

Darum die Wanderschuhe. Das Hamsterrad in ihrem Kopf begann, sich erneut zu drehen, sehr langsam erst, dann schneller und schneller. Sie atmete ein, atmete aus, atmete Bilder von an Ästen baumelnden Körpern weg, betrachtete stattdessen die anderen Gäste, die sehr lebendig in den Sonnenschirmschatten lungerten, Schlagsahne-Cappuccino tranken und Kuchen aßen. Oder Pommes.

Schaute über die Köpfe hinweg auf den gut gefüllten Parkplatz, die Zufahrt. Noch war kein grünmetallicfarbener Golf mit Mannheimer Kennzeichen zu sehen.

Beeil dich, Tom, flehte sie, wir müssen los. Heute, nicht erst morgen! Anderthalb Stunden für einen Weg, drei insgesamt, plus was auch immer sie vor Ort erledigen müssten. Was passierte, wenn sie zu spät kamen? Sie mussten einen ganzen Tag aufholen, unbedingt und schnell. Ellis Herz boxte von innen gegen ihre Rippen, so heftig, dass es ihr den Atem raubte. *Konzentrier dich auf etwas anderes.*

Sie mobilisierte ihre gesamte Willensstärke und lenkte ihre Aufmerksamkeit zu Lasse, der noch immer über sein Telefon gebeugt war, mit Daumen und Zeigefinger zoomte und drehte.

»Hey!«

Er reagierte nicht. Sacht kickte sie mit dem Fuß gegen sein Schienbein. Erschrocken fuhr er hoch.

»Was machste denn da?«

»Ich hab versucht, mich zu erinnern ... Ob ich irgendwas erkenne oder so.«

Abwartend sah sie ihn an. Er schüttelte leicht den Kopf, sie seufzte. Nahm eine Bewegung im Augenwinkel wahr, ein Auto fuhr die Zufahrt entlang, langsam, suchend. Rot.

Eine Warnung, eine Erinnerung daran, warum Toms Besuch Unbehagen in ihr auslöste. Weil er komplett anders war als sie selbst, als Lasse, als Marilu, als vermutlich alle hier. Obwohl er noch nicht mal neunzehn war, war Tom ein Macher, ein Problemlöser, ein Pragmatiker, ein

Optimist. Ein Mensch, der an einfache Lösungen glaubte. Er war, wie sie selbst gerne wäre.

»Ich glaub, es wär schlau, einen Plan zu machen, bevor Tom kommt«, schlug sie vor. »Er ist ziemlich angepisst und ich hab keine Lust, dass er uns überrumpelt oder am Ende wirklich die Polizei holt.«

»Polizei wär eine ganz schlechte Idee.« Lasse sperrte den Bildschirm und legte das Telefon mit dem Display nach unten auf den Tisch. Ließ die Hand darauf liegen, als wollte er es beschützen. »Das gäb einen Riesenaufriss, garantiert! Presse und das ganze Programm. Mit hübschen Psychos lässt sich Auflage machen und Marilu ist sehr fotogen, weißt du?«

Ja, dachte Elli, weiß ich.

»Stell dir mal vor, was hier los wär«, fuhr Lasse fort, »wenn die ganzen Leute auf einmal beschließen würden, den Wald zu durchkämmen. Klingt vielleicht blöd, aber das Letzte, was Marilu brauchen kann, ist Aufregung.«

So bitter das war, Lasse hatte recht. »Was hältst du davon, heute schon loszulaufen, statt bis morgen zu warten?«, fühlte sie vor.

Lasse musterte sie mit schief gelegtem Kopf, der Schirm seiner Cap warf einen ovalen Schatten auf sein Gesicht, sodass sie seine Augen nicht erkennen konnte. Sein Nicken allerdings schon. »Gute Idee. So können wir ihre bescheuerte Aufgabe schnell lösen – es ist eh lange hell und ganz ehrlich: mir ist nicht nach einem gechillten Nachmittag an diesem komischen Ort.«

»Mir auch nicht. Dann müssen wir nur Tom überzeugen.«

»Wird das schwer?«

Elli überlegte. »Glaub nicht«, erwiderte sie. »Was machen findet er eigentlich immer gut. Er mag es, Dinge unter Kontrolle zu haben.«

Eine der vielen Gemeinsamkeiten, die sie hatten. Lasse lachte leise. »Kontrolle ist eine Illusion, Elli.«

»Ich dachte, Norden?«

Da war sein Kieksgluckslachen wieder und ihr Herz wurde weit. Sie hätte gern einen Lasse in ihrem Leben. Aber sie hatte Tom. Den sie liebte.

»Seid ihr schon lange zusammen?«

Konnte er Gedanken lesen?

»Eineinhalb Jahre.«

Er pfiff durch die Zähne. »Und? Wie geht er damit um?«

»Womit?«

»Na, mit dem ganzen *Sonnenblick*-Ding?«

Gar nicht, wäre die Antwort, die sie geben müsste. Weil ich ihn nicht lasse. Weil er mich nie mehr mit denselben Augen sehen könnte, wenn er wüsste, dass ich mit fünfzehn vor lauter Funktionieren nicht mehr funktionieren konnte. Weil er sein Leben mit mir nicht auf die Art planen würde, wie er es tut, wenn er wüsste, dass ich keine SloMo- oder Pausetaste habe, sondern nur eine für Stopp. Aus. Tilt. Dass ich nicht körperlich krank, sondern vom Leben überfordert bin. War.

War!

Lasse pfiff erneut. »Nicht dein Ernst! Du hast es ihm nicht erzählt?«

»Er würde es nicht verstehen«, gestand sie leise. »Tom ist nie schwach. Ein Burn-out … das wär für ihn garantiert das ultimative Zeichen von Schwäche.«

»Du verarschst mich!« Als Elli keine Anstalten machte,

das Gesagte abzumildern, schob er sich die Kappe in den Nacken, sodass sie seine Augen sehen konnte. »Bist du dir sicher?«

Ziemlich, dachte sie und grunzte bestätigend. Dann legte sie den Rest der Karten ebenfalls auf den Tisch. »Er denkt, ich hab eine Stoffwechselerkrankung und hab Marilu im Krankenhaus kennengelernt.«

»Das hat er dir abgenommen? Eine Bipolare auf einer – was? Internistischen Station?«

»Er hat nie wirklich nachgefragt«, räumte sie ein. »Und es wär lieb, wenn du mir nicht in den Rücken fällst, geht das?«

Diesmal war die Bewegung in ihrem Augenwinkel grün. Metallicgrün. Und nicht langsam, sondern forsch. Tom. Er fuhr zügig in eine freie Parklücke, stieg aus, schaute sich um. Scannte die Terrasse. Elli sprang auf und wedelte mit den Armen. Er hob bestätigend den Daumen, schloss sein Auto ab und steuerte geradewegs auf sie zu.

Lasse pfiff ein drittes Mal. »Ist er das?«

»Ja«, zischelte Elli und bedachte Tom, der sich auf seine gewohnt selbstbewusste Art zwischen den Tischen hindurchschlängelte, mit einem strahlenden Lächeln. Zum Glück erwiderte er es.

»Versprochen?«, bat sie zwischen zusammengebissenen Zähnen.

»Alter«, stöhnte Lasse. Und dann: »Versprochen.«

Elli schlüpfte in die 40, Lasse griff nach der 43 und Tom würde die 44 passen. Als hätte Marilu es geahnt, dachte Elli, ein Schuh für alle Fälle. Tom nahm die schweren

Wanderstiefel wortlos entgegen und stellte sie vor sich. Er saß noch immer auf dem Bett, die vier Briefe in der Hand, und verfolgte das Geschehen um sich herum. Seit er seinen Schreck über das Warenhaus, in das Marilus Beutezug ihr Zimmer verwandelt, verdaut und die Briefe gelesen hatte, einen nach dem anderen, war er erstaunlich schweigsam. Nicht verärgert-schweigsam, eher auf eine nachdenkliche Art.

Eben, unten, hatte er sie zur Begrüßung auf den Mund geküsst und Lasse sehr formell die Hand geschüttelt. Bei einer weiteren Portion Pommes hatten sie ihm den Plan präsentiert, er hatte die Augen verdreht, aber zugestimmt. Dann waren sie nach oben gegangen.

Jetzt war Lasse gerade dabei, die Wasserflaschen aufzufüllen, und Elli verstaute ihre eigene Jacke und eine der Fleecejacken in ihrem Rucksack, obwohl draußen siebenundzwanzig Grad waren. Als sie ihr Handy zumindest für ein paar Minuten an das Ladekabel hängte, schien Tom aus seiner Starre zu erwachen.

»Apropos«, er deutete auf die Telefone. »Habt ihr mal versucht, ihr Handy zu orten?«

Sie schaute überrascht zu Lasse, der ihr eine Wasserflasche in die Hand drückte und ebenso erstaunt wirkte.

»Geht das denn einfach so?«, fragte sie. »Ich mein, muss man dazu nicht eine Erlaubnis haben? Oder zumindest eine bestimmte Software oder so?« Sie steckte die Wasserflasche in den Rucksack und schloss den Reißverschluss.

»App«, murmelte Tom. »Hab ich mir heut Morgen schon runtergeladen, als ihr los seid. Ist nicht ganz legal, aber ich dachte … Jetzt guck mich nicht so an, Honey, ich hatte einfach das Gefühl …«

Lasse gab ein ersticktes Geräusch von sich und Tom sah irritiert von dem Schuh auf, den er gerade zu schnüren begonnen hatte.

»Was ist los?« Zum ersten Mal, seit er angekommen war, lag wieder der wütende Unterton in seiner Stimme, den Elli bereits beim Telefonieren wahrgenommen hatte.

Elli versuchte, Lasses Gesichtsausdruck zu deuten, er wirkte … gequält. Grinste er etwa?

»Was?«, wiederholte Tom.

Lasse wollte abwinken, rang sichtlich um Fassung, aber Selbstkontrolle schien nicht seine Stärke zu sein. »Honey«, platzte er heraus. »Im Ernst? Du nennst sie Honey?«

Sein Kieksgluckslachen schien auf Tom die komplett entgegengesetzte Wirkung zu haben wie auf Elli – weniger ansteckend und spannungslösend als vielmehr … rotes Tuch.

»Sag mal, was genau ist dein Problem?«, fuhr er ihn an. »Bist du sauer, dass du nicht mehr ungestört mit ihr bist? Hast dich wohl auf eure zweisame Nacht gefreut, hast wohl gedacht, du hättest leichtes Spiel, nachdem deine durchgeknallte Schwester sie aus der Bahn geworfen hat –«

Ellis Rucksack donnerte zu Boden. »Tom«, zischte sie. »Was fällt dir …«

Ihre Wut verpuffte, denn Lasses Glucksen schwoll zu hysterischem Gegacker an.

»Ungestört!«, japste er. »Zweisame Nacht!«

So bescheuert Toms Reaktion war – Lasses war kein bisschen besser. Und auch nicht besonders höflich ihr gegenüber. Als wäre der Gedanke so absurd. Als hätte nicht zumindest sie ihn bereits gehabt. Kurz, sehr kurz, aber trotzdem.

Die Jungs bekleckerten sich nicht mit Ruhm – stattdessen drehten sie durch. Beide. Leider in unterschiedliche Richtungen. Ratlos blickte sie zwischen ihnen hin und her: Tom, mit halb geschnürtem Schuh und einem Schnürsenkel in jeder Hand, auf der Bettkante, stierte mit einer steilen Falte zwischen den Brauen zu Lasse hinüber, der sich wiederum am Rahmen der Badezimmertür festklammerte und vor Lachen kaum mehr aufrecht stehen konnte.

»Leichtes Spiel!«, stieß er hervor. In seinen Augen glitzerten Tränen und er rang um Luft. Elli wog ihre Wut auf ihn gegen die auf Tom ab, traf eine Entscheidung und war mit wenigen Schritten bei ihm. Statt ihm eine zu knallen, wie er es verdient hätte, legte sie ihm sacht eine Hand auf die Schulter.

»Guck mich an«, forderte sie ihn auf. »Beruhig dich. Du musst dich beruhigen. Du bist …« Wie sollte sie das ausdrücken, ohne wie eine Psychologin zu klingen? »… am Hyperventilieren.«

Sie suchte seinen Blick, er hob den Kopf, sah ihr in die Augen und begann wieder zu glucksen. Na toll.

»Atmen«, erinnerte sie ihn. »Ganz ruhig. Ein und aus. Tom meint das nicht so. Er ist bloß …«

»Und ob ich das so meine«, unterbrach Tom sie kalt. »Und zu recht, ihr scheint ja ganz wunderbar ohne mich klarzukommen.« Er trat sich den Wanderschuh vom Fuß und schlüpfte wieder in seinen Sneaker. »Ich geh dann wohl besser.«

Elli ließ von Lasse ab und baute sich zwischen Tom und der Zimmertür auf. War sie die Einzige, die begriff, was auf dem Spiel stand?

»Auf gar keinen Fall!«, brüllte sie ihn an. »Ich hab keine Ahnung, was diese Mackernummer soll, aber die kannst du dir echt sonst wohin stecken. Ich brauch dich und Lasse braucht dich auch und vor allem braucht Marilu so viel Hilfe, wie sie kriegen kann. Wir stecken so was von in der Scheiße und ihr … ihr lauft doch nicht mehr ganz rund, echt! Das hier ist die allerübelste Situation, die ich je erlebt hab, und ich hab schon mehr erlebt, als du dir vorstellen kannst, und du wirst mich jetzt nicht damit allein lassen! Weil es nämlich um verdammt noch mal mehr geht als um deine kindische Eifersucht und weil ich dich brauche, weil meine Freundin sich umbringen will, und ich mich jede Scheißminute davon überzeugen muss, dass ich das hinkrieg. So viel kann ich gar nicht rückwärtszählen, wie ich …« Sie biss sich auf die Zunge.

»Rückwärtszählen?«, stotterte Tom. »Wieso rückwärtszählen?«

Einen Moment lang herrschte Stille im Raum, und während Elli überlegte, ob und wie sie das jetzt erklären konnte und ob sie es erklären wollte und woher dieser Ausbruch gekommen war, ausgerechnet von ihr, hier, jetzt, nahm ihr Lasse die Entscheidung ab.

»Ich bin schwul«, sagte er.

Elli stieß die Luft durch die Nase aus, funkelte Lasse prüfend an, fühlte sich so lebendig wie in ihrem ganzen Leben nicht, brummte: »Dann können wir ja endlich los«, zog ihr Handy am Kabel aus der Steckdose und marschierte zur Tür hinaus.

Sie lief voraus, ziemlich lange schon, den Rucksack auf dem Rücken, das Handy in der Hand. Es zeigte ihr den Weg, aber sie guckte nicht darauf, denn es gab ohnehin keine Alternative zu dem Wanderweg, dem sie folgten.

Der breite, sandige Weg, der rechts von dunklen Fichten und stämmigen Buchen und links von Brombeerranken gesäumt war, schien sie direkt zu dem Ziel führen, das Marilu ihnen zugedacht hatte.

Die Jungs folgten in einigem Abstand, wahrscheinlich spürten sie, dass sie Zeit brauchte; jedenfalls ließen sie Elli in Ruhe. Hin und wieder hörte sie einen kurzen Wortwechsel, einmal sogar ein Lachen. Von Tom! Auf einmal schien er sich prächtig mit Lasse zu verstehen, was so durchschaubar war, dass Elli beinahe mitgelacht hätte. Stattdessen konzentrierte sie sich darauf, Toms unsäglichen Auftritt und Lasses dahingeworfenen Kommentar zu verarbeiten. Und natürlich Marilus Plan zu begreifen. Das Erste gelang ihr leidlich, das Zweite verdaute sie schnell, am Dritten allerdings verhakte sie sich – seit einigen Kilometern schon.

Was soll das, Marilu? Warum hier, warum der Wald, warum Lasse und ich? In ihrem Kopf stapelten sich Fragen, auf die nur Marilu eine Antwort hatte.

Sie beschwor die Marilu aus *Sonnenblick* hervor, versuchte, sich zu erinnern, wie sie tickte, wie sie dachte. Sie versuchte, sich den Brief vom Hotelbett vor Augen zu rufen, aber so atemlos er geschrieben gewesen war, so flüchtig war er auch. Alles, woran sie sich erinnerte, waren Fragmente. Fetzen.

Ich will euch zeigen, wie das ist, mein Leben.

Kein Interesse, wollte Elli ihr gerne entgegenschreien, dahin, wo Marilu gerade steckte. Ich glaub dir, dass es eine Zumutung ist, ein Kampf, ein Wechselbad. Meins auch, aber anders.

Nichts von dem, was sie bisher von Marilus Leben gesehen hatte – ob in *Sonnenblick* damals, in Lasses Augen und seinen Erzählungen heute oder in den Briefen –, war auch nur ansatzweise so großartig, wie Marilu behauptet hatte, in diesem dritten Brief. Dem ersten, der an sie beide gerichtet, dem ersten, in dem sie konkreter geworden war. Dem Brief auf dem Bett, den Lasse den Willkommensbrief nannte und der sie endgültig zu Verbündeten gemacht hatte, ob sie es wollten oder nicht.

Nichts von dem, was dieser Brief erahnen ließ, war großartig, nichts magisch, im Gegenteil! Alles schien eher ziemlich … verrückt. Die Inszenierung, die Marilu Lasse und ihr präsentiert hatte, war eine ganze Nummer durchgeknallter als alles, was Elli jemals mit ihr erlebt hatte. Wobei … Vielleicht nicht.

Allerdings hatte *ihre* Marilu bereits ein paar Tage auf der Akutstation hinter sich gehabt, als Elli sie kennenlernte, wurde psychologisch betreut, musste Tabletten nehmen, um das Überschießen der Gefühle abzuschwächen und den unvermeidlich folgenden Fall zu dämpfen. Das hier war – anders.

Sie spürte, wie der Schweiß ihr unter dem T-Shirt an den Seiten herablief.

Ohne stehen zu bleiben, trank sie einen kleinen Schluck und warf nun doch einen Blick aufs Display. Noch knappe dreißig Minuten bis zu ihrem Ziel. Was würden sie dort vorfinden? Der Willkommensbrief hatte nicht mehr ganz so dramatisch geklungen wie der mit der Sonnenuhr, aber immer noch dramatisch genug.

Das Spiel um das Leben, meins nämlich!

Verdammt. Elli beschleunigte ihre Schritte, vorbei an den Brombeerbüschen, die sich ausdünnten, bis sich schließlich ein unverstellter Blick auf ein Feld aus sonnenbestrahltem Grün auftat. Auf dem Hügel dahinter ein paar gefleckte Kühe, im Tal eine Kirchturmspitze. Ging es bilderbuchmäßiger? Ihre Gedanken stockten, registrierten die Normalität oder das, was normal aussah. Ohnehin: Was war schon normal?

Marilu nicht, sie selbst nicht, Tom mit seinem unerschütterlichen Selbstbewusstsein erst recht nicht. Am ehesten wahrscheinlich Lasse, wobei das bei einer Schwester wie Marilu auch wieder Auslegungssache war.

Sie verstrickte sich. Schon wieder.

Sie versuchte, die Hitze, den Durst und den Schweiß zu ignorieren, lief weiter, eingehüllt in den Moment, der beherrschbar war, schnell, bis sie den schützenden Waldrand erreicht hatte. Die Sonne, die durch die Blätter drängte und Muster auf den Boden malte, ließ sie erneut an den Willkommensbrief denken. Etwas daran war ähnlich diffus gewesen wie das Zwielicht hier. Er war fröhlich und traurig zugleich und hatte gefühlt tausendmal das Wort »Angst« enthalten. War es das, worum es in Marilus Leben ging: Angst? Hatte sie Lasse deshalb genötigt, etwas zu tun, von dem sie wusste, dass es sein größter

Schwachpunkt war? Sie wolle ihn mit sich selbst konfrontieren, hatte sie geschrieben.

Wenn das Ziel dieses absurden Spiels war, sie mit ihren Ängsten zu konfrontieren, was würde dann auf Elli warten? Sie versuchte, sich ins Gedächtnis zu rufen, was sie Marilu von sich erzählt hatte (alles) und was die ungewollt mitbekommen haben musste (zu viel) und kam zu einem Schluss, der sie kein bisschen beruhigte: Marilu kannte Elli besser als alle ihre anderen Freundinnen zusammen, vielleicht sogar besser als ihre Eltern und natürlich besser als Tom, weil sie ihre Abgründe gesehen hatte, weil *Sonnenblick* eine Ausnahmesituation gewesen war. Die Panik schlich sich an.

Die Luft wurde knapp.

Am Samstag ist alles vorbei, so oder so!

So oder so, schlug Ellis Herz, so oder so.

»Hoppla.« Tom umfasste ihre Hüften und für ein paar Sekunden war sie ein ganz gewöhnlicher Mensch auf einer ganz gewöhnlichen Wanderung und alles war in Ordnung. »Hast du auf uns gewartet?«

Sie hatte nicht gemerkt, dass sie stehen geblieben war. Aber das konnte sie ja schlecht zugeben, darum schwieg sie und ließ sich gegen Toms Körper sinken, der nach Sonne roch und nach Sicherheit.

»Kannst du mir verzeihen, dass ich mich wie ein doofer Macho benommen hab?«, flüsterte er und knabberte sanft an ihrem Ohrläppchen.

»Hab ich schon lange«, flüsterte sie zurück.

Neben ihnen räusperte sich Lasse. »Könntet ihr euch bitte zusammenreißen, bis ich auch so eine Zuckerschnute zum Knutschen hab?«

»Keine Chance«, erwiderte Tom. »So lang kann ich nicht warten.«

»Pfffft«, machte Lasse. »Dann vielleicht wenigstens, bis wir meine Schwester gefunden haben?«

Schlagartig blieb ihr die Luft weg, und ehe Elli in Toms Armen ersticken würde, löste sie sich von ihm und winkte den Jungs, ihr zu folgen. Sie lief ein paar Schritte voraus, rang um Atem und darum, die Fassung zu bewahren. Was war das für ein Auf und Ab, mit dem ihr Körper sie überschüttete? Leichtigkeit, Ratlosigkeit, Lachen, Tod, Verliebtheit, Panik. Und alles innerhalb kürzester Zeit. Sie schob die Hand in die Hosentasche und drückte eine weitere der pflanzlichen Beruhigungspillen aus dem Blister, vorsichtig, damit Tom es nicht mitbekam, steckte sie unauffällig in den Mund, spülte sie mit Wasser hinunter.

»Ist es noch weit?« Das war Lasse, hinter ihr.

»Alter, was ist denn das für 'ne Kinderfrage?«, lästerte Tom. »Was kommt als Nächstes? Ich hab Hunger? Ich muss mal?«

»Mir ist langweilig …«

Die beiden pingpongten so unbeschwert, dass Elli wieder frei atmen konnte.

»Was ist denn mit euch los?«, wunderte sie sich, während sie sich zu ihnen umdrehte und zur Abwechslung rückwärts weiterlief. »Ihr benehmt euch, als hättet ihr euch schon im Kindergarten gegenseitig mit Sandkuchen gefüttert.«

»Na ja, jetzt, wo er weiß, dass ich keine Konkurrenz für ihn bin …« Lasse formte ein pseudolautloses »So durchschaubar« in Ellis Richtung, deutete mit dem Daumen auf Tom und verdrehte die Augen. Tom knuffte ihn strafend in die Seite, woraufhin Lasse einen übertrieben großen Sprung ins Gebüsch machte. Tom lachte gutmütig, schloss zu Elli auf, nahm ihre Hand und ging – ebenfalls rückwärts – neben ihr her.

»Ich mag ihn.« Er grinste erst Elli, dann Lasse breit an.

»Auf einmal?«

Tom zuckte mit den Achseln, dann imitierte er Lasses pseudolautloses Flüstern mit der übertriebenen Mimik. »Er ist cute.« Ein noch breiteres Grinsen, dann zog er sie in seinen Arm und mit einer halben Drehung zurück in die Laufrichtung.

Aus dem Augenwinkel bemerkte Elli, dass Lasse errötete. Sie kicherte und erst, als sie diesen Laut hörte, fiel ihr auf, *dass* sie kicherte, und das, obwohl sie gerade eben noch um Luft gerungen hatte.

»Viertelstunde ungefähr«, beantwortete sie über ihre Schulter hinweg endlich Lasses Frage.

Eine Viertelstunde bis zu ihrer größten Angst.

Was war das? Was war ihre größte Angst? Was hatte Marilu mit ihr vor?

»Wovor hast du am allermeisten Angst?«, fragte sie, im Gehen an Tom geschmiegt, den Blick starr nach vorne gerichtet. Bäume links, Bäume rechts, der Wald wurde dichter.

Er drückte sie sanft. »Dich zu verlieren.«

»Schleimer.«

»Ist nicht geschleimt.«

Hinter ihnen kichergluckslachte Lasse. Tom drehte sich halb zu ihm um und zog eine Grimasse. »Okay, ein bisschen«, räumte er ein. Kurz waren lediglich ihre Schritte zu hören auf dem sandigen Boden, dann versuchte er es erneut. »Dann halt, *jemanden* zu verlieren, den ich liebe.«

»Versteh ich«, murmelte Elli.

»Ich auch«, pflichtete Lasse, der unvermittelt zu ihnen aufgerückt war, bei.

Die leichte Stimmung verflog. Elli kroch aus Toms Umarmung, nahm seine warme, trockene, tröstende Hand und mit der anderen griff sie nach Lasses Ankerhand. Diesmal entzog er sich ihr nicht und so liefen sie in einer Dreierreihe. Tom – Elli – Lasse. Sie konzentrierte sich auf den Sand, der von ihren Füßen aufstob, mit jedem Schritt ein Wölkchen.

»Glaubst du, sie hat sich umgebracht?«, wisperte sie und wusste nicht, zu wem sie das sagte. Was egal war, weil keiner antwortete.

»Hier? Bist du sicher?«

Elli nickte. Lasse beäugte mit zusammengezogenen Brauen die kleine Lichtung, auf der sie standen.

Ein Sandplatz, Staub, Steine, Ästchen, moosbewachsenes Totholz, einige übrig gebliebene Tannenzapfen vom letzten Herbst. Nadeln, Blätter, in den Grasspuren am Rand des Weges, der sich zu dieser Lichtung ausbuchtete, vereinzelte lilafarbene Blümchen.

Tom hackte auf seinem Handy herum und grummelte.

»Immer noch nichts?«, fragte sie.

»Nein. Wo sie auch steckt, ihr Handy ist nicht zu orten. Vielleicht hat sie es ausgemacht oder …«

Oder es lag zerschlagen zwischen Felsen. Auf Beton, das Display zersplittert. Beides gab es hier nicht. Dann vielleicht im Wasser, auf dem Grund eines Sees vielleicht, gab es hier einen Waldsee?

»Oder deine App funktioniert nicht«, schlug Lasse vor.

»Klar funktioniert die, sie hat super Bewertungen!«

»Als würde das was heißen!«

Elli überließ die kabbelnden Jungs sich selbst – irgendetwas zog sie in die Richtung, in der die Bäume dichter standen. Sie entdeckte zwischen den Bäumen einen kleinen Wildpfad, den Rehe, Hirsche, Hasen oder Schweine geschlagen haben mochten, und folgte ihm. Die Stimmen der Jungs verwuschen hinter ihrem Rücken zu einem Murmeln.

Die ersten Schritte lief sie gebückt, um ein paar tief hängenden Ästen auszuweichen, aber schnell lichtete sich der kleine Pfad und aus einem Gefühl heraus hielt Elli inne. Sie zog ihr Telefon aus der Tasche und kontrollierte die GPS-Daten. Alles passte, plus-minus natürlich, aber irgendwo hier musste es sein – was auch immer »es« war. Sie war am richtigen Ort. Aufmerksam begutachtete sie die Bäume um sich herum. Eichen erkannte sie und Buchen. Dazwischen Nadelbäume, deren kleine Äste unten abgestorben, die Wipfel aber dicht benadelt waren. Zumindest vermutete sie das, nach oben zu schauen, traute sie sich nämlich nicht. Wegen des Selbstmordwaldes.

Seit sie kurz nach *Sonnenblick* eine Reportage über das berüchtigte japanische Waldgebiet gesehen hatte, konnte sie Bäume nicht mehr mit derselben Unschuld ansehen und Wälder bereiteten ihr manchmal eine Gänsehaut. Selbst wenn sie von Wanderwegen durchzogen waren, wie dieses Fleckchen im Odenwald.

Elli betrachtete den Boden des Wildpfads, auf dem sie

stand, Steine und Erde und Nadeln und Staub, betrachtete den leicht abfallenden Hang rechts von sich und bemerkte erst dann die felsige Wand an ihrer linken Seite.

Eine Wand?

Sie fühlte, wie Eis sich durch ihre Adern fraß und sie erstarren ließ. Sie durfte nicht erstarren. Keinesfalls durfte sie hier und jetzt erstarren.

»Tom!«, rief sie mit einer Stimme, die es nicht mal bis zum nächsten Baum schaffte. Sie räusperte sich, atmete die Juli-Wärme ein *(Es gibt kein Eis in dir, Elli!)* und die Erstarrung aus und brüllte dann in einer für sie selbst überraschend durchdringenden Tonlage: »Tom! Lasse! Kommt mal her!«

Ein Bunker, vermutete Tom.

Der Eingang zu einer Jahrmillionen alten Tropfsteinhöhle, mutmaßte Lasse.

Ihr ganz persönlicher Albtraum, war sich Elli sicher.

Dann verstummten sie alle drei, einvernehmlich.

Paralysiert starrte Elli auf die abgeschabte graue Farbe der Tür, die rostigen Angeln, das Moos um die Zarge herum, den kleinen Hügel, in den sich die Tür beinahe organisch einfügte und auf dem eine riesige Buche thronte. Sie wirkte so übermächtig, dass die Tür im Vergleich wie der Eingang zu einer Hobbithöhle mitten im Auenland erschien. Zwischen ihren moosüberwucherten Wurzeln wuchsen vereinzelt Grasbüschel, dazwischen stoben kleine Insekten auf, geräuschlos – oder zumindest hörte Elli sie nicht, sie erahnte nur fliegende Pünktchen, die genauso gut Staub hätten sein können, der in der Sonne tanzte. In ihr dreisames Schweigen hinein zwitscherte gelegentlich ein Vogel. Es wäre der perfekte Schauplatz für den Fundort einer Leiche in einem gewöhnlichen Sonntagabendkrimi. Elli versuchte, sich jedes Detail einzuprägen, als müsste sie in wenigen Stunden einer Horde Polizisten beschreiben, wie sie den Ort vorgefunden hatten.

»Ist Ihnen etwas Besonderes aufgefallen, als Sie hier ankamen?«

»Na ja, jetzt, wo Sie fragen …«

Sie würde den Polizisten im Krimi den Briefumschlag, der mittig auf die Tür geklebt war, nicht verschweigen können und es nützte auch ohne Polizei und im echten Leben nichts, ihn länger zu ignorieren.

Also starrte sie ihn an, aus etwa zwei Metern Entfernung. Das abgerissene orangefarbene Gewebetape, mit dem er befestigt war, den leichten Schmutzfleck am rechten unteren Rand, Erde vermutlich, hoffentlich, und die eingetrocknete, glänzende Schleimspur einer Schnecke, die quer darüberführte und selbst von ihrem Standort aus zu sehen war.

Es war Lasse, der sich ein Herz fasste, zur Tür ging und das Gewebeband abpulte. Mit dem letzten Stück Tape löste sich auch ein weiteres Stück grauer Farbe von der Tür.

Als er mit dem Umschlag in der Hand zu ihnen zurückkam, hatte Elli den Eindruck, dass dieser Umschlag genauso bedeutungsschwer war wie der, den sie selbst vorgestern aus dem Briefkasten gefischt hatte. Lasse lief, als ob das Ding viele Kilos wiegen würde, und als er schließlich bei ihnen angekommen war, schien auch seine Hand kiloschwer zu sein, so langsam hob er sie, so mühsam riss er den Umschlag auf. Er warf einen Blick hinein, dann drehte er ihn um und schüttete ihn aus, genau wie Elli es mittags im Hotel getan hatte.

Ein kleiner Zettel flatterte heraus, schwebte wie eine Feder Richtung Boden. Reflexartig griff Elli ihn aus der Luft. Erkannte Kringel, orangefarben, natürlich, kniff die Augen zusammen, ließ zu, dass die Schrift sich scharf stellte, Ziffern, sechs.

739881

Die Rückseite des Zettels war unbeschriftet. Elli spürte, wie sich ihr Körper von innen mit Eis überzog.

Es gibt kein Eis in dir, widersprach Dr. Verveins Stimme in ihrem Kopf.

Und warum ist mir dann plötzlich so kalt?, fragte Elli stumm zurück.

Das ist das vegetative Nervensystem. Dr. Vervein zuckte bedauernd mit den Achseln.

Wahrscheinlich war es ihr Ernst. Elli schüttelte sich, befahl ihrem Körper, die hauchdünne Eisschicht, die nicht da war und sie trotzdem lähmte, zu zerbrechen, und zwang sich, Tom und Lasse den Zettel hinzuhalten.

»Hä?«, machte Lasse. »Erst 3-1-7, jetzt 739881? Ich dachte, du bist die mit dem Rechenfetisch. Aber Marilu? Die hat total keinen Draht zu Zahlen.« Wieder diese unnütze Geste, die Cap am Schirm greifen, in den Nacken schieben, zurück nach vorne ziehen.

»Du hast einen Rechenfetisch?« Sie zuckte zusammen, als sie Tom hörte, dicht neben sich, mit einem sonderba-

ren Unterton, den sie nicht von ihm kannte. »Seit wann?«
Er klang ungehalten – oder unsicher? Ängstlich?

Ohne eine Antwort abzuwarten, nahm er ihr den Zettel
mit der Zahlenreihe aus der Hand und blickte konzentriert darauf. Immerhin etwas hatten die Zahlen bereits
bewirkt: Sie lenkten Tom von Lasses Kommentar über
ihren »Rechenfetisch« ab. Lasse war ein Idiot. War ihm
klar, dass er sie beinahe verraten hatte? Er schien sich
keiner Schuld bewusst, lehnte an einem Baum mit tief
gefurchter Rinde und beobachtete, wie Tom die Zahlen
anstarrte.

»Ein Code«, murmelte er schließlich und das Fremde
aus seiner Stimme war verschwunden. »Aber wofür? Die
Tür hat bloß ein Schlüsselloch und keine Alarmanlage
und sie ist …« Mit zwei Schritten war er an der rostigen
Tür und drückte die Klinke. Er ruckelte, es quietschte,
dann rieselte Sand und etwas Helles fiel zu Boden. »… offen«, beendete er den Satz, als hätte er es gewusst.

In Elli breitete sich die Kälte aus, sie kam nicht länger
dagegen an. Fingerspitzen, Zehenspitzen und alles dazwischen auch, sie war ü-ber-all und musste bis zu Tom
spürbar sein, denn mit einem Seitenblick auf sie drückte
er die Tür wieder zu, ohne sie richtig geöffnet zu haben.

»Alles okay, Hon… äh, El?«

Sie nickte, was eine glatte Lüge war.

Er nickte ebenfalls, dann bückte er sich und hob auf,
was heruntergefallen war. »Krass. Wie kommt der denn
hierher?«

Lasse trat neben Tom, Elli spürte das Eis, auch wenn es
von ihrem vegetativen Nervensystem nur vorgegaukelt
war, und verharrte. Sie nahm wahr, wie Lasse ihm das

Ding abnahm und es begutachtete, wie die beiden zu ihr zurückkamen.

Lasse streckte ihr die flache Hand entgegen. Als es ihr beinahe gelungen war, das Eis zu bekämpfen und nach dem Ding zu greifen, erkannte sie, was es war. Sie schnappte nach Luft und zuckte zurück. Aus sicherer Entfernung fixierte sie den kleinen fluoreszierenden Plastikstern. Die Kälte kroch durch ihre Haut nach außen und formte Eiskristalle auf ihrer Haut. Wegdenken, befahl sie sich, weg vom Eis, weg vom Stern – und fragte das Nächstbeste: »Was steht drin?« Ihre Stimme kratzte.

»Wie drin?« Verdutzt linste Tom über Lasses Schulter, auf das platte Stückchen Plastik, das auf dessen ausgestreckter Handfläche lag.

»Nicht dadrin.« Sie räusperte sich, aber das Kratzen blieb.

Immerhin Lasse schien sofort zu begreifen, was sie meinte. Er hob seine andere Hand und streckte ihr den Umschlag auffordernd entgegen. Elli kämpfte sich einen Schritt näher und schnappte nach dem Kuvert. »Hier drin!«

Ihren steifen Fingern zum Trotz, trennte sie die Klebestellen auf. Sacht. Nicht sacht genug. Das Geräusch reißenden Papiers war zu laut für die Situation, aber ein perfektes Sinnbild für ihre Nerven.

»Vorsicht«, mahnte Lasse und sie gab sich noch mehr Mühe, die Zunge zwischen den Zähnen. Beim dritten Anlauf gelang es, sie faltete den Umschlag auf, las, reichte ihn zurück an Lasse. Tom schob sich neben ihn und gemeinsam studierten sie Marilus Nachricht.

»Bitte?« Tom suchte Ellis Blick, während Lasse ein zweites Mal zu lesen schien. Dann atmete er scharf ein und sah sie ebenfalls prüfend an.

»Verstehst du, was das soll?«

Oh ja, dachte Elli. Allerdings.

Der Sternenschwur, Elisabeth, erinnerst du dich?

Sonnenblick.

Ich starrte wie jeden Tag an die Decke über meinem Bett und versuchte, Marilu zu ignorieren. Sie balancierte neben mir auf dem Bettrand, auf den Zehenspitzen. In den Händen die Sterne. Sie sprang hoch und presste den ersten an die Decke, sprang wieder, den zweiten, sprang, bis meine Decke ein Sternenhimmel war und mir schlecht vom Wackeln der Matratze. Es war unser dritter Tag miteinander und Marilu hatte bereits entschieden, dass mein Leben langweilig sein müsste, immer im Bett, immer auf dem Rücken, immer schweigend.

»Guck, jetzt hast du wenigstens die Sterne. Die Sterne sind so wichtig, Elisabeth.« Diese ersten Tage hatte sie mich Elisabeth genannt, weil das auf meinem Einlieferungsschein gestanden hatte, weil alle das sagten, nachdem meine Eltern vergessen hatten, dem Personal mitzuteilen, dass ich Elli war, nicht Elisabeth, aber mir fehlte die Kraft, es aufzuklären. Als ich endlich den Mund aufmachte, war es schon zu spät: Alle in *Sonnenblick* nannten mich weiterhin bei meinem vollen, schrecklichen Namen, nur Marilu nicht. Ab dem Moment, an dem ich ihr gestand, dass ich meinen Namen hasste, benutzte sie ihn nicht mehr. Allerdings nannte sie mich auch nicht Elli, sondern Elli-li. Was fast schlimmer war. Am Anfang verbesserte ich sie jedes Mal, dann begriff ich, dass es zwecklos war, Marilu von etwas abbringen zu wollen, das sie sich in den Kopf gesetzt hatte. Aber damals, an dem Abend, an dem sie mir die Sterne an den Himmel pinnte, war ich noch Elisabeth und wusste wenig darüber, wie Marilu tickte. Immerhin begriff ich, dass sie viel über Sterne wusste, deshalb hatte ich ihr später die Sonnenuhr geschenkt. Sie schien zu spüren, dass ich die Sterne ebenfalls liebe, und übergoss mich mit Satzfetzen, Wissen, Halbwissen, Ahnungen, Vermutungen. Spirituellen Ideen.

»Die Sterne, Elisabeth«, hatte sie gesagt. »Vergiss den Himmel und die Hölle, das Universum! ›Denn Staub bist du und Staub sollst du werden.‹ Die Menschen verstehen die Bibel falsch. Sie denken bei Staub an Erde, aber sie liegen komplett daneben!« Sie lachte spöttisch. »Um Sterne, darum geht's, daraus sind wir gemacht! Aus Sternenstaub und – da hat die Bibel recht – das werden wir auch wieder. Und was heißt das?«

Sie sprang von meinem Bett auf den Boden, die Matratze brauchte einen Moment, um wieder zu Ruhe zu kommen, genau wie ich. Marilu landete in einer erstaunlich eleganten Pose neben meinem Bett auf den Knien. Sie streckte die Arme zu dem Himmel, den sie mir gerade geschenkt hatte, und deklamierte pathetisch: »Folge den Sternen, Elisabeth, sie sind dein Ursprung und zeigen dir den Weg. Aber bleib wachsam, denn auch wenn der Polarstern immer im Norden steht, vertrau ihm nicht. Der Norden ist nämlich eine Illusion, eine Erfindung der Menschen. Aber die Sterne, denen kannst du vertrauen, musst du vertrauen!«

Ich blickte hoch zu den Plastiksternen, die fluoreszierend an der Decke meines Klinikzimmers klebten, mit doppelseitigem Klebeband auf die Raufaser-Tapete gepappt, und fragte mich, was das Klinikpersonal von dieser Dekoration halten würde und ob es wieder abgehen würde, ohne die Tapete zu beschädigen. Ich fühlte mich schuldig und schloss die Augen, ließ mich von Marilus Wortschwall einlullen, ihre Worte zum Hintergrund werden für meine immerwährenden und weltverzehrenden Sorgen, schrak hoch, als sie meine Hand umfasste. Hochschrecken, ohne mich zu bewegen, damals ging das.

»Weißt du eigentlich, dass der Mittelteil deines Namens auf Hebräisch ›Schwur‹ bedeutet? Saba? Das ist ein Zeichen, Elisabeth, lass uns einen Schwur machen!«

Sie hakelte ihre Finger in meine und sprach, auf den Knien vor meinem Bett, als würde sie beten.

Ich schwöre, immer den Sternen zu folgen, nur nie dem Polarstern, denn Norden ist eine Illusion. Es ist das Sternenband, dem wir uns anvertrauen, es führt dich zu dir und zu mir, durch die dunkelste Nacht: Bei den Sternen werden wir uns treffen, wo auch immer wir sind. Für immer und ewig, ich schwöre.

Marilu hatte den Text gesprochen und anschließend unsere beiden Hände erst an die eigene Stirn gezogen und dann an meine gedrückt. Dabei hatte sie jedes Mal »Für immer und ewig, ich schwöre« gemurmelt und ich hatte unbeweglich zur Sternenzimmerdecke geschaut und mich gefragt, ob ein Schwur auch gültig war, wenn eine der beiden Schwörenden nicht antwortete. Wahrscheinlich nicht. Wahrscheinlich war er ungültig und absurd war er ohnehin.

Es sollte der erste von vielen sein. Marilu schwor auf alles, sie ließ sogar die Ärzte schwören. Was nicht beschworen war, sei austauschbar und nichtig, behauptete sie steif und fest.

Dieser erste Schwur, den sie mit der bewegungslosen, sprachlosen Elisabeth schloss, die nicht ich war, war der Wichtigste. Er erfüllte mich mit Wärme, die sich in mir ausbreitete und schließlich dafür sorgte, dass ich mich wieder bewegte.

Marilus Sternenschwur hatte mir das Leben gerettet.

Sie merkte erst, dass sie vollkommen erstarrt war, als Tom seinen Arm um sie legte. »Was meint sie damit, El, welcher Schwur? El?«

»Das wüsste ich auch gern.« Lasse stand vor ihnen und drehte den Stern zwischen seinen Fingern, hin und her, eine Kopie der Bewegung, die Tom zuvor gemacht hatte, er musste die Bewegung gemeinsam mit dem Stern weitergereicht haben, ohne dass sie es mitgekriegt hatte. Wann?

Lasse streckte ihr erneut herausfordernd den Stern entgegen. Sie wusste, dass sie ihn nehmen sollte, und hätte das auch getan, natürlich, wenn sie sich hätte bewegen können.

Konnte sie aber nicht.

Hilflos summte sie eine Melodie, immerhin summen konnte sie noch, und in diesem Moment schienen die Jungs zu spüren, dass etwas nicht stimmte.

»Was ist los?«, fragte Tom, während Lasse im selben Moment fluchte: »Scheiße, nicht schon wieder!«

»Wie, nicht schon wieder?« Tom blickte verwirrt zwischen Lasse und ihr hin und her.

Ohne seine Frage zu beachten, ließ Lasse den Stern fallen, schob Tom beiseite und schüttelte Elli. Schüttelte so fest und so lange, bis die Melodie verstummte, bis das Eis in ihr brach, bröckelte und zu Boden fiel. Sie fing an, mit den Zähnen zu klappern.

»Alter!«, brüllte Tom ziemlich zeitverzögert, stürzte sich auf Lasse und zerrte ihn von ihr fort. »Hör auf, Mann! Was soll der Scheiß?«

Er stellte sich schützend vor die wankende Elli, baute sich vor Lasse auf und einige Sekunden lang standen sie sich so gegenüber, beide wütend, der eine ratlos, der andere hilflos. Elli suchte die Wärme in ihren Gliedmaßen, kämpfte um die Vormacht in ihrem Körper und beobachtete die beiden Kontrahenten stumm. Wie sich ihre Brustkörbe hoben und senkten, wie sie ein Blickduell fochten, und auch, wie Lasse einzuknicken drohte, weil das Leben seiner Schwester wichtiger war als Ellis Geheimnis. Ehe er sie verraten konnte, ließ sich Elli auf die Knie fallen, hob den Stern vom Boden auf, schloss die Augen und presste ihn an ihre Stirn und wiederholte innerlich den Schwur.

Ich schwöre, immer den Sternen zu folgen …

Wie damals, beim allerersten Mal, spürte sie Wärme durch sich hindurchströmen und diese Wärme schmolz auch die letzten Reste des Eises.

Für immer und ewig, ich schwöre.

Sie öffnete die Augen und schaute vom Boden zu Tom und Lasse auf, die wiederum auf sie herabschauten; mit offenem Mund Lasse, mit ungläubigem Blick Tom.

Es war ein Fehler gewesen, Tom zu belügen, und ein weiterer, Marilu vergessen zu wollen. Sie konnte nicht vor sich selbst fliehen, nicht tun, als gäbe es diesen Teil ihrer selbst nicht, denn auch diese *Elisabeth* gehörte zu ihrer Vergangenheit. Ein Abreißkalenderspruch, dachte sie und kicherte, als sie realisierte, dass er gut zu denen in Toms Elternhaus passen würde, lachte, bis ihr die Tränen kamen, sie lachte und weinte und wusste, dass sie völlig abgedreht wirken musste, was Lasse bekannt vorkommen und Tom befremden würde.

Es war egal.

Es ging, letztendlich, immer um die Sterne. Genau wie Marilu gesagt hatte. Denn nichts war konstant, nicht mal Norden. Es ging darum herauszufinden, was einem guttat, und darum, alles beharrlich zu hinterfragen. Vor allem sich selbst. Das galt für sie, für Tom und ebenso für Lasse.

Der sank neben ihr in die Hocke, packte ihren Ellenbogen und zog sie auf die Füße. Dann führte er sie sanft, aber bestimmt zu einem Stein in der Nähe der Unheil drohenden Tür und zwang sie, sich zu setzen.

»Siebenhundertfünfunddreißig minus achtzehn«, flüsterte er.

»Siebenhundertsiebzehn«, kicherte sie.

»Plus einhundertzweiundneunzig.« Er kauerte sich vor sie und suchte Blickkontakt, aber sie schaute an ihm vorbei, hinüber zu Tom, der ebenfalls in die Knie gegangen war, wenige Meter von ihnen entfernt, die Arme vor der Brust verschränkt. Alles an ihm spiegelte seine Überforderung.

»Neunhundertneun«, antwortete sie, ohne ihren Liebsten aus den Augen zu lassen. Das Kichern verrutschte zu einem Kicksen.

Es war klar, was gerade passierte – Tom fiel aus seiner Komfortzone, weil er mit etwas konfrontiert wurde, was er niemals hätte sehen sollen: ihrem Abgrund.

Er war mit dem Credo aufgewachsen, dass alles möglich war. Der amerikanische Traum in Deutschland – eine Blase, in der es Berge, aber keine Täler oder gar Abgründe gab. Nur harte Arbeit und Willen und Funktionieren und große Träume.

Und sie? War mühelos in seine Seifenblasenwelt geglitten und hatte sich selbst dabei abgestreift, um zu seinem Idealbild zu werden und sich endlich wieder *richtig* zu fühlen.

In seiner Welt.

In einer Blase.

Die sie gerade durch ihr Einfrieren, ihre Rechnerei und ihren Lachanfall angestochen hatte wie mit einer scharfen Nadel. Das Lächeln glitt ihr aus dem Gesicht und sie riss die Hände vor den Mund und starrte Tom an, während die Blase vor ihrer beider Augen zerplatzte und zu Boden fiel. Es dröhnte in ihren Ohren.

Scheiße! Hatte sie gerade ihre Beziehung gekillt?

Sie verschluckte sich an dem Gedanken, hustete und schaute schnell fort, nun doch zu Lasse. Der kramte in seinem Rucksack und streckte ihr seine Wasserflasche entgegen.

Trink einen Schluck Wasser.

Dr. Vervein oder Lasse? Egal. Gute Idee.

»Minus neun, durch fünf«, befahl er.

Sie liebte Tom. Ihre Beziehung musste das überleben, sie musste!

»Zu kompliziert«, krächzte sie und nahm einen langen Schluck.

»Was soll das mit diesem Stern?«, erkundigte sich Tom fordernd und stand plötzlich neben Lasse. »Und was zur Hölle ist los mit dir?«

Elli setzte die Flasche ab, schaute ihren Freund an, sehnte sich drei Tage zurück auf ihren gemeinsamen Berggipfel. In seine Arme. In die Seifenblase.

Vorsichtig schob sie sich auf die Füße, die sie überraschenderweise trugen, und schlang die Arme um ihn.

»Es tut mir leid«, murmelte sie in sein T-Shirt. Ihn ansehen ging nicht. »Es tut mir so leid! Ich erklär es dir, alles, ich will dich nicht verlieren, du bist doch …«

»Verlieren? Wieso solltest du …?«

»Versprich mir, dass du noch da bist, wenn ich wieder rauskomme. Versprichst du mir das?«

»Ja klar, aber … El, bitte, bist du okay? Kann ich nicht einfach mit dir da rein, ich will nicht, dass du das …«

Er verstummte und zog sie fester an sich. Sie spürte, wie sein T-Shirt ihre Tränen aufsaugte, und zog die Nase hoch, während sie kaum merklich den Kopf schüttelte. »Ich muss das machen – es ist eine Art … Ritus, glaub ich, ich … ich erzähl es dir später.« Sie suchte seine Augen, die ihr dunkler vorkamen, bewölkt beinah, und sie hielt sich an ihnen fest. Und dann ließ sie ihn los, drehte sich um und ging zur Tür.

Es war dunkel, es war eng und es roch nach klammer Wäsche, die in der Trommel getrocknet war. Schon als sie sich in den schmalen Gang schob, bereute Elli, die beiden

Jungs davon überzeugt zu haben, dass sie diese Aufgabe allein lösen musste.

Es wäre leichter, jemanden neben sich zu haben, aber sie musste Marilu beweisen, dass sie es schaffen würde. Und sich selbst auch. Aber vor allem hatte sie höllische Schuldgefühle, weil ihr »Für immer und ewig«-Sternenschwur nicht weiter gereicht hatte als bis zu dem Moment, in dem sie *Sonnenblick* und Marilu den Rücken gekehrt hatte. Und das, obwohl sie ohne diesen Schwur nicht wäre, wer sie heute war.

Weil Elli ihre eigenen Täler kennengelernt hatte, hatte sie auch gelernt, dass aus jedem Tal ein Weg nach oben führt. Egal, was Marilu für sie geplant hatte, sie würde es überstehen. Das wusste sie, weil sie nicht tiefer fallen konnte, als sie schon einmal gefallen war.

Tom musste das gespürt haben und trotzdem hatte er nur äußerst widerwillig zugestimmt – nach allem, was er eben im Wald hatte mit ansehen müssen, konnte sie ihm seinen Beschützerinstinkt nicht mal übel nehmen. Vielleicht rückte ihr Zusammenbruch von eben alles, was er über ihre Dunkel-Enge-Angst wusste, in ein anderes Licht. Ein dramatischeres. Ein … realistischeres.

»Jetzt entspann dich mal«, hörte sie Lasse vor der halb geschlossenen Tür zu Tom sagen. »Wenn sie sagt, dass es okay ist, dann solltest du ihr glauben.«

»Sollte ich?«

»Natürlich. Und wenn du dir Sorgen machst, dass … also: Marilu ist garantiert nicht dadrinnen. In dem Brief stand schließlich, dass ihr bescheuertes Spiel bis Samstag geht.«

»Spätestens bis Samstag«, verbesserte Tom.

»Spätestens, von mir aus. Aber heute ist Donnerstag. Und Marilu ist zwar … krank, aber sie ist kein Ungeheuer. Sie würde Elli niemals da reinlocken und sie ihre … sie finden lassen.«

Elli schluckte. Vor lauter Dunkel-Enge-Angst war ihr der Gedanke an eine tote Marilu im Bergstollen noch gar nicht gekommen. Sie musste vollkommen bescheuert sein!

Wie sonst hatte es passieren können, dass sie mitten in diesem Stollen stand und sich an Lasses Stimme festhielt, während der Albtraum, von dem er behauptete, dass Marilu ihr diesen *nicht* antun würde, gedanklich auf sie einstürmte.

»Aber irgendwas ist dadrin und es hat was mit Elli zu tun und …«, er verstummte kurz, dann wurde er laut. »Verdammt, Samstag hin oder her – wir müssen uns beeilen. Von wegen *Spiel um mein Leben* und so. Schon vergessen?«

Beeilen! Genau. Elli gab sich einen Ruck und lief tiefer in den Stollen hinein. Hinter ihr, draußen, schnaufte Tom. »Meinst du wirklich?«

»Deine Honey kann mehr, als du denkst!« Die Stimmen der beiden waren nur noch gedämpft zu hören. Trotzdem drang Lasses Plädoyer deutlich zu ihr hinein, ein bisschen, als wollte er, dass sie es hörte: »Sie schafft das. Elli schafft alles!«

Schön, dass wenigstens du das glaubst, dachte sie. Aber dass ich für dich auf das Balkongeländer geklettert bin, um einen Brief herunterzupflücken, macht mich nicht zu einer Superheldin.

Dieser Gedanke ließ sie erneut innehalten. Hinter einer Biegung, wohin der dünne Lichtstrahl, der durch die angelehnte Tür fiel, nicht mehr reichte. Sie stand in der Dunkelheit, verfluchte ihre Schuldgefühle und ihr dummes Durchhalteding, verfluchte den Gedanken an ihren Vater und sein dummes Durchhalteding und die Tatsache, dass sie dieses Verhalten garantiert von ihm hatte.

Die Schwärze floss um sie herum und sie traute sich keinen Schritt weiter. Warum hatte sie nicht einfach zugegeben, dass dies hier eine Nummer zu groß war, dass sie Angst hatte? Warum war sie nicht einfach wieder rausgestürmt, als da noch Licht gewesen war, und hatte Lasse zusammengefaltet, weil er leicht reden hatte? Warum hatte sie nicht von ihm gefordert, an ihrer Stelle Marilus bescheuerte Aufgabe zu erfüllen? Warum hatte sie sich nicht an Tom geklammert und einen auf hilflos gemacht, warum?

Sie versuchte, die Dunkelheit zu ignorieren, tastete das undurchdringliche Nichts mit den Augen nach hellen Flecken ab. Das Warum hallte in ihren Gedanken, dabei kannte sie die Antwort.

Sie tat es wegen des Sternenschwurs. Und sie tat es allein, weil niemand anderes es tun konnte. Für Marilu, aber vor allem für sich selbst.

Wenn Marilu wollte, dass sie über ihre Grenzen ging, würde sie das tun. Andere bezahlten für so was viel Geld und nannten es Konfrontationstherapie. Oder Escape-Room.

Schwärze. Feuchte, dröhnende Schwärze.

Ich hasse dich, Marilu!

Sie schob sich langsam vorwärts, eine Hand an jeder Wand, an jeder feuchten, steinigen, pelzigen Wand,

Schritt für Schritt, bis ihr einfiel, dass es ein Mittel gegen die Dunkelheit gab. Ihr erleichtertes Seufzen hallte in dem Gang, aber nicht mächtig wie in den Alpen, wenn man sein Glück in den Himmel schrie und die gegenüberliegenden Massive das Echo zurückwarfen; es hallte auf eine enge, kalte, bedrückende Weise, das Seufzen kam kaum einen halben Meter weit, dann prallte es zurück gegen ihren Leib. Elli zog das Handy aus der Hosentasche.

Mit schwitzigen Fingern schaltete sie die Taschenlampe ein und leuchtete die Wände ab. Der Gang schien direkt in den Felsen geschlagen worden zu sein, hin und wieder war er abgestützt von massiv wirkenden Holzbalken. Rechts von ihr, links von ihr, unter ihr und wahrscheinlich auch über ihr: Stein.

Während sie überlegte, ob es besser war zu sehen, was sie umgab, oder es nur zu erahnen, tappte sie zaghaft den Gang entlang. Ihr fiel der Baum ein, der über ihrem Kopf auf dem Hügel thronte, die riesengroße Auenland-Buche, die ausgesehen hatte, als würde sie dort schon Hunderte Jahre stehen. Das Licht in ihrer Hand zuckte zur Decke.

Wie schwer war so ein Uraltbaum? Und hatten die Leute, die diesen Tunnel in den Fels gegraben hatten, einen Menschen befragt, der sich mit Statik auskannte? Was, wenn dieser Gang schon gebuddelt worden war, als die Buche gerade mal ein Sprössling gewesen war? Was, wenn er hinter ihr unter dem Baumgewicht einstürzen und sie lebendig begraben würde?

Sie riss das Licht von der Decke und richtete es wieder nach vorne, folgte dem Lichtkegel. Er wackelte über Wände und Steinboden, so sehr zitterte sie. Nicht mal ihren

Rucksack hatte sie bei sich, kein Wasser, keinen Schokoriegel, nichts! Ihre freie Hand tastete nach der Sonnenuhr, die sie noch um den Hals trug. Eine Sonnenuhr! In einer stockfinsteren Höhle!

Die Felsnasen, die gelegentlich aus den Seitenwänden hervorstachen, warfen übermächtige Schatten und plötzlich war sie wieder elf und kauerte am Bett ihrer sterbenden Oma, deren graues Gesicht ebenso hakennasig war wie diese Felsen. Um sie herum der Geruch nach Tod, der das Zimmer durchwaberte, in Ellis Poren kroch und einen Schmerz hervorrief, der sie nie wieder verlassen würde.

Jahrelang krallte er sich in ihr fest und es kostete sie alle Energie, ihn unter Kontrolle zu halten, aber irgendwann hatten ihre Kraft und die aufgesparte Omaliebe in der Sonnenuhr nicht mehr ausgereicht. Mit fünfzehn drohte der gespeicherte Schmerz aus ihr hervorzuquellen, sobald sie den Mund aufmachen, eine falsche Entscheidung treffen, den Überblick verlieren würde – weshalb sie schwieg und in Bewegungslosigkeit verfiel. Anders konnte sie ihn nicht mehr kontrollieren.

Mit fünfzehn lastete die ganze Welt auf ihr – bis Marilu sie ihr von den Schultern schüttelte.

Elli schnappte laut nach Luft, versuchte zu zählen, den Tod zu vergessen, den Schmerz zu verdrängen, sich daran zu erinnern, dass sie siebzehn war und alles im Griff hatte, dass sie Marilu suchte, dass die Zeit drängte. Aber die Wände bewegten sich auf sie zu, engten sie ein, hielten sie fest, pressten den Schmerz erneut aus ihr heraus und Elli konnte sich nicht länger wehren: Ganz langsam sackte sie zu Boden.

Als sie wieder zu sich kam, lag sie auf dem Rücken und starrte zur Decke. Wie in *Sonnenblick,* nur dunkler, kälter, dreckiger … anders. Ein schwacher Lichtschein von irgendwoher. Ihr Handy. Aber … wo?

Automatisch spürte sie in sich *(Wie fühlst du dich?)* und stellte fest, dass ihr Kopf den Aufprall unbeschadet überstanden hatte. Den folgenden Bodyscan bis hinunter zu ihren Zehen führte sie im Schnelldurchlauf aus – ihr Hintern tat weh, aber darüber hinaus schien alles intakt. Sie konnte problemlos atmen. Probehalber befahl sie ihren Händen, sich zu bewegen, um die Lichtquelle zu finden, ihr Handy, das hier irgendwo liegen musste. Dankbar stellte sie fest, dass sie diesmal nicht eingefroren war.

Unter ihren Fingern Erdkörnchen, Steinchen, Steine. Etwas Feuchtes, Klebriges, das sich glücklicherweise nicht bewegte. Matsch hoffentlich. Etwas Dünnes, Papierartiges, das knackte, als sie leicht darauf drückte, und in ihrer Hand zerfiel. Laub, wahrscheinlich. Trockenes Laub.

Ein Kitzeln auf ihrer Wange.

Ihre Hände erstarrten, beide gleichzeitig, während ihr Hirn abwägte und entschied, dass keine Abwehrbewegung nötig war. Vermutlich eine Ameise, analysierte es, oder eine Spinne. Es gelang ihr, erstaunt zu sein, dass sie die Vorstellung eines Insektes auf ihrer Wange überhaupt nicht schlimm fand. Dann war das Kitzeln vorbei und ihre linke Hand setzte sich wieder in Bewegung, während die rechte Erdkörnchen zerrieb. Etwas Kühles, anders kalt als die Steine, glatt kalt, künstlich kalt. Eckig. Na bitte.

Elli zog es zu sich, drehte es um und das Licht der Lampe bestrahlte die Decke. Ein Glücksgefühl durchströmte sie. Fast hätte sie gelacht.

Direkt über ihr strahlte ein Stern.

Sie ließ den Taschenlampenstrahl weiterwandern und begriff, dass ihre Vermutung draußen richtig gewesen war. Das hier war für sie und nur für sie.

Ich schwöre, immer den Sternen zu folgen.

Nur wenige Meter hinter dem ersten Stern schimmerte ein zweiter an der Decke, und wenn sie die Augen zusammenkniff und keine Halluzinationen hatte, erfasste die Lampe ein Stück dahinter einen weiteren. Sobald das Licht die Sterne aufgeladen hatte, strahlten sie umso heller. Es kostete sie etwas Mühe, sich hochzustemmen, bis sie saß, dann wurde es leichter. Sie kam auf die Füße, konnte aber leider kein Wasser trinken, auch wenn Dr. Vervein ihr das lautstark riet. Die Wasserflasche lag schließlich im Rucksack vor der Tür. Ihr Mund war trocken und ihr Kopf drehte sich. Sie hätte sich gern an die Wand gelehnt, aber sie wollte diesem pelzigen Stein lieber nicht zu nahe kommen.

Also hielt sie sich an der Sonnenuhr fest, dachte an ihre Oma, bis der Schwindel nachließ, dann setzte sie sich in Bewegung. Die Lampe auf die Decke gerichtet, schob sie einen Fuß vor den anderen, ohne sie vom Boden zu lösen. Als sie auf diese Weise schlurfend unter dem zweiten Stern ankam, blieb sie stehen, ortete den dritten Stern, arbeitete sich bis zu ihm vor und blieb wieder stehen. Leuchtete die Wände ab, suchte, ohne zu wissen, was, und ahnte, dass sie tiefer in die Erde eindringen musste, um zu finden, was auch immer sie finden sollte.

Ein Knarzen, von irgendwo, vor ihr, hinter ihr? Elli lauschte und das Echo, das keins war, wiederholte das Geräusch, addierte ein Quietschen, dann fiel ein Stein.

Etwas rutschte über den Boden, Steinchen auf Steinchen auf Stein. Der Baum! Die Buche!

Augenblicklich kauerte Elli auf dem Boden, in Erwartung eines Erdrutsches nun doch an die feuchte Wand gepresst, die Arme schützend um den Kopf geschlungen. Ein weiterer Stein fiel, titschte auf dem Boden auf, kullerte und dann … Stille.

Himmel, Elli, wies sie sich zurecht. Du bist unter der Erde, ja, da fallen schon mal Steine, reiß dich zusammen. Das kannst du doch sonst so gut, dich zusammenreißen, funktionieren, also komm verdammt noch mal zurück auf die Füße und geh weiter.

Sie atmete die muffige Höhlenluft tief ein, richtete sich mit dem Ausatmen wieder auf, tätschelte den pelzigen Fels, als wollte sie sich bei ihm bedanken, und klopfte ihren Hosenboden ab. Horchte. Keine Steine mehr.

Nur die unter ihren Füßen, als sie weiterlief, vorsichtig erst, dann zunehmend bestimmter. Sie hatte das Gefühl, bergab zu steigen, aber Gefühle waren wenig vertrauenswürdig, das wusste sie. Gefühle ließen sich wegatmen und wegzählen, manche zumindest. Unter dem vierten Stern stellte sie fest, dass sie keinerlei Panik mehr spürte. Hin und wieder glaubte sie, Geräusche zu hören, gab es hier Fledermäuse? Vor allem aber Steine, die sie wegkickte und die wiederum andere Steine anstießen, die wohin auch immer rollten und schließlich zum Liegen kamen. Manchmal plitschte ein Wassertropfen.

Je mehr Sterne sie zurücklegte, desto kühler wurde es, desto fordernder klammerte sich die Dunkelheit um sie.

Sie stapfte in den Bauch der Erde, tiefer und tiefer, lief von einem Stern zum anderen, den Blick abwechselnd auf Decke und Boden gerichtet. Nach dem siebten Stern veränderte sich der Klang ihrer Schritte, wurde weiter, halliger, die Dämpfung, die sie verspürte, löste sich, die sauerstoffarme Luft schien sich zu erfrischen.

Abrupt blieb sie stehen.

Vorsichtig ließ sie das Licht von der Decke herabgleiten, leuchtete nach vorne … und geradewegs ins Nichts.

Vor ihren Füßen brach der Weg ab, einen Schritt weiter, einen Schritt nur, und sie wäre die drei Stufen hinabgestürzt, die in den felsigen Boden geschlagen waren. Vor ihr riss der Gang auf wie vorhin der Waldweg, als er auf die Lichtung traf.

Der Raum war groß, hoch und überraschend weit und er schien nicht menschengemacht, sondern natürlich gewachsen zu sein, vor Millionen Jahren wahrscheinlich. Es dauerte einen Moment, ehe Elli das Gefühl einordnen konnte, das sie überkam: Ehrfurcht. Staunend leuchtete sie die Wände ab, die ihr nahe waren. Woher kannte Marilu solche Orte?

Der Strahl ihrer Handylampe reichte nicht bis hinüber zur gegenüberliegenden Seite, aber etwas anderes fing das Licht.

Im Bauch der Höhle lag ein Sternenhaufen.

Elli stieg die drei Stufen hinab und mit jeder Stufe, mit jedem Schritt, den sie sich dem Sternenhaufen näherte, wuchs etwas in ihr heran, verdrängte die Ehrfurcht und erfüllte sie mit Kälte – allerdings einer, die sie nicht erfrieren lassen würde, denn diese Kälte speiste sich nicht aus Eis, sondern aus Wut.

Die kalte Wut wich warmer Wut, heißer, und dann explodierte Elli. Nicht langsam, nicht kontrolliert. Sie platzte. Die Wut schoss aus ihr heraus und mit ihr der Schmerz, den sie seit Jahren gehortet hatte, den sie beschützt und in sich vergraben hatte, den sie gelernt hatte zu kanalisieren, den sie satthatte. Sie hatte den Schmerz satt, die Kontrolle und sich selbst auch. Und Marilus Scheißspiel, das hatte sie so was von satt!

Ein ohrenzerfetzendes Gebrüll brach los, traf auf die Wände, wurde von dort zu Elli zurückgeworfen und schlug über ihr zusammen. Nur daran, dass sie nicht erschrak, merkte Elli, dass sie selbst diejenige war, die schrie. Als ihr das klar wurde, verstummte sie augenblicklich.

Ihr Schrei federte zwei-, dreimal von den Wänden zurück, dann kehrte Stille ein. In ihrem Kopf lehnte sich Dr. Vervein überrascht zurück und Marilu klatschte und tanzte.

Elli keuchte, als hätte sie eine Stunde auf dem Laufband im Sportstudio hinter sich – mit dreifacher Geschwindigkeit. Sie japste und rang nach Luft und griff nach den Sternen, warf sie in die Luft, händeweise, wieder und wieder, bis sie Erde unter den Nägeln spürte und etwas Kaltes, Glattes, Eckiges.

In diesem Moment hörte sie Schritte, eilige Schritte.

Sie fuhr herum, die Taschenlampe in den Gang gerichtet, aus dem sie gekommen war.

Tom blinzelte ertappt in das Licht.

»Was ist passiert, El? Bist du verletzt?«, fragte er atemlos.

Es dauerte einige Sekunden, bis sie begriff, dass er ihr gefolgt sein musste, dass die Steine, das Knarzen, all die Geräusche, dass das Tom gewesen sein musste. Und eine weitere, bis sie ihm verzieh. Er sprang leichtfüßig die Stufen hinab, war mit wenigen Schritten bei ihr, drückte ihren Arm mit der Taschenlampe sanft zur Seite, damit sie ihn nicht mehr blendete, und schaute sie sorgenvoll an. Sie schnipste ihm mit der freien Hand auf die Wange, wobei sie eine Erdspur hinterließ. Dann zog sie ihn an sich und küsste ihn, wortlos und verzweifelt und stolz. Sie schlang sich um ihn und küsste ihn zum ersten Mal mit allem, was sie hatte, ohne sich zurückzuhalten, und wieder wurde ihr schwindelig, diesmal von der Energie, die durch ihren Körper strömte.

»Wow.«

Toms Stimme klang genauso rau, wie es in den Romanen stand, die sie viel zu gerne las. Einen Moment lang stand Atemlosigkeit zwischen ihnen und sie wäre gern in ihm versunken, selbst an diesem unheimlichen Ort, auf diesem dreckigen Boden, einfach, um das Leben zu spüren, ihn zu spüren und ihre Liebe, und etwas sagte ihr, dass er das Gleiche fühlte. Aber da ertönte wieder ein Schrei, einer, der tief begann und dann kieksig brach.

»Alles in Ordnung bei euch?«

Lasse.

Er blieb in sicherer Entfernung auf der obersten Stufe stehen, als wartete er ab, ob Elli erneut losbrüllen würde. Aber sie war nicht mehr wütend, eher … amüsiert.

»Ich fass es nicht!« Sie wand sich halb aus der Umarmung, damit sie Lasse ansehen konnte, den linken Arm noch immer um Tom geschlungen. »Ihr habt echt überhaupt kein Vertrauen in mich, oder?«

»Doch schon, aber«, Toms Stimme an ihrem Ohr, »Lasse hat mir erzählt, dass du …«

Ernüchtert starrte sie Lasse an, während der intensiv den Boden betrachtete. »Du hast es ihm verraten? Du hast versprochen …«

Wer im Glashaus sitzt, ätzte eine Stimme in ihr. Und Elli verstummte. Die Stimme hatte recht. Ein Versprechen war nichts anderes als ein Schwur und über nicht eingehaltene Schwüre durfte sie sich wirklich als Letzte aufregen.

Elli zwang sich zu einem schiefen Lächeln in Lasses Richtung. Er lächelte ebenso schief zurück und formte mit den Lippen ein wortloses »Sorry«. Elli schloss die Augen und drehte sich von Lasse weg und zurück in Toms Umarmung. Solange sie das durfte, solange er sie trotz allem, was er inzwischen über sie wusste, noch wollte, so lange würde sie seine Nähe auskosten. Sie zog ihn an sich, bis sie sein Herz spürte und seinen Atem an ihrem Haar, dann räusperte er sich. »Es ist okay, El«, murmelte er.

»Es ist okay?«, wiederholte sie verblüfft. Ihre Liebe war nicht zerschellt, als sie draußen die Blase zerstochen hatte? Nicht als er sie hatte toben sehen in dieser Höhle? Obwohl er durch Lasses Verrat alles wusste, was sie ihm jahrelang vorenthalten hatte?

»Sei Lasse nicht böse«, bat Tom. »Ich hab ihn gezwungen. Es war klar, dass er was weiß, was du mir nicht erzählst und … Er hat sich Sorgen gemacht.«

Die schlechteste Erklärung der Welt. Aber Elli war so erschöpft von all ihren Emotionen, dass sie ihren Ärger auf später vertagte. Sie schmiegte sich in Toms Liebe, dankbar, dass er ihr hinterhergelaufen war, obwohl er ihren Abgrund kannte, trotzdem. Oder deswegen. Spielte es eine Rolle? Er war da und sie in seinen Armen.

»Elli? Tom? Ich will ja nicht stören, aber die Zeit ...« Lasse löste sich aus dem Schatten des Gangs, tastete sich endlich die Stufen hinab, leuchtete sich seinen Weg durch die Sterne, die überall auf dem Boden verstreut lagen, und trat zu ihnen.

Er wagte es nicht, Elli anzusehen. »Sorry«, murmelte er erneut, diesmal hörbar.

»Verräter«, zischte sie mit zusammengebissenen Zähnen zurück. Und dann, lauter: »Ich hab ihr Handy gefunden.«

Elli-li!«

Marilus Stimme drang viel zu schrill aus dem Handy-
lautsprecher, ein Fremdkörper in dem sommersurren-
den Wald. Ihr Gesicht war so dicht vor der Kamera, dass
der Mund aus dem Bild rutschte und die aufgerissenen
nachtblauen Augen das halbe Display füllten.

»Du hast es geschafft, du hast es geschafft, du hast es
geschafft! Boah, ich bin stolz auf dich, echt!«

Sie kauerten vor dem Höhlenbunker und starrten auf
den Stein, auf dem Elli vor einer knappen Dreiviertelstunde, die Jahrmillionen her war, selbst gesessen hatte.
Nun lag dort Marilus Telefon.

Der orangefarbene Zahlencode, der an die Tür geklebt
war, hatte sich von selbst entschlüsselt, das Handy war
hochgefahren, nachdem sie die Ziffern eingetippt hatten.
Das Display wurde schwarz, dann bunt, dann war das Video von selbst gestartet.

Marilus Pupillen waren so geweitet, dass selbst Tom,
der wenig bis nichts vom Verlauf einer manischen Phase
wusste, begreifen musste, dass er gerade eine sah. In voller Blüte. Marilu wirkte wie einer dieser Feuerwerkskörper,
die auf der Straße kreiseln und dabei Funken versprühen.
So hyper hatte Elli sie nie erlebt, ein Seitenblick zu Lasse
allerdings verriet ihr, dass ihm dieses Verhalten schmerzlich vertraut war. »Scheiße«, murmelte er. »Scheiße.«

»Lasse, geliebtes Bruderherz. Du lebst noch! Stell dir

vor, trotz des Balkongeländers, du lebst! Hättest du das gedacht, als du draufgeklettert bist? Ich wette, du hast gedacht, dein Herz bleibt stehen, aber was ist passiert? Was, Lasse? Ich sag's dir: Nichts! Nichts. Hast du das gefühlt, dieses High, wenn das Adrenalin nachlässt? Ist es nicht fant-tas-tisch? So fühlt sich Leben an, ich schwör's! Und das Leben lebt von diesen Momenten, *stretch your comfortzone!* Hach, ich bin stolz auf euch! Ich liebe euch so, alle beide, am allerliebsten würde ich euch verkuppeln, ihr wärt das ideale Paar, ich darf gar nicht an eure Kinder denken, das wären echte Zuckerwürfel geworden!«

Zuckerwürfel? Elli spürte Toms Hand in ihrer und wie er sich verkrampfte. Was Marilu da von sich gab, war wirklich mehr als daneben. Selbst wenn das Gesicht auf dem Bildschirm zwinkerte und nachschob: »Guck nicht so verstört, ich werd ja wohl träumen dürfen!«, den Blick direkt auf Tom gerichtet, von dem sie gar nicht wusste, dass er da war, geschweige denn, dass es ihn in Ellis Leben gab. Natürlich sprach sie eigentlich zu Lasse. »Ich wette, du triffst irgendwann den perfekten Mann und dann kriegt ihr halt zusammen perfekte kleine Zuckerwürfel, keine Ahnung, wie, aber mir fällt schon was ein. Erst mal müsst ihr mich verstehen, meine Allerliebsten. Und ihr seid mir beide einen Schritt nähergekommen, den nächsten müsst ihr gemeinsam machen und er führt euch noch dichter an Abgründe …«

In Elli verknotete sich etwas und der bedeutungsschwangeren Pause nach zu urteilen, die Marilu nach »Abgründe« einlegte, war sie sich der Wirkung des Wortes auf Elli überaus bewusst. Trotzdem fuhr sie ungerührt fort: »Die letzten beiden Tage waren ein Vorgeschmack auf mein Leben, das Adrenalin, der Kick, das High, die Dunkelheit. Versteht ihr? Knick, knack?«

Sie kniff das linke Auge erneut übertrieben zusammen wie eine schlechte Komikerin.

»Knick, knack?«, wiederholte Tom ungläubig. »Echt jetzt?«

»Klar verstehen wir«, knurrte Lasse. »Besonders subtil bist du ja nicht!«

»Moment mal.« Tom griff zwischen Elli und Lasse hindurch und pausierte das Video. »Wieso eigentlich ›die letzten beiden Tage‹? Ihr seid doch erst seit heute Morgen hier?«

»Na, sie denkt doch, wir wären einen Tag früher gekommen«, erinnerte Elli ihn. »Und dann halt eine Aufgabe pro Tag. Das Geländer war Tag eins, diese Höhlensache Tag zwei.«

»Stimmt«, murmelte Tom. »Hatte ich vergessen.«

Und Tag drei? Was würde Tag drei sein? Der Gedanke fühlte sich seltsam unemotional an und doch zitterte Elli ein wenig, als sie das Video weiterlaufen ließ.

Marilu tat irgendwas, dann zoomte die Kamera von ihrem Gesicht weg.

Selfiestick, dachte Elli. Sie hat wirklich alles perfekt durchgeplant.

Marilus Wangen waren gerötet, ihre Augen glommen und sie wirkte einen Tick rundlicher, als Elli sie in Erinnerung hatte – oder nein, nicht runder, eher verwaschen. Der dunkle Pony endete auf Marilus Lieblingshöhe: keine zwei Zentimeter unterhalb des Haaransatzes. Ihre zerzausten Haare waren allerdings viel kürzer als in *Sonnenblick* und, wenn Elli das richtig sah, selbst geschnitten wie immer. »Seit wann hat sie denn eine Tätowierung?«

»Wo?«

Diesmal war es Lasse, der auf Pause drückte. Das Bild fror in dem Moment ein, als Marilu den Mund öffnete, um weiterzusprechen.

»Na da.« Elli deutete auf Marilus rechte Schulter. Um das Gelenk herum zog sich ein Kreis aus Buchstaben.

»Muss neu sein«, murmelte Lasse. »Mich interessiert gerade viel mehr, wo sie da ist.«

Gute Frage. Elli zoomte ein, zuerst auf das Tattoo. Drei Worte, getrennt voneinander durch krakelige Sternchen. Sie konnte den Text nicht entziffern, wobei … Das eine könnte so was wie *Stars* bedeuten. Unwichtig, Lasse hatte recht. Sie zoomte wieder aus und betrachtete den Hintergrund, der mit der neuen Kameraperspektive viel deutlicher zu erkennen war. Blätter, Äste, Stämme, Sonne.

»Sieht alles ziemlich genau aus wie hier, aber irgendwie auch … anders.« Bevor sie den Unterschied benennen konnte, platzte Tom heraus.

»Die Perspektive! Sie steht viel höher. Da! Guckt doch! Die Blätter neben ihr, das ist kein Busch, das ist …«

»… eine Baumkrone.«

Neben ihr fluchte Lasse zum gefühlt hundertsten Mal. Elli sah sein Herz schlagen, in der Vene unter seinem Ohr. Es schlug so schnell, so hart, dass sich das Blutgefäß nach außen zu wölben schien, und zum zweiten Mal heute hatte sie den Impuls, ihm eine ihrer Tabletten anzubieten. In Gedanken tastete sie bereits nach ihrem Rucksack, als ihr einfiel, dass Tom sich fragen würde, warum sie Lasse Tabletten gab, von denen er vermutlich noch immer glaubte, dass sie gegen Stoffwechselstörungen halfen.

Mochte sein, dass Lasse ihm etwas erzählt hatte, aber

mehr als Fragmente konnten es nicht sein. Alles, was Tom wissen konnte, war, dass sie rückwärtsrechnete, dass Schütteln gegen Vereisen half und dass sie sie nicht bewegt hatte, damals, als sie Marilu kennengelernt hatte. In einer Psychoklinik. Sie selbst würde die Wissenslücken ihres Freundes füllen müssen, irgendwann, nicht jetzt, jetzt drückte sie wieder auf Play.

Und Marilu plapperte weiter, laut, als müsste sie in einem Großstadtclub gegen die Bässe ankämpfen und nicht gegen die Stille des Waldes. »Der dritte Tag, morgen, ist für euch beide. Wobei ich das schwache Gefühl hab, dass Lasse ihn weniger mögen wird als du, Ellili. Habt ihr schon eine Idee?«

Langsam drehte sich Marilu um ihre eigene Achse, die Kamera glitt in sanften Wellenbewegungen über die Landschaft und Tom schnalzte mit der Zunge, wahrscheinlich aus Freude darüber, dass er recht hatte: Marilu stand tatsächlich irgendwo oben.

Sehr hoch oben, um genau zu sein.

Sie ließ die Aussicht auf ihre Zuschauer wirken, es gelang ihr tatsächlich, ein paar weitere Sekunden nichts zu sagen, sie kreiste um sich selbst und schwieg. Und plötzlich tönte Vogelgezwitscher aus dem Lautsprecher. Ein Vogel über ihnen, in einem der Bäume auf ihrer Lichtung griff das Gezwitscher auf, dann wieder der im Handy, es hätte ein Duett werden können, von dem der eine Teil bereits vor längerer Zeit aufgenommen worden war. Es fühlte sich an wie eine Zeitschleife in einem Fantasyroman.

»Spektakulär, oder?«

Marilu kam leicht schwankend zum Stehen und die Kamera erfasste ihr Gesicht wieder. Ihre Augen blickten über die Linse hinweg, in eine Ferne, zu etwas, das nur sie sehen konnte. Dann bewölkten sie sich und – ihre Stimme zog mit. »Leider hab ich das Gefühl, dass mir die Zeit davonläuft. Also bitte … Beeilt euch.« Und während Elli darüber nachdachte, ob die Wolken oder der vorherige Wahnsinn ihr mehr Sorgen bereiten sollten, lachte Marilu spöttisch auf. »Link in Bio«, frotzelte sie, winkte – und sprang.

Drei Schreie.
Keiner aus dem Lautsprecher.

»Sie kann nicht tot sein. Sie hat schließlich das Handy unter dem Sternenhaufen vergraben, *nachdem* sie das Video gedreht hat.«
Diesmal war kein Schütteln nötig, um Elli aus ihrer Schockstarre zu lösen, das Adrenalin, das sie durchströmte, reichte vollständig. Und Toms Pragmatismus half auch. Bis Lasse gegenhielt.
»Das könnte auch jemand anders für sie gemacht haben.«
Ja könnte. Sie musterte ihn nachdenklich. Die Veränderung, die in den vergangenen Stunden in Lasse vorgegangen war, erschütterte sie. Wo war seine Leichtigkeit geblieben? Es schien, als wäre ein Vorhang aus Schwere über ihn gefallen. Als würde er nichts und niemandem glauben, als hätte er jegliches Vertrauen verloren. Wenn er überhaupt jemals welches gehabt hatte. Immerhin war er an der Seite eines Menschen wie Marilu aufgewachsen,

deren Energie beinahe übergangslos von pulsierender Liebe und Aufmerksamkeit zu egozentrischem Stürmen umschlagen konnte und schließlich, recht unvermittelt, als schwarze Welle über ihr zusammenschlagen. Konnte man unter solchen Bedingungen überhaupt Vertrauen aufbauen?

Sie betrachtete die scharfe Linie zwischen seinen Brauen und es hätte sie nicht gewundert, graue Haare an seiner Schläfe zu entdecken. Aber da waren keine, natürlich nicht, alles war honigblond.

Sie wusste, dass Marilu ihren Bruder abgöttisch liebte – warum tat sie ihm das an? *Ihnen* das an?

»Es für sie verstecken? Warum?«, bohrte Tom, der anscheinend als Einziger von ihnen noch klar denken konnte – wahrscheinlich, weil er im Gegensatz zu Lasse und Elli keinen emotionalen Marilu-Ballast mit sich herumschleppte. »Und wer sollte das tun? Hat sie einen Freund? Oder … eine Freundin?«

»Wow! Weil das in der Familie liegt oder was?« Einen kurzen Moment lüftete sich der Schwerevorhang und dahinter blitzte der Lasse auf, den Elli heute Morgen hatte kennenlernen dürfen.

»Na ja«, verteidigte sich Tom gegen Lasses spöttelnden Ton. »Ich hab mal gelesen, dass Geschwister oft beide …«

»Schon okay. Ist ja süß, dass du überhaupt auf die Idee kommst. Und nein, sie hatte keine Beziehung – also nicht, dass ich wüsste.«

»Außerdem«, wandte Elli ein. »Sich von jemandem beim … also … bei so was filmen zu lassen und dann zu verlangen, dass der das Beweisstück versteckt … Das ist doch bestimmt eine Straftat! Mal ganz abgesehen davon: Wer würde denn bitte schön einen Selbstmord filmen?«

»Im Internet findest du alles«, hielt Tom gegen.

»Nicht hilfreich«, fuhr Elli ihn an. »Aber mal ehrlich: Ich glaub nicht, dass Marilu jemanden in so was reinziehen würde.«

Lasse lachte hart und Elli errötete. »Nicht auf diese Art, mein ich.«

»Als ob die andere Art besser wär«, grummelte Lasse. »Link in Bio – was soll der Scheiß?«

»Insta«, erklärte Elli. »Hat sie einen Account?«

»Klar.«

Natürlich. Sie zog das Handy heran, öffnete die App, tippte auf Marilus Profil und dann auf den Link unter ihrem Namen. Eine Seite baute sich auf und auf einmal ergab die Botschaft erschreckenden Sinn.

»Ein Kletterpark!«, stöhnte Elli. »Sie will, dass wir in einen verdammten Kletterpark gehen!«

Nach einer weiteren Portion Pommes zum Abendessen zog Lasse sich ins Zimmer zurück, während Elli und Tom sich ein paar Hundert Meter vom Gasthaus entfernt ins Gras setzten und gegen einen alten Obstbaum lehnten. Sie schmiegte ihren Hinterkopf an Tom, irgendwo zwischen Schulter und Brust; er schlang einen Arm um sie, die Hand ruhte entspannt auf ihrem Bauch. Sie lauschten den Grillen und warteten auf die Sterne – oder vielmehr: Elli wartete auf eine Sternschnuppe, damit sie sich wünschen könnte, das Gespräch nicht führen zu müssen, das anstand. Jetzt anstand.

Gerade als sie ansetzen wollte, zu erklären, zu erzählen und sich zu entschuldigen, kicherte Tom los.

»Elli-li?«, flüsterte er. »Im Ernst? Aber Honey geht nicht, oder was?«

Dass ihr überfälliges Gespräch mit diesem Satz beginnen würde, hatte sie nicht erwartet.

»Elli-li ist nur blöd, aber Honey ... ist ein bisschen sexistisch, weißt du?«

»Sexistisch?«

Toms Hand auf ihrem Bauch verkrampfte sich.

»Na ja, als würdest du mich nicht ernst nehmen halt.«

»Dich nicht ... Wie kommst du denn ...? Natürlich nehm ich dich ernst!«

»Weiß ich doch.«

Sie schwieg, Tom ebenfalls. Merkte er, dass das nicht

die ganze Wahrheit war? Dass sie sich in Wirklichkeit gar nicht sicher war, ob er sie ernst nahm? Bisher hatte sie sich klein gefühlt neben Tom; klein, aber geschützt. Ein paar Mal hatte sie sogar das Gefühl gehabt, dass er sie absichtlich dümmlich dastehen ließ, weil es seinem Ego schmeichelte, sich ihr überlegen zu fühlen – dass er es vielleicht sogar brauchte, denn je schwächer sie wirkte, desto stärker konnte er sein.

Bestimmt war das keine Absicht. Wahrscheinlich hatte er bloß nie darüber nachgedacht, bevor Lasse sich über den Kosenamen lustig gemacht hatte. Sie selbst übrigens auch nicht. Beschwichtigend strich sie über seinen nackten Arm, folgte den Linien seiner Muskulatur, spürte die zarten Härchen unter ihren Fingerspitzen und auch, wie er eine Gänsehaut bekam. Sie fürchtete die Aussprache. Weil sie keine Ahnung hatte, ob sie danach jemals wieder so zusammensitzen würden, Tom und sie, ob ihre Zukunftspläne hinterher noch gelten würden, ob er sie immer noch ernst nehmen würde. Ob ihre Liebe unter diesen Bedingungen eine Chance hatte.

Ein paar Minuten, vertröstete sie sich selbst, nur ein paar Minuten, dann erzähle ich ihm alles. Die Sonne sackte hinter die bewaldete Hügelkette, bis sie von hinten zu leuchten schien. Die Bäume warfen eine scharfe, schattige Skyline gegen den Himmel, der die Farbe getrockneter Mangos hatte. Es war so idyllisch, so heil, dass sie zusammenzuckte, als Tom ihre streichelnde Hand festhielt.

»Warum hast du nie was gesagt?«, fragte er leise.

Es dauerte, ehe sie sich aus dem Kitschfilm, in dem sie saßen, in die Welt herausgekämpft hatte und zurück in ihre Unterhaltung fand.

»Ich … ich fand es nicht wichtig – ich wusste ja, dass du es liebevoll gemeint hast.«

Seine Finger, die ihre umspielten, hielten inne. Ohne hinzusehen, wusste sie, dass er die Stirn krauszog. Und ahnte, dass sie ihn falsch verstanden hatte.

»Das mein ich nicht.«

Natürlich nicht. Die Romantik verpuffte vollends, als sie begriff, *was* er meinte.

Da war er also, der Moment, von dem ihre Mutter prophezeit hatte, dass er kommen würde. Hätte sie doch auf sie gehört! Dann hätte sie in einer klug inszenierten Situation zu einem klug gewählten Zeitpunkt mit ihm reden können und müsste nicht jetzt, an diesem verzauberten Ort, inmitten dieser verrückten Umstände, ihrem Freund erklären, warum sie ihn eineinhalb Jahre lang belogen hatte.

»Elli?«

Sie schluckte gegen den Kloß in ihrer Kehle an, löste sich aus Toms Armen, drehte den leuchtenden Bergen den Rücken zu und ihm ihr Gesicht. Sie zog die Beine in den Schneidersitz, nahm seine Hand in ihre und zwang sich, ihm in die Augen zu sehen. Er schaute zurück, warm und unergründlich.

Sie schauderte.

Es gibt kein Eis in dir, erinnerte sie sich. *Spür den Boden. Du kannst das.*

»Ich hatte Angst.« Überrascht registrierte sie, wie fest ihre Stimme klang. »Du … du bist perfekt, alles an dir. Und wenn du nicht perfekt bist, dann arbeitest du einfach so hart, bis du es bist. Deshalb wollte ich – na ja, auch perfekt sein, für dich. Weil du nur das Beste willst und ich wollte halt … das Beste für dich sein. Aber«, jetzt brach ihre Stimme doch, kurz, dann konnte sie sie wieder retten. »Ich kann das nicht. Nicht mehr.«

»Du kannst das nicht mehr?« Seine Augen verengten sich ungläubig. Hilflos schüttelte sie den Kopf und umklammerte seine Hand ein bisschen fester. Er klammerte zurück. Nicht ausrasten, flehte sie ihn stumm an.

Als wäre Tom jemals ausgerastet! Er war die Beherrschung selbst, auch wenn er gerade wirkte, als wäre er zum ersten Mal kurz davor, sie zu verlieren.

»Willst du mir gerade sagen …« Er räusperte sich. »Du … du machst doch wohl nicht Schluss mit mir, El?«

Schluss mit ihm? Bitte was?

»Nein! Nein, Tom, natürlich nicht! Natürlich nicht! Warum sollte ich … Ich liebe dich doch!«

Die Spannung fiel unvermittelt von ihm ab, sie fühlte es an seinen Muskeln, sah es an der Art, wie sich die Farbe seiner Augen leicht aufhellte, sah es an allem. Der Schatten eines Lächelns huschte über seine Lippen und Elli hätte gerne danach gegriffen, um es festzuhalten, aber es war zu flüchtig.

»Du liebst mich?«

Sie nickte, mehrmals, damit er ihr auch wirklich glaubte.

»Und deshalb belügst du mich?«

Als ob das so einfach wäre.

»Irgendwie schon.«

»Erklär's mir.«

Wie sollte sie das erklären? Wo anfangen? Sie wich seinem Blick aus und betrachtete den Baum hinter ihm, der sie beide eben noch gestützt hatte. Jetzt stützte er nur noch Tom, sie selbst musste sich ganz allein aufrecht halten. Es war typisch: Tom, der darauf vertraute, dass es immer etwas geben würde, das ihn stützte. Und sie, die sich verkrampft bemühte, selbstständig stehen zu können.

Sie versuchte, sich auf die Geräusche zu konzentrieren, die sie umgaben, aber alles, was sie wahrnahm, war Toms angestrengter Atem. Die Grillen waren verstummt, als würden sie genauso gespannt wie er darauf warten, dass sie weitersprach.

Elli sammelte all die Fäden auf, die lose in ihrem Kopf herumlagen, und dann den einen, den sie eben fallen lassen hatte. Anschauen konnte sie Tom allerdings nicht, also nahm sie ihrer beider Hände ins Visier.

»Mit ›Ich kann nicht mehr‹ mein ich, dass ich mich nicht mehr verstellen kann. Weil … Ich fühle mich, als ob ich ein Puzzle wär, und wenn ich nicht all meine Kraft dazu aufwende, die Teile zusammenzuhalten, fall ich auseinander. Und dann …« Wo kamen die Tränen her? »Dann ist da kein Bild mehr, sondern halt nur … ein Haufen Puzzleteilchen.«

So dezent wie möglich zog sie die Nase hoch. Tom löste seine Hand aus ihrer und Elli versuchte gar nicht erst, ihn festzuhalten. Wenn er jetzt gehen wollte, musste sie ihn gehen lassen. Aber er ging nicht, er löste seinen Rücken von dem Baumstamm und rutschte näher zu ihr. Sein Daumen streifte ihre Wange, eine stumme Bitte, ihn anzusehen. Er ließ seine Hand an ihrer Wange liegen und gab ihr die Zeit, selbst zu entscheiden, ob sie ihren Kopf heben wollte. Wollte sie nicht.

»Und wenn du ein Haufen Puzzleteilchen wärst«, sagte er schließlich, »dann würde ich dich weniger lieben, glaubst du?«

»Nicht?«

»Nein, natürlich nicht!«

Jetzt legte er den Finger doch auf diese Art unters Kinn, die in jedem romantischen Film einen Kuss nach sich gezogen hätte. Leider waren sie in keinem Film. Als es ihr trotz seines Fingers nicht gelang, den Kopf zu heben, schnaubte er frustriert.

»Alter, wir sind schon so lange zusammen und das ist es, was du von mir denkst? Dass ich ein oberflächlicher Idiot bin, der sich mit einer perfekten Freundin schmücken will, die er Honey nennen kann?«

Sie sammelte ihre Kraft und schaute ihn an. Obwohl sie wusste, dass ihre Augen und ihre Nase rot waren, was normal, aber vermutlich nicht perfekt war.

»Ich halte dich nicht für einen oberflächlichen Idioten«, erwiderte sie leise.

»Aber der Rest stimmt?«

Zögernd bejahte sie. Seine Gesichtszüge entglitten ihm, es dauerte mehrere Wimpernschläge, bis er sich wieder unter Kontrolle hatte. Ehe sie ihren Mut (oder ihre Dummheit) bereuen und alles schönreden würde, fügte sie hinzu: »Ich hatte Angst, dass du mich verlässt, wenn du erfährst, warum ich wirklich in *Sonnenblick* war.«

»Dass ich dich …? Geht's noch?« Tom schluckte, dann durchwühlte er sich mit den Händen das Haar und hielt sich schließlich daran fest. »Du bist es, die mich zu diesem perfekten Kerl machen will, Mensch! Kannst du mir bitte endlich glauben, dass ich das nicht bin und auch gar nicht sein will?« Seine Schultern unter dem dünnen Shirt bebten.

Wahrscheinlich vor Wut oder aus Enttäuschung über

ihr mangelndes Vertrauen. Und recht hatte er. Sie spürte ihren Atem flacher werden, als die Angst von hinten heranschlich. Mit der üblichen sachlichen Stimme riet ihr Dr. Vervein, ein paar Zahlen zu subtrahieren, und Elli stellte fest, dass bereits der Gedanke daran genügte, um die Kontrolle zu bewahren. Sie hielt die Stille aus und Toms Beben, weil es jetzt ohnehin zu spät war. Der Weg, den sie eingeschlagen hatten, war eine Einbahnstraße. Ob er in einer Sackgasse endete, würde sich herausstellen.

Es dauerte eine Weile, bis Tom sich genug im Griff hatte, um weiterzusprechen. Er ließ von seinen Haaren ab und suchte ihren Blick. »Du dachtest wirklich, ich verlasse dich, weil du mal gefallen bist?«

Natürlich!, schrie etwas in Elli. Guck dich doch mal an! Du bist perfekt und ich … bin ich. Etwas in ihr hinderte sie daran, es auszusprechen. Denn hier, so, aus seinem Mund, klang es total bescheuert.

War es aber nicht.

War es nicht, weil sie sich viel zu gut an die Reaktionen der Leute erinnern konnte, die von ihrem Zusammenbruch gewusst hatten. Daran, wie selbst ihre beste Freundin Caro sich damals von ihr abgewandt hatte. Und daran, wie sie das auf verdrehte Art Elli zugeschoben hatte. »Ich versteh, dass du nach so einer krassen Sache Abstand brauchst. Meld dich einfach, wenn ich was für dich tun kann.« Das war's gewesen. Elli hatte sich nicht getraut, sich zu melden, und Caro … hatte ihr auf dem Schulhof zwar freundlich zugenickt, aber nie wieder Kontakt zu ihr aufgenommen. »Weil sie nicht damit umgehen kann«, hatte Ellis Vater gesagt und ihre Mutter: »Vergiss sie.«

Vergessen ging nicht, dafür vermisste Elli Caro viel zu

sehr. Aber was hätte sie sagen sollen? Sie konnte den Rückzieher sogar nachvollziehen: Wie hätte Caro verstehen sollen, dass ihre beste Freundin versteinerte, und zwar von einem Tag auf den anderen? Und dann ohne Erklärung weg war, monatelang, erst zu Hause, dann im Krankenhaus, schließlich in der Klinik.

All die Zeit ohne ein Lebenszeichen von Elli. Stattdessen hatte Caro alle Fragen beantworten müssen, mit denen Ellis Eltern sie nach deren Einlieferung in die Klinik bombardiert hatten: ob es einen Auslöser gegeben hatte, einen Streit, einen Unfall, ob Elli gemobbt worden sei, sogar nach einer möglichen Vergewaltigung hatten sie gefragt.

Auf die Idee, dass die Wurzeln von Ellis Versteinerung in dem schrecklichen Sterben ihrer Oma lagen, war Elli selbst erst mithilfe der Psychologinnen in *Sonnenblick* gekommen. Auf diese Erkenntnis baute alles auf, was folgte. Sie war der Rand des Puzzles, von dem aus Elli sich nach innen vorarbeitete.

Als sie endlich bereit gewesen war, ihr altes Leben wieder aufzunehmen, hatte Caro eine andere beste Freundin gefunden und an der Schule wimmelte es von Gerüchten über Elli. Jeder hatte was anderes zu wissen behauptet, aber nichts entsprach der Wahrheit. Einig waren alle sich darin gewesen, dass sie *voll psycho* sein musste, weil sie schließlich *in der Klapse* gewesen war.

Ellis neue Haut, die im Schutz *Sonnenblick*s herangewachsen war, frisch und verletzlich, drohte zu reißen. Sie wechselte die Schule, weit genug weg, um frei zu sein.

Und dann traf sie Tom. In dem Sportstudio, in dem ihre Eltern sie nach langem Gequengel angemeldet hatten.

Sie lief dort beinahe jeden Abend auf dem Laufband gegen das Eis an; er trainierte an den Geräten. Und hatte dazwischen immer ein Lächeln für sie übrig oder einen motivierenden Postkartenspruch. Und auf einmal war alles möglich gewesen und mit ihm, nein, für ihn hatte sie damals ihre Puzzlestücke in Windeseile zusammensetzen können zu einem wunderbaren Bild. Elli war ein Bild für Tom. Dass sie für ihn extra ein paar Puzzlestücke in Form geschnitten hatte, brauchte er nicht zu wissen. Zumindest war sie davon bisher überzeugt gewesen.

Aber die Dinge hatten sich geändert.

»Weißt du«, begann sie stotternd. »Als wir uns kennengelernt haben, hast du dauernd gesagt, wie perfekt ich wäre. Und da hab ich halt gedacht, wenn du weißt, dass ich mal in der …« Sie schluckte. »Also dass ich eine Zeit lang … dass du dann merkst, dass ich gar nicht perfekt bin, und dann … na ja, dass du gehst.«

»Perfekt.« Er legte so viel Verachtung in das Wort, dass Elli ihn verblüfft anstarrte. »Das ist echt eine Besessenheit von dir, oder?« Seine Stimme klang bitter. »Weißt du, wie das nervt?«

»Es nervt?« Aus dem Nichts wallte Wut in Elli auf, nicht ganz so mächtig wie in der Bunkerhöhle, aber doch heftig genug, um aufzuspringen und ihn anzubrüllen. »Dich nervt es? Dich? Was glaubst du denn, wie *mich* das nervt?«

»Dann hör halt damit auf«, gab er unbeeindruckt zurück.

»Hab ich doch längst«, fauchte sie. »Sonst würden wir dieses Gespräch gar nicht führen.«

Sie spürte das Zittern in ihrer Brust und wusste, dass sie die Kontrolle verloren hatte. Über ihre Beziehung, über sich, über ihre Arme, die wild durch die Luft fuchtelten, als es endlich aus ihr herausbrach, alles, einfach so. »Glaubst du, ich weiß das nicht? Dieses verdammte Perfekt-sein-Wollen hat mich kaputtgemacht. Immer fröhlich sein und verständnisvoll, immer so zu tun, als ob alles okay ist, auch wenn es das verdammt noch mal nicht ist, lachen, wenn mir zum Heulen ist, weitermachen, immer weitermachen. Und trotzdem hab ich es wieder gemacht, für dich, für uns …«

»Ich hab dich nie darum gebeten!« Jetzt sprang Tom ebenfalls auf die Füße und stand ihr gegenüber, so dicht, dass seine Fassungslosigkeit sich wie eine Wand zwischen ihnen hochzog. Aber sie konnte nicht anders, als weiterzureden, weil sie auch die Kontrolle darüber verloren hatte zu schweigen, wenn es sinnvoll war.

»Ich weiß! Ich hab das ganz allein gemacht, obwohl ich es besser hätte wissen müssen, obwohl es mich nach *Sonnenblick* gebracht hat, hab ich es wieder gemacht! Aber es war okay, weil ich alles andere im Griff hatte – zumindest, bis Marilu auf die Scheißidee gekommen ist, eine Schnitzeljagd aus Scheißbriefen zu veranstalten, um mir zu zeigen, wie ihr Scheißleben aussieht. Und wenn ich das gar nicht wissen will, wenn ich nur meine Ruhe will, weil es schon so viel Kraft kostet, einfach nur normal und glücklich zu sein, dann bringt sie sich um! Sie droht damit, sich umzubringen, Tom!«

Sie fing ihre Hände aus der Luft und verschränkte die Arme vor ihrem Körper, um das Zittern zu stoppen, das von innen nach außen gedrungen war.

Tom starrte sie mit geöffnetem Mund an, dann schien er sich zu berappeln und wandte sich von ihr ab, dem

Baumstamm zu. Er schlug mehrmals mit der flachen Hand gegen die Rinde. »Was für ein verdammter Haufen Lügen und Manipulation und Scheiße ist das eigentlich?« Jetzt brüllte er auch.

Der arme Baum. Elli, noch immer zitternd, noch immer keuchend, trat einen Schritt nach hinten. Als sich Tom wieder zu ihr umdrehte, hatte er die Zähne aufeinandergepresst. Er stopfte die Hände mit solcher Vehemenz in die Hosentaschen, dass der Bund seiner Jeans ein Stück nach unten rutschte. Demonstrative Kontrolliertheit, wo auch bei ihm längst keine mehr war. In seinen Augen glomm ein grimmiges Funkeln.

»Anderthalb Jahre lang hast du mich belogen, verdammt. Und ich Idiot hab es nicht gemerkt! Ich fand uns gut als Paar, ich hatte keine Ahnung, dass du dich für mich verbogen hast, ich dachte, wir sind … Wie bescheuert kann man eigentlich sein?«

Elli glaubte, sich verhört zu haben. Er gab nicht ihr die Schuld, sondern … sich? Ihre Wut verwandelte sich mit derartiger Wucht in Liebe, dass die Lücke zwischen ihnen sie fast körperlich schmerzte. Probehalber machte sie einen vorsichtigen Schritt in seine Richtung. Er lief nicht weg. Sie wertete das als gutes Zeichen.

»Tut mir leid«, murmelte sie und hatte es nie mehr gemeint als in diesem Moment.

»Das hoff ich«, knurrte er.

Sie suchte seinen Blick. Etwas Fremdes lag darin, aber er hielt ihr stand. Die Anspannung verpuffte und auch ihr Zittern verflog. Stattdessen fühlte sie eine unerklärliche, erschütternde … Zuversicht.

»Schaffen wir das, Honey?«, fragte sie leise.

Das Schattenlächeln zuckte erneut über sein Gesicht, das in der Dämmerung zu leuchten schien.

»Klar«, antwortete er. »Unter drei Bedingungen.«

»Hm?«

»Erstens: Sobald das hier vorbei ist, will ich die Wahrheit hören. Keine blöden Halbsätze über Kontrolle und Perfektion und Lachen, wenn dir nach Heulen ist. Keine Andeutungen. Die Wahrheit.«

»Ich schw…« Unwillkürlich zuckte ihr Blick zum Himmel, an dem bereits erste Sterne zu erkennen waren. Marilu, dachte sie. Verdammt, Marilu. »Okay«, sagte sie schnell.

Tom nickte.

»Zweitens: Hör auf, perfekt sein zu wollen. Das bist du nämlich eh, also: für mich.«

»Woher willst du das wissen?«, platzte sie heraus und schob, als sie seine verletzte Miene bemerkte, schnell hinterher: »So mein ich das nicht, ich … es ist bloß: Du kennst mich ja nicht. Also: die Elli, die ich bin, wenn ich nicht … Wie solltest du auch? Ich kenn mich nicht mal selbst, glaub ich.«

Einen kurzen Augenblick befürchtete sie, dass sie es nun endgültig ruiniert hatte, aber Tom, der wunderbare Tom schüttelte nur sachte den Kopf. Nahm endlich die Hände aus den Taschen und diesmal verharrte das Lächeln auf seinem Gesicht. Er legte ihr die Hände auf die Oberarme und erst durch seine ersehnte Berührung spürte sie, dass ihre Haut trotz der lauen Luft kühl war.

»Vertrau mir, El, ich weiß es.«

Sie lächelte ebenfalls und es war, als wäre es das Echteste, was sie seit Jahren getan hatte. Er beugte sich zu ihr und küsste sie auf eine Art, die sie atemlos machte; sie wollte sich vollständig in diesen Kuss fallen lassen. Doch ehe sie alles vergessen würde, vergessen, dass Marilu in Gefahr schwebte, sie selbst ein Haufen Puzzleteilchen war und er der tollste Mensch der Welt, presste sie ihre Handflächen gegen seine Brust und schob ihn fort.

»Und drittens?«, fragte sie.

Er lachte leise. »Ah drittens.« Er strich ihr mit der Hand das Haar aus den Augen und Elli überlegte, dass sie es endlich abschneiden könnte, wenn sie keine Instagram-Ideale mehr erfüllen müsste. »Lüg mich nie wieder an.«

Sie saßen in Toms Auto, das Navi versprach noch eine halbe Stunde bis zum Kletterpark. Elli reichte Tom eins der Brötchen, die sie beim Frühstück für ihn belegt und – genau wie ihn selbst am Vorabend – aufs Zimmer geschmuggelt hatte. Als sie nach ihrer emotionalen Aussprache und ein bisschen Versöhnungsgeknutsche zurück in 317 gekommen waren, hatte Lasse in der Dunkelheit mit Kopfhörern auf dem Sofa gelümmelt, auf seinem Handy rumgetippt und getan, als würde er sie nicht bemerken.

Während Ellis und Toms Liebe knapp am Abgrund vorbeigeschlittert war, hatte er sämtliche Hinweise auf Marilus Einkaufswut in den beiden Koffern und sechs Müllbeuteln verstaut, die er irgendwo aufgegabelt haben musste. Auf dem Waschbeckenrand lagen die beiden Zahnbürsten und zwei Aufsatzköpfe, auf der Ablage daneben eine Auswahl des Kosmetikarsenals. Nach dem Zähneputzen waren Elli und Tom in die neuen Schlafshirts und Boxershorts geschlüpft, die Lasse für sie bereitgelegt hatte, und waren ins Bett gekrabbelt.

Elli konnte lange nicht schlafen, weil alles ungeplant war und neu und anders. Im blauen Licht von Lasses Handy, auf dem er unermüdlich herumscrollte, grübelte sie fast die ganze Nacht.

Erst darüber, wann sie das letzte Mal ins Bett gegangen war, ohne einen Plan für den nächsten Tag zu haben.

Dann darüber, wie es sein konnte, dass ein Typ in seinem Alter so umsorgend war wie Lasse, dann darüber, warum er geworden war, wie er war, dann darüber, inwiefern es mit Marilu zu tun hatte, dann über Marilu. Sehr lange über Marilu. Schließlich kehrte sie mit ihren Überlegungen zurück zum folgenden Tag und der Tatsache, dass sie keine Ahnung hatte, was sie erwartete. Erst als sie Toms gleichmäßige Atemzüge nachgeahmt und sich vorgestellt hatte, dass Lasses leuchtendes Handy Mondschein wäre, war sie eingeschlafen. Da war es draußen schon wieder hell geworden.

Lasse sah am Morgen genauso zerknittert aus wie sie. Nach der Dusche schien er allerdings zurück in die Selbstverständlichkeit gefunden zu haben, die Elli gestern (war das wirklich erst gestern gewesen?) am Bahnhof an ihm bewundert hatte. Er hatte sogar seine »Keine Drogen«-Philosophie gelockert und sich heute Morgen einen schwarzen Tee gegönnt, während Elli einen doppelten Espresso runtergestürzt hatte. Kaffee half immer – sogar der aus dem Gasthaus.

»Danke.« Tom nahm das Brötchen, biss hinein, kaute und fügte dann, als hätte er ihre Gedanken gelesen, hinzu: »Ich brauch Kaffee.«

Elli lächelte in sich hinein, aus Freude darüber, dass sie ihn so gut kannte. Aber ihr Mitleid mit ihm hielt sich in Grenzen, denn immerhin hatte er im Gegensatz zu ihnen geschlafen.

»Irgendeine Tankstelle finden wir bestimmt«, brummte Lasse.

»Tankstelle!« Tom verdrehte demonstrativ die Augen. »Rette mich!« Er warf ihr einen Blick zu, der den viel zitierten Eisberg zum Schmelzen gebracht hätte. Erstaunlicherweise war Elli komplett eisfrei.

»Du wirst nehmen müssen, was du kriegst«, stichelte sie.

»Ich liebe dein Mitgefühl!« Er legte seine Hand auf ihren Oberschenkel. Dort blieb sie bis zur Tankstelle, wo er ohne ein weiteres Wort ausstieg.

»Wow«, machte Lasse. »Ist ja ein echter Sonnenschein so früh am Morgen.«

»Wart ab, bis er den Kaffee hat.« Elli drückte den Türverriegelungsknopf – sicher ist sicher, selbst im Nirgendwo – und drehte sich zu Lasse nach hinten. »Dann ist er wie angeknipst und redet eine Viertelstunde wie ein Wasserfall darüber, wie beschissen der Kaffee ist.«

»Das glaub ich dir aufs Wort.«

Sie grinste und drehte sich wieder nach vorne. Erinnerte sich an den gestrigen Abend, an Toms Verständnis und seinen nachvollziehbaren Ärger und daran, dass er sie trotz allem zu lieben schien. Großes Wort: Liebe. Aber ihr Bauch war erfüllt davon und ihr Herz sowieso, nur ihr Kopf drehte sich mal wieder zu schnell, aber den würde sie auch noch bremsen. Sie schaute durch die Glasfront der Tankstelle, wo Tom an dem Kaffeeautomaten lehnte und die Möglichkeiten, die er bot, zu studieren schien. Vermutlich sehnte er sich nach seiner Kaffeemaschine zu Hause und nach der Zeit, in der seine Welt in Ordnung gewesen war. Sie konnte beides nachempfinden. Hinter ihr raschelte es: Lasse beugte sich zu ihr vor.

»Tut mir leid wegen gestern«, wisperte er. »Ich weiß, dass ich dir versprochen hab, ihm nichts zu sagen, aber er hat sich solche Sorgen gemacht und da ist es aus mir rausgeplatzt.«

Elli konnte sich lebhaft vorstellen, wie das abgelaufen war, und konnte Lasse nicht ernsthaft böse sein. Er mochte sie verraten haben, aber er hatte es immerhin aus den richtigen Motiven getan. Und Tom war, sobald ihr Geheimnis gelüftet war, nicht wie erwartet weggelaufen, sondern ihr hinterher in diesen Höhlenbunker. Er hatte sie in den Arm genommen, statt abzuhauen. Sie sollte Lasse dankbar sein.

Nachdenklich wandte sie sich um und betrachtete ihn. Er hatte sich wieder auf die Rückbank fallen lassen und spielte am Saum des staubgrauen T-Shirts aus Marilus Beutezug herum, auf dessen Brust der Schriftzug »ON WEDNESDAYS WE SMASH THE PATRIARCHY« prangte. Der Schirm der verwaschenen Basecap warf den vertrauten Schatten auf sein Gesicht.

Elli zählte bis drei, ganz normal und ohne psychologische Hintergedanken, dann antwortete sie.

»Schon okay.«

»Echt?« Lasses Stimme brach, er räusperte sich und wiederholte, dunkler und offensichtlich bemüht, es weniger überrascht klingen zu lassen: »Also: Echt?«

Er war auf eine Art süß, dass sie wünschte, er wäre ihr Bruder. Sie nickte mehrmals und fragte dann, zaghaft: »Wie geht's dir?«

Er zuckte mit den Achseln, ohne von seinem T-Shirt-Saum aufzusehen.

»Bisschen müde – ich hab die ganze Nacht ihr Handy durchsucht.«

»Hab's gemerkt. Und?«

»Ich hab das Gefühl, dass ich keine Ahnung hab, wer meine Schwester überhaupt ist.«

»Hm ja. In den letzten Tagen frag ich mich, ob man das überhaupt von jemanden wissen kann. Oder wissen will. Oder wissen wollen sollte.« Sie seufzte.

Lasses Schwester, wie Elli sie kennengelernt hatte, war so vielschichtig, dass sie selbst bis heute keine Ahnung hatte, wer Marilu war. Was nach lediglich drei gemeinsam verbrachten Monaten keine allzu große Überraschung sein mochte – dass Lasse, der Marilu seit seiner Geburt kannte, allerdings zum selben Schluss wie Elli gekommen war, erschien ihr weit beunruhigender.

Nicht einmal die Entwicklungen der letzten Tage hatten besonders dazu beigetragen, Marilu zu entschlüsseln. Auf der einen Seite beteuerte sie, wie sehr sie Lasse und auch Elli liebte, auf der anderen spielte sie mit ihren größten Schwachpunkten. Was von außen betrachtet grausam wirkte, da hatte Tom recht. Aber Marilu war kein Monster. Sie war das pure Leben, in all seiner Direktheit, seiner Unbedachtheit, seiner Unvorhersehbarkeit. Und sie hatte Elli gerettet. Punkt.

Akzeptieren, was man nicht ändern kann, riet Dr. Verve- in sanft. *Konzentrier dich auf das,* was *du ändern kannst. Hier und jetzt.*

Okay.

Elli warf einen Blick durch die Windschutzscheibe. Tom, in der Tankstelle, schien eine Auswahl getroffen zu haben, zumindest stand er mit drei Bechern in einem Papphalter an der Kasse. Einen Moment lang beobachtete sie ihn, dann wandte sie sich wieder Lasse zu.

»Hast du eigentlich Angst?«

»Angst?« Er verbog seine Finger in Richtungen, in die Finger nicht verbogen werden sollten. »Panik trifft es eher. Weil … Ein Kletterpark klingt nicht unbedingt nach einem Ort, an dem ich freiwillig – Scheiße, ist heut schon Freitag?«

»Ja.«

»Das heißt, dass sie morgen …«

»… dass morgen alles vorbei ist, so oder so««, zitierte Elli den Brief.

»Scheiße«, wiederholte Lasse. »Was –«

Der Rest des Satzes ging in dumpfem Klopfen unter. Tom schlug mit dem Ellenbogen gegen die Tür, in der einen Hand schlenkerte eine große Bäckereitüte, in der anderen balancierte er den Pappbecherhalter. Elli drückte den Entriegelungsknopf, beugte sich rüber und öffnete von innen. Er lächelte dankbar, warf ihr die Tüte zu und stellte das Bechertablett auf seinem Sitz ab. Dann reichte er Lasse einen der Becher zwischen den beiden Vordersitzen hindurch. »Tee. Minze. Okay?«

»Willst du mich heiraten?«, schmachtete Lasse, der offensichtlich einen Schalter hatte, mit dem er zwischen Sorgen und Witzereißen hin und her springen konnte.

»Jederzeit, Honey, jederzeit!«

Elli fing Lasses verdutzten Blick auf und wünschte sich ebenfalls einen Ausschalter für das Gewirr in ihrem Kopf. »Ich hab dir doch gesagt, wenn er den ersten Kaffee hatte, dreht er auf«, erinnerte sie ihn. »Gib's zu, Tom, du hast drinnen schon einen getrunken.«

»Nur einen kleinen Espresso.«

Elli zwinkerte Lasse zu. »Siehste? Das Honey kannst du übrigens haben, aber Tom würd ich gerne behalten. Deal?«

»Ungern, aber … Deal.«

»Hey, ich steh neben euch!« Tom nahm einen weiteren Becher und drückte ihn Elli in die Hand. »Ich dachte, vielleicht willst du noch einen. Aber ich warn dich, der Kaffee hier verdient seinen Namen nicht. Echt, sie machen ihn mit Milchpulver. Pulver! Ich hab's genau gesehen. Nie im Leben war daran eine Kuh beteiligt, bloß Zucker und viele Es und naturidentische Milcharomen.«

Lasse pustete in seinen Tee. »Gibt es naturidentische Milcharomen?«, fragte er an Elli gerichtet.

Sie zuckte mit den Schultern, während Tom unbeeindruckt weiterlästerte. »Tipp von mir, Bro«, er nahm einen Schluck von seinem eigenen Kaffee und faltete sich ins Auto. »Wenn du irgendwann doch mal mit Kaffee anfängst, geh auf Nummer sicher: Espresso. Mit Milch geht's garantiert schief. Garantiert! Ich hätte es wissen müssen, sie haben nicht mal eine Siebträgermaschine, normalerweise …«

Elli hielt die ausgestreckte Hand über die Schulter und Lasse schlug ab. Tom unterbrach sich und rieb sich die Stirn. »Bin ich so schlimm?«

»Schlimmer!«, erwiderte sie und lächelte ihn strahlend an.

Lasse schnalzte mit der Zunge. »Aber mach dir nichts draus, sie ist keinen Deut besser als du.« Er wies mit dem Daumen auf Elli. »Du hättest sie vorgestern mal erleben sollen in dem Café, in dem wir uns getroffen hatten. Die arme Bedienung hätte ihr am liebsten vorgeschlagen, sich ihren Flat White selbst zu machen.«

»Das stimmt nicht, ich bin …«

»Ich kann's mir lebhaft vorstellen«, unterbrach Tom sie. Er grinste, nahm einen weiteren Schluck und stellte seinen Becher in der Mittelkonsole ab. Dann zog er die Tür zu. »Los geht's.«

»Ach. Du. Scheiße.«

»Mega!«

Lasse und Tom hatten gleichzeitig gesprochen. Selbst wenn sie die Stimmen nicht hätte auseinanderhalten können, hätte Elli sofort gewusst, wer was gesagt hatte.

Armer Lasse.

Die Jungs begutachteten die Strickleiter, die einen dicken Eichenstamm hinauf zu einer Plattform führte. Einer winzig kleinen Plattform; bei einem Menschen mit Schuhgröße 44 – wie Tom – würden die Hacken wahrscheinlich schon über den Plattformrand lugen, wenn er seine Fußspitzen an den Stamm stellen würde. Die Plattform ähnelte der, die auf Marilus Video zu sehen gewesen war. Eins plus eins ist zwei, dachte Elli. Minus dreihundertfünf. Plus siebzehn. Marilu ist ein Miststück.

Sie standen einer jungen Frau gegenüber, die sich ihnen als Jule vorgestellt und routiniert die Sicherheitsregeln runtergeleiert hatte, während sie ihre Klettergäste kaugummikauend begutachtete. Für Elli passte das nicht richtig zusammen: dieses professionelle Runterrattern und die unübersehbare Neugier. Als würde sie abchecken, wie die drei Marilus Überraschung aufnehmen würden. Was Lasse anging, musste sie nicht lange auf eine Reaktion warten. Schon beim Austeilen der Helme, Handschuhe und Gurte hatte er den letzten Rest seiner über Nacht wiedergewonnenen Selbstverständlichkeit verloren.

Und als Jule dann mit ihrem tätowierten Arm Richtung Plattform gewedelt und »Bitte sehr, da geht's los« gesagt hatte, mit einer gleichermaßen dunklen wie jubilierenden Stimme, schien sein mysteriöser innerer Schalter unumstößlich zur Sorgen-Seite gekippt zu sein.

Er mochte wie ein Model für Kletterpark-Werbefotos aussehen, mit seinen strubbeligen Haaren unter dem signalroten Helm, der Slim-Cut-Jeans, die zu warm für das Wetter war, und seinen nagelneuen Wanderschuhen – er *mochte* so aussehen, aber er war, eindeutig, hochgradig verängstigt.

Elli knuffte ihn liebevoll in die Seite. »Nie vergessen, Lasse«, murmelte sie. »Deine Schwester liebt dich. Sie ist ein Miststück, aber sie liebt dich. Und sie will nur dein Best…«

»Nicht witzig«, knurrte er.

»Sorry.« Elli strich sich das Haar hinters Ohr und wandte sich wieder der auffallend gut gelaunten Jule zu. »Und mehr hat sie wirklich nicht gesagt?«, erkundigte sie sich.

»Nope.«

Zum mindestens dritten Mal, seit sie das Gelände dieses Kletterparks betreten hatten, wunderte sich Elli darüber, dass ein derart übercooler Mensch wie Jule an diesem ausgestorbenen Fleck im hessischen Odenwald abenteuerhungrige Touristen von Baum zu Baum hetzte, statt selbst an einem Kletterfelsen in Portugal zu hängen oder beim Surfen auf Hawaii Wellen zu bezwingen.

»Nur, dass wir auf dieses Ding müssen?«, vergewisserte sie sich.

Jule nickte und malmte weiter an ihrem Kaugummi. »Und dann da rüber. Dort …« Ellis Blick folgte dem ausgestreckten Finger. »… hat sie nämlich einen *Hint* für euch deponiert.«

Von der Schuhgröße-44-Plattform aus führten zwei Drahtseile zu einer anderen, etwas größeren. Eines der Seile schien für die Füße zu sein, das andere verlief auf Brusthöhe und war wahrscheinlich als eine Art Handlauf gedacht.

Was bedeutete, dass man sich seitlich von der einen Plattform zur anderen hangeln musste – noch dazu, wenn Elli das richtig abschätzte, bergauf. Das ließ sich von unten schwer sagen, aber die zweite Plattform schien ein paar Meter höher angebracht als die erste.

»Mega«, wiederholte Tom begeistert. Elli registrierte, dass Jule ihn wohlwollend beäugte, und zog die Brauen hoch. So gern sie seinen Enthusiasmus geteilt hätte – sie könnte gerade nicht weiter davon entfernt sein. Stattdessen hatte sich ihr Hirn an einem der Worte festgebissen, die Jule gesagt hatte.

»Einen *Hint*?«

Jule kaute und nickte. Was machst du hier, wenn du dir eigentlich zu cool für den Job bist?, ätzte eine Stimme in Elli, aber ehe sie eine bissige Bemerkung fallen lassen konnte, schaltete Lasse sich ein.

»Warum«, fragte er, »können wir nicht gleich auf diese zweite … Station klettern, diesen *Hint* holen und uns den Rest sparen?«

Neben Elli seufzte Tom bedauernd. Sie blitzte ihn wütend an.

»Geht nicht.« Jule klang etwas kleinlaut. »Es gibt auf der Seite keine Leiter.«

»Wie, keine Leiter?«, pampte Elli. »Und wenn jemand

sich nicht weitertraut, nachdem er oder sie oben angekommen ist? Oder was, wenn jemandem schlecht wird?«

»Normalerweise gibt es natürlich eine, die wird aber
im Moment repariert. Eigentlich ist dieser Teil gerade geschlossen, aber eure Freundin hat so gebettelt …«

Jule wirkte plötzlich derart betreten, dass Elli ihr fast
verziehen hätte. Marilus Überzeugungskraft (Dr. Vervein
nannte es *Manipulationsfähigkeit)* war sagenhaft – sie
hätte ohne Weiteres ein Lamm dazu überreden können,
sich im perfekten Winkel vor dem Bolzenschussgerät des
Schlachters zu positionieren. Es war eine Leichtigkeit für
sie, sich den Zugang zu einem geschlossenen Kletterpar-
cours zu erschleichen.

Erneut nahm Elli die offensichtlich funktionstüchtige
Leiter in Augenschein, die von der ersten Plattform baumelte. Sie ähnelte dem Teil, das früher bei ihr zu Hause
vom Klettergerüst im Hinterhof gehangen hatte, gleich
neben der Schaukel. Statt des Kunststoffstricks, den die
Strickleiter ihrer Kindheit gehabt hatte, konnte dieses
Exemplar zumindest mit Drahtseilen aufwarten und
die Sprossen waren aus viel dickeren Rundhölzern ge-
fertigt. Trotzdem schwang sie zu frei und wirkte wenig
vertrauenswürdig.

»Seid ihr überhaupt TÜV-zertifiziert?«, platzte sie
heraus.

»Ob wir …? Natürlich!« Jule funkelte sie mit zusammengekniffenen Augen an.

Elli funkelte zurück. »Okay, Vorschlag: Du könnest uns
einfach sagen, was dieser bescheuerte *Hint* ist! Wir haben nämlich echt keine Zeit für solche Spielchen, wir
müssen …«

»Sorry.« Demonstrativ begann Jule, wieder auf ihrem Kaugummi herumzukauen. »Sie hat mich schwören lassen, dass ich euch nicht helfe. Keine Abkürzungen, kein Geschummel. Und ich weiß ja nicht, wie ihr drauf seid, aber ich halte meine Versprechen.«

Schwören, war ja klar.

Tom brummte, dann setzte er sich den Helm auf den Kopf und zurrte ihn unter seinem Kinn fest. »Kommt schon. Lasst uns das durchziehen, je länger wir hier stehen und diskutieren, desto länger dauert es auch.«

»Yes! Das ist der Spirit, den wir brauchen!«, lobte Jule.

Fehlte nur, dass Jule und Tom sich abklatschten. Fassungslos schaute Elli von der Klettertrainerin zu ihrem Freund. Der deutete erneut zu der Plattform, auf der Marilu diesen ominösen Hinweis versteckt hatte.

»Okay«, sagte er. »Wir holen also den *Hint.* Wie geht's dann weiter?« Die Vibration in seiner Stimme verriet Elli, dass das Adrenalin ihn bereits vollkommen im Griff hatte. Jule schien es ebenfalls zu bemerken; ein breites Grinsen huschte über ihr Gesicht.

»Dann kommt der Flying Fox. Und dann seid ihr auch schon fast durch!« Sie schenkte Elli einen Blick, der sie vermutlich beruhigen sollte. »Sie hat eine Minitour für euch zusammengestellt, auf dem mittelschweren Parcours, der hat nie mehr als zehn Meter. Na ja, außer am Ende, da sind es zwanzig.« Lasse japste, aber Jule schien gerade erst in Fahrt zu kommen. »Wenn ihr euch ranhaltet, dauert das eine Dreiviertelstunde. Maximal!«

Mühsam unterdrückte Elli den Impuls, Jule an die Gurgel zu gehen. Es ist nicht ihre Schuld, beschwor sie sich, sie kann nichts dafür. Das hier haben wir ausschließlich

Marilu zu verdanken. Sie seufzte, dann griff sie ebenfalls nach ihrem Helm. Jule streckte einen Daumen in die Luft.

»Top! Dann los. Übrigens hat sie nur für zwei gebucht, aber einer mehr oder weniger …«

Sie grinste Tom auf eine Art an, die Elli noch vor wenigen Tagen einen heftigen Stich versetzt hätte. Heute betrachtete sie Jules Geflirte, als ginge es sie nichts an – vielleicht auch, weil sie wusste, dass Toms Begeisterung für Extremsport nichts mit Jules Attraktivität zu tun hatte.

Gerade als Elli losmarschieren wollte zu der Leiter, die zur ersten Plattform führte, hörte sie hinter sich Lasses Stimme.

»Flying Fox?«

»Seilrutsche«, erklärte Jule. »Wir haben leider nur eine kurze, knappe neunzig Meter – für den Anfang ist das ganz nett, in Österreich gibt's eine, die ist über anderthalb Kilometer lang. Da wird's dann interessant.«

»Mega! Und da hängt man dann dran und fliegt über einen Abgrund?«

Langsam nervte Toms Begeisterung und seine dauernden »Megas«. Hatte er vergessen, warum sie hier waren? Sie hatten keine Zeit für Small Talk! Und merkte er nicht, dass Lasse nicht annähernd so begeistert war wie er selbst? Sogar Jule schien mittlerweile aufgegangen zu sein, dass Tom der Einzige war, der das Abenteuer, das sie ihnen anbot, wertschätzte. Darum richtete sie jetzt ihre ganze kaugummikauende Aufmerksamkeit auf ihn.

»Da schon! Wir haben mal einen Betriebsausflug hin gemacht, man fliegt regelrecht ins Tal. Mit bis zu 130 km/h, stell dir das mal vor!«

»Boah«, machte Tom.

Elli hätte ihm gerne zu dem neuen Wort gratuliert, verkniff es sich aber. Jule richtete sich jetzt ausschließlich an Tom und erzählte ihm ausführlich und beinahe entschuldigend, dass ihr *Flying Fox* viel kleiner, kürzer und langsamer sei und sie auch bloß über eine weite Lichtung rasen würden. Elli wandte sich frustriert Lasse zu. Der hatte den Helm vom Kopf gezogen und neben seinen Füßen auf den Boden gelegt.

»Warum?«, stammelte er. »Warum tut sie das?«

Nervös fuhr er sich durch die Haare, die danach noch störrischer abstanden. Elli hätte ihn gerne umarmt, so verloren wirkte er. Aber seine abwehrende Körperhaltung hinderte sie daran. »Weiß nicht«, erwiderte sie hilflos.

»Ich kann das nicht, Elli. Ganz ehrlich, ich kann das nicht!«

Sein Kehlkopf hüpfte auf und ab und seine marilufarbenen Augen schimmerten. Scheiß drauf, dachte sie, trat ganz nah an ihn heran und schlang die Arme um ihn. Es fühlte sich seltsam ungelenk an, zumindest so lange, bis er die Stirn auf ihre Schulter sinken ließ.

»Hör zu«, raunte sie. »Marilu weiß nicht, ob du mitmachst. Wichtig ist nur, dass wir finden, was sie versteckt hat. Und Tom …«, sie schnaubte liebevoll, »für den ist das das Abenteuer des Jahres. Wirklich. Bleib unten, wir machen das.«

»Aber du hast schon das Geländer für mich … und die Höhle, die Höhle hast du auch geschafft, obwohl du höllischen Schiss hattest.«

Aus seinem Mund klang es, als wäre sie total tapfer. Dabei war das nicht der Punkt. »Das ist nicht, weil ich mutig bin«, gestand sie. »Das ist, weil ich immer mache, was man mir sagt. Und das ist viel blöder, als zuzugeben, dass man Angst hat.«

Er kämpfte eine Weile gegen etwas an, das er sagen wollte, bis es aus ihm herausplatzte.

»Aber ich bin ein Mann und du …«

Vor lauter Überraschung hätte sie ihn fast von sich gestoßen. Abrupt zog sie ihre Schulter unter seiner Stirn weg, wich einen Schritt zurück und schaute ihn ungläubig an.

»Was soll der Scheiß denn bitte?«

Er wirkte wie ein ausgesetzter Welpe. »Ich …«, stammelte er. »Na ja, ich will halt nicht, dass du denkst, dass ich ein Loser bin oder … oder dass ich, weil ich schwul bin …«

»Du spinnst doch!« Elli setzte gerade an, ihm einen Vortrag über Gefühle und Klischees und Rollenbilder zu halten, als Jule ihre Fachsimpelei mit Tom unterbrach und auf sie zukam.

»Alles klar bei euch?«

»Er hat Höhenangst.«

Lasse funkelte Elli ärgerlich an.

»Höhenangst?« Endlich schien Tom das Ausmaß der Katastrophe, die diese Aufgabe für Lasse war, zu begreifen. Auch Jule riss erstaunt die Augen auf. »Sie hat mir nicht gesagt, dass jemand mit Höhenangst dabei ist. Wie schlimm ist es?«

»Richtig schlimm.«

»Dann kann er nicht mitmachen«, entschied sie. »Wenn er fällt …«

»Aber … Ich bin doch angeseilt!« Lasse schien das eisern durchziehen zu wollen.

»Trotzdem. Keine gute Idee.« Jule schüttelte vehement

den Kopf. »Ihr seid oben auf den Seilen für euch selbst verantwortlich, wenn da was passiert ... das kann ich nicht erlauben.«

Tom sprang ihr bei. »Sie hat recht, Lasse! Warum bleibst du nicht einfach hier und Elli und ich machen das?«

Lasse antwortete nicht, aber Jule schien erleichtert. »Perfekt. Dann geht ihr beide zusammen hoch, weil ... na ja, ihr müsst schon zu zweit sein, sonst klappt das mit dem *Hint* nicht.«

Zu zweit. Elli und Lasse. Marilu schien ihren Plan, Lasse mit seinen Ängsten zu konfrontieren und ihn dadurch genauso zu verunsichern, wie sie selbst täglich verunsichert war, perfekt durchorchestriert zu haben. Die Möglichkeit, dass sie jemanden in dieses irre Spiel einweihen würden, hatte sie allerdings nicht einkalkuliert. Jemanden, der Lasse retten würde, jemanden wie Tom.

Nur mich, dachte Elli, mich rettet keiner. Tom will unbedingt, Lasse würde gerne wollen, aber *mich* hat keiner gefragt, ob ich Lust dazu habe, an irgendwelchen Seilen über eine Wiese zu fliegen. Sie benehmen sich, als wär ich unsichtbar. Oder ... eben doch eine Superheldin.

Superheldin klang besser. Sie straffte sich, dann fiel ihr noch etwas ein.

»Und nach dem Flying Fox sind wir durch?«, hakte sie noch einmal nach.

»Fast«, berichtigte Jule. »Dann seid ihr auf der letzten Plattform und von da aus geht's mit einem Basejump zurück auf den Boden.«

Obwohl Elli bezweifelte, dass sie die Antwort hören wollte, stellte sie die Frage. »Basejump?«

»Gebremster freier Fall«, erklärte Jule. Toms Augen glit-

zerten und zu besseren Zeiten hätte sie sich für ihn gefreut, aber jetzt …

»Erst fliegen, dann fallen«, fluchte sie. »Scheiße, geht's
noch?«

Vor ihrem inneren Auge spielte sich Marilus Handy-Vi-
deo erneut ab, zum hundertsten Mal der Moment, in dem
Marilu rücklings aus dem Bild gekippt war, und sie erinnerte sich daran, dass jemand ihr geholfen haben musste.
Jule!

Die schien sich der Tragik nicht im Geringsten bewusst
zu sein, vermutlich hatte Marilu sie vollkommen einge-
sponnen in ihre Version der Wahrheit. Allerdings schien
ihr langsam aufzugehen, dass es immer mindestens zwei
Wahrheiten gab. »Sagt mal, seid ihr eigentlich freiwillig
hier?«, fragte sie misstrauisch.

»Mehr oder weniger«, knurrte Elli. »Und Marilu hat das
auch alles gemacht?«

»Sie hat es gefeiert! Hinterher hat sie gesagt, dass es sich
anfühlen würde wie an ihren besten Tagen. Hab's nicht
ganz verstanden, aber ich mochte sie, eure Freundin.«

»Und deshalb hast du ihre Tour gefilmt?«

»Klar, mach ich manchmal. Ein Kumpel von mir, hier
aus einem Nachbarort, der schneidet das dann mit dem
Handymaterial der Leute zusammen. Ist eine Megaerin-
nerung, die Leute lieben das! Kann ich für euch auch machen …« Sie brach ab, als ihr wieder einzufallen schien,
dass ihre Kundschaft heute anders war als sonst.

Für einen Moment war es still.

Elli tastete erneut nach der Sonnenuhr um ihren Hals
und atmete tief ein. Dann aus. Dann ein. »Okay, Jule«,
sagte sie schließlich. »Keine Ahnung, was dir Marilu er-

zählt hat, aber es geht hier um ziemlich viel. Bist du sicher, dass du diesen verdammten *Hint* nicht fix für uns runterholen kannst? Wir haben es wirklich eilig.«

»Alter!« Jule verschränkte die tätowierten Arme vor der Brust. »Kann mir mal einer von euch erklären, was hier los ist?«

»Es ist kompliziert«, murmelte Tom und stellte sich endlich dicht neben Elli. Die beäugte Jules muskulöse Arme. Eins der Tattoos stach besonders deutlich hervor – es wirkte frisch, ein Schriftzug.

Follow the stars.

Elli vergaß das Atmen. »Dein Tattoo«, keuchte sie.

»Welches? Das?« Jule leuchtete auf. Sie schien eine der Personen zu sein, die keine zwei Minuten schlechte Laune haben konnten. Oder sich Sorgen machen. Oder wütend sein. Stolz klopfte sie auf ihren Arm. »Ja wild, oder?«

»Wie lang hast du das?«

»Ein Jahr vielleicht? Eure Freundin ist da auch total drauf abgegangen. Nachdem sie es gesehen hat, hat sie die ganze Zeit gesungen. ›Follow the stars. As dark as the night might get, the stars will always be there …‹ So was in der Art, sie hatte eine schöne Stimme. Ist sie Sängerin? Sie sah irgendwie … besonders aus. Ist sie berühmt?«

Elli schaute Hilfe suchend zu Lasse hinüber. War Marilu in der Zwischenzeit berühmt geworden?

»Nö«, antwortete er. »Aber sie wär's bestimmt gern.«

Einen Augenblick lang wirkte Jule enttäuscht, dann lachte sie kehlig. »Na, jedenfalls hat sie gefragt, ob es mir was ausmacht, wenn sie sich das auch stechen lässt. Ich mochte sie, und hey, warum nicht? Ich hab ihr die Adresse von einem Kumpel gegeben, der hat ein Studio, zwei Orte weiter. Falls du auch ...«

»Nein danke.« Nie im Leben würde sich Elli ein Tattoo für Marilu stechen lassen. Jule grinste, als hätte sie sich das gedacht.

»Follow the stars«, wiederholte Tom dumpf. »Na dann. Können wir jetzt endlich rauf oder müssen wir warten, bis es dunkel wird und dann unter dem Sternenhimmel *Hints* suchen?«

»Keine Chance«, konterte Jule. »Wir machen um acht zu. Aber wenn ihr Lust auf Sternegucken habt: Ein Kumpel von mir hat eine Kneipe, Megabiergarten.«

»Lass mich raten, im Nachbardorf.«

»Knick, knack.« Jules lachendes Gesicht verschwamm vor Ellis Augen zu Marilus, die *Knick, knack* sagte, die sprang. Elli spürte, wie Tom neben ihr ebenfalls zusammenzuckte. Was mit Lasse los war, konnte sie nicht einschätzen – er hatte sich in die Knie sinken lassen und hypnotisierte den Waldboden. Jule deutete mit dem Finger auf ihn. »Der geht nicht mit!«, ordnete sie an. »Schwört es!«

Himmel! Elli konnte sich lebhaft vorstellen, wie sehr Marilu und Jule auf einer Wellenlänge lagen.

»Ich schwöre nie«, fauchte sie, und ehe sie sich über sich selbst wundern konnte, legte Tom ihr beschwichtigend den Arm um die Schulter.

»Ich schon«, versprach er. »Er bleibt unten.«

Und jetzt einklicken. Genau!«

Elli bezweifelte, dass sie ohne seine Unterstützung den Karabiner an der richtigen Stelle hätte einhaken können. Sie war vorhin bei der Einweisung viel zu sehr damit beschäftigt gewesen, Lasse zu beobachten. Glücklicherweise schien Tom Jules Ausführungen aufmerksamer gelauscht zu haben. Nachdem er Ellis Sicherung überprüft hatte, gab er ihr erst einen Kuss und dann einen Klaps auf die Schulter. »Und jetzt ab mit dir.«

»Muss ich?«

»Ich fürchte schon.«

Elli warf einen letzten Blick auf die schmale Plattform, die aus Holzbohlen direkt um den Stamm der Eiche herumgebaut war, dann einen nach unten. Wie kam es, dass es sich hier oben viel höher anfühlte, als es von unten ausgesehen hatte? Waren das wirklich bloß acht Meter? Lasse sah winzig aus, wie er da unten an einem Baum lehnte, aus seiner Wasserflasche trank und krampfhaft tat, als würde er nicht zu ihnen hochsehen. Ein paar Bäume neben ihm machte Jule sich an einer Strickleiter zu schaffen, ebenfalls sichtlich darum bemüht, ihnen das Gefühl zu geben, unbeobachtet zu sein.

Es gelang weder Lasse noch Jule: Elli spürte Blicke von überall. Sie seufzte, überprüfte ein letztes Mal den Sitz ihrer Handschuhe, des Gurtes und des Helms, drückte Toms Hand und schob sich auf das dünne Drahtseil, das in der Tat leicht nach oben lief und als Brücke hinüber zu der anderen Plattform diente. Der Plattform, auf der Marilu diesen *Hint* deponiert hatte, an den sie jetzt nicht denken wollte.

Schritt für Schritt schob sie sich seitlich hinüber, ohne die Füße von dem Drahtseil zu lösen, den Körper dem zweiten Seil zugewandt, das etwa auf Brusthöhe verlief. Sie umklammerte es mit beiden Händen, um sich aufrecht zu halten.

Das Seil unter ihren Füßen schwankte umso mehr, je weiter sie sich von ihrem Ausgangspunkt entfernte. Unsicher hielt sie inne.

»Lass los!«, rief Tom.

»Spinnst du?«

»Nicht das Seil natürlich! Ich mein: Geh mit der Schwingung mit, mach dich durchlässig, entspann dich.«

Wenn Elli etwas hasste, war es der Rat, sich zu entspannen. Als ginge das auf Knopfdruck!

»Fresse«, murmelte sie, gerade leise genug, dass er es nicht hören konnte. Ihr Gesicht allerdings schien Bände zu sprechen, denn Tom sparte sich tatsächlich weitere gute Ratschläge. Einen Augenblick verharrte sie in ihrer Position, unter sich metertiefe Leere. Auch ohne Höhenangst war es kein behagliches Gefühl, mitten in der Luft zu stehen. Sie schluckte, atmete und suchte ihre Balance. Als sie sie gefunden hatte, beruhigte sich auch das Drahtseil und sie wagte sich weiter Richtung der anderen Plattform.

»Du schaffst das. Nicht nach unten sehen«, erinnerte Tom sie. Als hätte sie das vorgehabt! Aber klar: Genau in dem Moment, als er es sagte, sackte ihr Blick zum Boden und … Bilder alter Zeichentrickfilme schossen ihr durch den Kopf, in denen die Figuren über Abgründe rasten und genau in dem Moment senkrecht nach unten stürzten, in dem sie begriffen, dass unter ihnen … nichts war.

»Verdammt, Tom! Hast du schon mal die Geschichte mit dem rosafarbenen Elefanten gehört, an den du auf keinen Fall denken sollst?«, regte sie sich auf. Aufregen war nicht gut, das Seil geriet unkontrolliert in Schwingungen.

»Sorry«, entschuldigte sich Tom. »Ich bin halt nervös.«

Was es nicht besser machte. Elli war so wütend, dass sie die beiden Seile nicht mehr parallel halten konnte. Das untere zog ihre Füße nach vorne, das obere riss ihre Hände nach hinten – oder war es umgekehrt? Plötzlich hing sie schräg zum Erdboden, und wenn sie nicht sofort …

»Hilfe!«, brüllte sie.

Am Boden kreischte jemand, zeitgleich erklang beruhigendes Gemurmel, dann hörte sie Jules Stimme, laut, aber gelassen.

»Bleib ruhig.« Sie schien sich direkt unter sie gestellt zu haben, doch Elli unterdrückte diesmal den Impuls, zu ihr hinabzusehen. Stattdessen konzentrierte sie sich darauf, nicht zu fallen und Arme und Beine samt der dazugehörigen Seile wieder zu koordinieren. »Dir kann nichts passieren, du bist angeseilt. Atme, ganz ruhig, und dann richte dich langsam auf.«

Wenn Tom das gesagt hätte oder Lasse, wäre Elli ausgerastet. Zu ihrem Erstaunen hatte Jules »Bleib ruhig!« allerdings tatsächlich eine beruhigende Wirkung. Und atmen hatte sie in den letzten Jahren bis zum Umfallen geübt. Also atmete sie. Es funktionierte – wenig später stand sie wieder aufrecht.

»Das machst du gut«, lobte Jule. »Stell dir vor, du würdest seitlich durch dein Zimmer laufen. Von der Tür zum Fenster.«

Elli gehorchte und schob sich vorwärts, seitlich, immer weiter und konzentrierte sich darauf, wie die Luft ihre Nasenflügel blähte und in ihre Lungen strömte. Es geschah von allein, sie brauchte nichts zu tun. Ihre Füße und Hände arbeiteten in einer Weise zusammen, die sie nicht verstehen konnte. Sie musste es auch nicht verstehen, nur atmen war wichtig.

Sonnenblick.

Ich lag im Bett und versuchte, nicht zu denken.

Was an sich schon falsch war. *Du musst gar nicht versuchen, nicht zu denken – es reicht vollkommen, wenn du dich auf deinen Atem konzentrierst,* hatte Tristan, der tatsächlich so hieß und den allmorgendlichen Meditationskurs leitete, mir gleich zu Beginn eingetrichtert. *Lass ihn kommen und gehen, es ist nichts weiter zu tun.*

Ich lag also im Bett, betrachtete meinen Sternenhimmel, ließ den Atem kommen und gehen, kommen und gehen. Im anderen Bett, an der gegenüberliegenden Wand, tat Marilu das Gegenteil: Sie hielt die Luft an.

Zumindest hatte sie das angekündigt, ehe sie ins Bett geklettert war. »Luft anhalten ist ein Zaubermittel«, hatte sie behauptet, um gleich einzuschränken: »Also, glaub ich. Ich bin ziemlich sicher, dass man dadurch Momente bewahren kann. Ich bin allerdings noch in der Testphase.«

»Testphase«, hatte ich geechot. Und Marilu hatte begeistert genickt. »Ich denk ganz fest an etwas furchtbar

Schönes, dann inhalier ich diesen Moment, und wenn ich ihn lang genug drinnen behalte, diffundiert er und wird ein Teil von mir. Auf die Art füll ich mich mit wundervollen Erinnerungen – zumindest ist das der Plan. Ich bin beinah sicher, dass es funktioniert. Ich muss nur ein bisschen üben. Aber cool, oder?« Und dann, ohne meine Antwort abzuwarten, hatte sie tief eingeatmet und nicht wieder aus.

Das war vierzehn Elli-Atemzüge her und noch immer war es drüben totenstill. Nach fünf weiteren wurde ich unruhig.

»Marilu?«, flüsterte ich.

Nichts.

Mein Atem stolperte, ich schwang die Beine aus dem Bett und durchquerte den Raum. Meine nackten Füße erzeugten ein saugendes Geräusch auf dem kühlen Linoleum. Nach drei Schritten war ich an ihrem Bett und schaute auf Marilu hinab.

Sie lag auf dem Rücken, in ihrer sogenannten Aufnahme-Position. Ihr Kopf ruhte mittig auf dem hellblau bezogenen Kissen, die Augen waren geschlossen, das Gesicht umwogt vom dunklen Chaos ihres Haares. Durch die Gardinen malte das Mondlicht die Schatten der Fenstergitter auf die Bettdecke.

Die sich nicht hob und nicht senkte.

Ich starrte auf das blasse Gesicht. Es war so reglos, wie ich es noch nie gesehen hatte. Marilu war immer in Bewegung, alles an ihr. Sie sprach mit ihrem Körper, den Händen, Haaren, wahrscheinlich sogar mit ihren Zehen! Und jetzt lag sie da, vollkommen still, und wirkte viel jünger, als sie war.

Wie lange atmete sie schon nicht?

Das Bild machte mir Angst. Es strahlte keine Ruhe aus, keinen Frieden, sondern Schmerz und Leere und … Trauer. Marilu wirkte wie ein Kind – aber nicht wie eines, das die Luft anhält, um schöne Momente zu sammeln, sondern wie eines, das alles daransetzt, schreckliche Momente nicht herauszulassen.

Unvermittelt begriff ich, dass es das war, was uns verband: Wir waren beide gefangen.

Ich, weil ich mir *einbildete*, dass etwas Gefährliches, Schwarzes in mir lebte, das, sobald ich die Kontrolle aufgeben würde, alle Menschen, die ich liebte, in den Abgrund reißen würde – Marilu, weil sie es von sich *wusste*. Sie wusste, dass in ihr etwas schlummerte, das sie beherrschen musste, um den Menschen, die sie liebte, nicht wehzutun.

Der Unterschied war, dass die Bedrohung in mir eingebildet war; die in Marilu war real.

Die Erkenntnis bohrte sich in mich und der Schmerz, den das auslöste, war alles andere als eingebildet. Ich keuchte auf.

Marilu fuhr hoch.

»*Holy shit*, Ellili!« Sie japste wie ein asthmatischer Hund nach einer Runde um den Block. »Was ist denn passiert?«

»Ich …« Was sollte ich sagen? Ich hab verstanden, dass du deine Krankheit lieber umarmen als wegstoßen würdest, weil du eigentlich ein Junkie deiner Highs bist? Dass ich selbst meine Tiefs stückweise, Baggerladung für Baggerladung, aufschütten kann, während du ständig Brücken bauen musst. Wankende Seile, die dich über deine Abgründe tragen? Dass du dich immer halten musst?

Natürlich nicht.

»Ich dachte, du wärst …«

»… kurz davor, eine wahnsinnig fantastische Erinnerung an die Macarons zu absorbieren, die mir meine Mutter geschickt hat? Al-ler-dings!« Sie wedelte mich fort von sich. »Hab nicht solche Angst, Ellili«, murmelte sie, während sie sich zurück auf ihr Bett sinken ließ. »Warum hast du eigentlich solche Angst?«

Falsche Frage, dachte ich, als ich zu meinem eigenen Bett zurückschlurfte. Die richtige wäre: Warum hast du keine?

»Yay!«, brüllte Tom von der anderen Seite.

Unten applaudierte Jule.

»Alter, wow!« Lasse, weit weg.

Elli sehnte sich nach der Zeit, bevor sie das Gefühl gehabt hatte, die Kontrolle zu verlieren; danach, dass nie geschehen wäre, was geschehen war und weshalb sie jetzt hier stand, auf diesem Seil in einem Wald mitten im Nirgendwo, und in ihr die Gewissheit wuchs, nicht nur um Marilus, sondern auch um ihr eigenes Leben zu kämpfen. Auf diesem Seil, nicht oben, nicht unten, gesichert, aber nicht sicher.

Und dann, völlig unvermittelt, dämmerte ihr, was Marilu ihr mit dieser Aktion mitteilen wollte.

Elli dachte an Marilus Brücken, das ständige Schwanken, und begriff, dass sie es geschafft hatte. Vorsichtig zog sie auch den zweiten Fuß auf die Plattform, spürte Erleichterung und etwas, was sie nicht benennen konnte, und hob den Daumen in Toms Richtung. Er nickte, hakte seinen Karabiner ein und hangelte sich zu ihr hinüber. Bei ihm sah es dermaßen einfach aus, dass Elli zwischen Genervtheit und Anbetung schwankte. »Gibt's eigentlich irgendwas, das du nicht kannst?«

»Verlieren«, konterte er nur noch wenige Meter von ihr entfernt. »Aber sonst?«

»Angeber.« Ein Teil von ihr schnaubte, ein anderer lachte, das Geräusch, das dabei herauskam, klang ziemlich witzig. Tom stieg grinsend zu ihr auf die Plattform und strich ihr über den Arm.

»Ich kann total viele Sachen nicht«, räumte er ein. »Aber wenn ich's nicht kann, lern ich's halt. Genau wie du gerade.«

Auch wieder wahr. Elli musste nicht in sich hineinhorchen *(Horch in dich hinein!)* – das Kribbeln, das ihren Körper überschwemmte, war nicht zu überfühlen. Dazu kam eine heitere Albernheit und das absurd unrealistische Gefühl, dass alles möglich war, sie jede Aufgabe lösen könnte. Selbst Marilu retten. Sie gab Tom einen übermütigen Kuss. »Du und dein *Everything goes.*«

»Nicht alles«, widersprach er. »Nicht alles.«

Sie lachte und schaute zurück zur Ausgangsplattform, die ein gutes Stück kleiner war und tiefer lag als die, auf der sie jetzt standen. Kurz freute sie sich über den Weg, den sie bereits zurückgelegt hatte, dann wandte sie sich zu der anderen Seite um, wo ein dickeres Drahtseil an einer Halterung befestigt war. Der Ausblick auf die Lichtung, von der Jule gesprochen hatte, war überwältigend. Das Seil führte von ihrem Baum am Waldrand aus über eine üppige Wiese, in deren sattes Sommergrün sich Blumen mischten, weiße und gelbe, soweit Elli das von oben sehen konnte. Sonnenlicht beschien die Seilrutschroute und alles erschien beinah unecht. Wenn sie es richtig ausmachen konnte, endete das Rutschseil erst bei den Bäumen, die das Ende der Lichtung markierten – an einer weiteren Plattform, wie Jule angekündigt hatte. Flying Fox, schoss Elli durch den Kopf. Und dann: Basejump.

Verwundert stellte sie fest, dass sie keine Angst hatte. Obwohl es *vernünftig* wäre, Angst zu haben. Logisch sogar. Trotzdem spürte sie nichts als das Kribbeln in ihrem Körper. Sie spürte, dass sie lebte.

Elli spähte hinunter zu Jule, die sich neben Lasse auf den Boden hatte fallen lassen. Sie musste ihm einen Kaugummi zugesteckt haben, denn auch er kaute, während er, den Kopf gegen den Stamm gelehnt, zu ihnen hinaufblickte. Zwei Gesichter, ihnen zugewandt.

»Und jetzt?«, fragte Tom.

Schlagartig lösten sich die Glückshormone auf. Sie war nicht hier, um sich lebendig zu fühlen, sondern weil Marilu damit gedroht hatte, ihr Leben aufs Spiel zu setzen. Das Leben eines Menschen, der mal ihre Freundin gewesen war. Es vielleicht noch war. Die ständig kämpfte, gegen sich selbst, die Medikamente, die Außenwelt, die Innenwelt. So verzweifelt, dass sie Menschen, die sie liebte, der gleichen Verzweiflung aussetzte. Um sich nicht allein zu fühlen, um verstanden zu werden. Und jetzt, da Elli sie in der Tat ein Stückchen mehr zu verstehen glaubte, und Lasse vermutlich eh und Tom vielleicht auch, ausgerechnet jetzt war Marilu nicht hier. Was für eine bescheuerte Idee, schimpfte Elli innerlich. Es wäre auch mit Marilu schrecklich gewesen, aber dass sie diesen Weg gehen mussten, ohne zu wissen, ob sie Marilu würden retten können, ohne irgendwas zu wissen, sich einfach ins Blaue hineinzufürchten … Was sollte das bringen?

»Keine Ahnung.«

Sie suchte den Stamm ab nach einem Umschlag, etwas Orangefarbenem, einem Zeichen, einem Stern, fand nichts, hakte schließlich frustriert den Karabiner aus dem Drahtseil und ließ sich vorsichtig auf die Plattform gleiten. Der Helm störte, sie nahm ihn ab und legte ihn neben sich. Nun lag sie flach auf dem Rücken, Blick zum Blätterdach, in ihrer bevorzugten Denkposition. So hatte sie den Umschlag auf dem Balkon gefunden, die Sterne an dem Höhlendach entdeckt und so hatte sie Marilu kennengelernt. Damals, auf dem Rücken in ihrem *Sonnenblick*-Bett liegend, im Blickfeld nichts als die Decke, die vor Marilus Intervention weiß gewesen war.

Als sie ein paar Tage später begonnen hatte, wieder zu sprechen, hatte sie Marilu erzählt, dass sie nur auf dem Rücken liegend denken konnte. Die hatte kurz nachgedacht und dann den Kopf geschüttelt – so vehement, dass ihre Haare getanzt hatten. »Das ergibt keinen Sinn«, hatte sie entschieden. »Wenn du so liegst, sackt doch das ganze Blut in die Rückseite deines Körpers! Aber all deine Sinne sind doch an der Vorderseite: Nase, Augen, Mund, Hände, Bauch …«

Bauch?, hatte Elli sich gewundert. Was war mit den Ohren? Und den Fingern? Die konnten auch im Liegen tasten.

Trotzdem hatte sie nicht widersprochen – weil sie generell nie widersprach, aber auch, weil Marilu absolut von ihrer Theorie überzeugt war. Wie um sie zu untermauern, lag Marilu am liebsten auf dem Bauch, wenn sie Probleme wälzte. Das Gesicht der Erde zugewandt. »Wenn man träumen will oder Dinge aufnehmen«, hatte sie Elli erklärt, als die sich ein Herz gefasst und nachgefragt hatte, »muss man nach oben gucken. Aber wenn man Dinge sortieren oder herausfinden will – Bauch. Eindeutig.«

Eine von vielen Marilu-Weisheiten, die auf Elli nicht zutrafen. Durch die Blätter – ein Gedicht in Grüntönen – konnte sie das lichte Blau des Himmels ausmachen. Das sanfte Wogen der Blätter hatte etwas Meditatives, aber um Marilus Art zu denken, nachvollziehen zu können, musste sie sich der Erde zuwenden. Selbst wenn die zehn Meter unter ihr lag. Sie warf einen letzten, sehnsüchtigen Blick nach oben, dann drehte sie sich widerstrebend auf den Bauch. Tom, neben ihr, wippte ungeduldig mit den Füßen. Die grob gezimmerte Plattform drückte gegen ihre Hüftknochen, ein weiterer Minuspunkt für diese Position. Elli wandte den Kopf nach rechts, das Holz kratzte leicht an ihrer Wange, vor ihren Augen spielten Sonnenstrahlen, warfen Streifen, Punkte, Wellen, eine Art umgekehrter Schatten der Blätter. Sie spürte, wie die Sonnenuhr sich in ihr Brustbein bohrte, und streifte die Kette über den Kopf. Legte sie, sehr vorsichtig, neben dem Helm auf den Holzboden.

»Sag mal, was soll das werden?« Sie versuchte, Tom anzuschauen, aber es gelang aus ihrer Position heraus nicht.

»Marilu hat immer … Ach egal. Moment noch.«

Sie stützte das Kinn auf das Holz und schaute in den Wald, bis ihr der Nacken wehtat, atmete die Momente aus Schatten und Licht ein, hielt die Luft an und überlegte. Und dann, ganz plötzlich, begriff sie.

»Kannst du mal meine Beine festhalten, bitte? Ich muss was ausprobieren.«

Es knarrte, dann tauchte Toms Gesicht neben ihr auf.

»Deine Beine?«

»Bitte.«

Toms Gesicht verschwand aus ihrem Blickfeld, als er aufstand. Sein Schatten fiel auf sie, dann spielten die Lichtblätter auf der linken Seite ihres Gesichts und der Boden, auf dem sie lag, schwankte leicht. Es knarzte wieder, als Tom eine Hand um jedes ihrer Fußgelenke legte.

»So?«

»Nee. Wart mal.« Elli strampelte sich frei und schob sich zum Plattformrand vor, bis sie nach unten gucken konnte. »Jetzt. Setz dich am besten auf meine Oberschenkel.«

Sie war sicher, dass er einen Hilfe suchenden Blick nach unten warf, denn in diesem Augenblick brüllte Lasse: »Scheiße, Elli! Was macht du denn da?«

Jule hingegen lachte rau und rief: »Warm!«

Warm? Im Ernst?

»Was wird das, El?« Toms Stimme klang mühsam beherrscht.

»Mach schon!«

»Ich mach gar nix, wenn du mir nicht erzählst, was –«

Bleib ruhig, ermahnte sich Elli. Er will dir nur helfen.

»Ich glaub, es ist dadrunter«, knurrte sie.

»Dadrunter? Wo?«

Himmel! Sie hatten keine Zeit! Musste sie wirklich alles erklären? »Jetzt mach einfach!«, wiederholte sie mit zusammengebissenen Zähnen.

Schweigen hinter ihr, Schweigen auch unten am Boden. Die Luft schien zu flackern. Dann schob sich der Helm in ihr Blickfeld, ein Friedensangebot. Elli stülpte ihn auf den Kopf, schnallte ihn fest und wartete, bis sie spürte, wie Tom sich auf ihre Oberschenkel sinken ließ und seine Hände um ihre Taille legte.

Ich liebe dich, dachte sie, sagte es aber nicht. Stattdessen versuchte sie zu verdrängen, wie klein dieses Holzding war, auf dem sie lag, dass sie nicht angeseilt war und dass Tom – hing wenigstens sein Karabiner noch an dem Drahtseil?

Sie zog die Handschuhe aus und reichte sie umständlich Tom. Dann umklammerte sie die Plattform und spähte auf die Unterseite.

»Krass!«, rief Lasse plötzlich. »Elli, da ist ein Umschlag!«

»Spielverderber«, murrte Jule – gerade laut genug, dass Elli es hörte. Genau wie Tom.

»Ich weiß nicht, woher Marilu diese Jule kennt und was sie mit ihr gemacht hat«, zischte er leise, »aber sicher ist, dass die *beide* nicht ganz rundlaufen.«

Elli grummelte zustimmend und klopfte leicht auf Toms Bein. Der verstand und lüpfte sein Gewicht ein klein wenig, sodass sie sich Zentimeter für Zentimeter nach vorne schieben konnte, bis auch ihre Arme über den Rand baumelten. Sie probierte, mit dem rechten Arm den Grund der Plattform abzutasten, aber etwas an dem Winkel, in dem sie ihren Arm biegen konnte, stimmte nicht.

Tränen schossen ihr in die Augen. Aus Wut oder aus Verzweiflung oder weil ihr klar wurde, dass sie deshalb unbedingt zu zweit hier oben sein mussten: weil sie mit dem gesamten Oberkörper nach unten hängen musste, um diesen Umschlag zu erwischen. Wenn Tom nicht bei ihr wäre, hätte sie die Wahl, selbst abzustürzen oder Marilu aufzugeben.

Aufgeben war keine Option – Fallen auch nicht.

Verdammt! Zwei Jahre lang hatte sie daran gearbeitet, sich nie wieder bewegungslos und handlungsunfähig zu fühlen. Sie hatte jeden Tag durchgeplant und sich an ihre Pläne gehalten, sie hatte auf ihren Körper geachtet, erreichbare Ziele gewählt und das Leben in kleine Schritte zergliedert. Und das alles, damit sie nun mit dem Oberkörper in schwindelnder Höhe schwebte, was das Gegenteil von Kontrolle war, das Gegenteil von Sicherheit.

Sie zog die Nase hoch und unterdrückte die Tränen. Sie würde nicht weinen, sie würde das durchziehen und Marilu finden und sie schütteln, genau wie Marilu sie selbst jedes Mal in die Realität zurückgeschüttelt hatte. Und dann begriff die hoffentlich, was sie angerichtet hatte und dass das verdammte Lithium das kleinere Übel war, auch wenn es ihre inneren Welten abflachte und grau färbte, aber das hier, *das hier!,* war keine Option.

Sie würde nicht weinen!

»Ich muss weiter nach vorne«, flüsterte sie.

»Auf gar keinen Fall«, widersprach Tom. »Viel zu gefährlich.«

»Du bist doch da«, sagte sie. »Du hältst mich fest.«

Toms Körper spannte sich an und kurz schwiegen sie beide.

Zum ersten Mal, seit sie hier oben waren, nahm Elli den Wind wahr, der über die Blätter strich. Hörte Toms Atem, als er mit sich kämpfte, hörte die Tränen, die sie nicht weinte, und die Wut, die sich zu einem glimmenden Ball in ihrer Mitte verknotete und darauf wartete herauszuströmen.

Unter ihr sagte Lasse etwas, sie verstand ihn nicht, es klang wie »wirhättendasdochsehenmüssen«, und dann

hörte sie ihn von sehr weit weg »sieistverrücktsieistver-
rücktsieistverrückt« murmeln und wusste nicht, ob er
Marilu oder sie meinte. Aber es war auch egal, denn sie
lag hier oben und musste jetzt was tun, und zwar schnell,
ehe der Mut sie vollkommen verlassen und ihrem Körper die Kraft ausgehen würde. Ungeduldig wackelte sie
mit den Hüften, um Tom daran zu erinnern, dass sie mit
seinem Gewicht auf ihrem Körper nicht die letzten Zentimeter nach vorne konnte, die ihr fehlten, um an diesen
verdammten Umschlag zu kommen.

»Ich muss ein Stückchen weiter!«

»Nein! Du kommst zurück. Ich mach das.« Er klang dermaßen entschlossen, dass Elli am liebsten frustriert los-
gebrüllt hätte.

»Machst du nicht«, fauchte sie stattdessen. »Ich mach
das und du hilfst mir gefälligst!«

Sie wusste, dass sein Mund aufklappte – aber er tat, was
sie verlangte. Das Gewicht auf ihren Beinen lüftete sich
ein wenig.

Sie schob sich über den Rand, so weit, dass die Schwer-
kraft an ihr zu zerren begann. Nahm wahr, wie er die Luft
zwischen den Zähnen einsog und sich erneut auf ihre Beine fallen ließ, als ihr gesamter Oberkörper über der Plattform hing. Der Rand schnitt in ihre Hüftknochen und es
kostete Elli irrsinnige Mühe, ihren Körper halbwegs stabil
und waagerecht zu halten.

Sie versuchte, sich zu erinnern, was ihre Sportlehrerin
ihnen über das *Planking* erklärt hatte, das sie im Unter-
richt mal hatten üben müssen. »Spannt die Muskulatur
eures gesamten Körpers an, stellt euch vor, selbst ein
Brett zu sein.«

Vorsorglich schloss sie die Augen, um nicht versehentlich nach unten zu blicken. Mit der linken Hand umklammerte sie den Rand der Ebene und stabilisierte dadurch ihren Körper, mit der rechten fegte sie über die Unterseite des Holzes. Kein Briefumschlag, soweit sie das ertasten konnte.

»Lauwarm!«, rief Jule. In diesem Moment fuhr ein reißender Schmerz in Ellis Finger. Sie keuchte und zog instinktiv die Hand zurück. Was war das? Ein Splitter? Ein Nagel?

»Kälter«, rief Jule fröhlich von unten, »kälter!«

Elli zischte, wegen des Schmerzes und weil sie nicht glauben konnte, was hier passierte.

»Sag mal, merkst du's noch?«, brüllte Tom zu Jule runter. Und dann, besorgt: »Alles okay, El?«

Sie schüttelte den Kopf und biss die Zähne zusammen.

»Aber ich schaff das.«

»Du musst das nicht schaffen, ich bin doch da, ich kann dir doch ...«

»Andere Seite, Elli!« Lasse schien aufgesprungen zu sein, der Hinweis kam direkt von unten. Sie ignorierte ihn trotzdem, denn wenn sie jetzt runterschauen würde, würde sie sich übergeben. Garantiert. Sie lockerte die Körperspannung, gestattete ihren Armen zu hängen, ihrem Kopf auch, und murmelte in Toms Richtung: »Lass gut sein. Du hilfst mir doch.«

Tom drückte die Hände zusammen, die um ihre Hüfte lagen. Bestätigend, versichernd. Elli zog die verletzte Hand vorsichtig vors Gesicht, schlug wider besseres Wissen die Augen auf und betrachtete den Finger. Ein langer Riss zog sich quer von der Wurzel des Zeigefingers bis zur

Spitze des Mittelfingers. Es sah vermutlich schlimmer aus, als es war, aber … es sah schlimm aus. Ihr wurde schwindelig. Blut lief zwischen ihren Fingern hinunter, ein Tropfen löste sich und fiel dahin, wo Lasse stehen musste. Ihr Blick fiel nun doch hinterher, all die Meter bis zum Boden, bis zu dem alten Laub, das die Steine bedeckte und die Erde und die Wurzeln. Sie schnappte nach Luft. Konzentrierte sich auf das verwaschene Rot von Lasses Basecap. Elli spürte die Übelkeit aufsteigen, kniff die Augen zusammen und presste die Lippen auf die blutenden Finger, zu schnell, um es eklig finden zu können.

Erstaunlicherweise half der Geschmack des Blutes gegen die Übelkeit. Sie konnte wieder denken.

»Andere Seite«, hatte Lasse geschrien. Logisch. Marilu war schließlich Linkshänderin. Elli wechselte die Position, hielt sich mit der rechten Hand am Plattformrand fest, befahl ihren Muskeln, sie zu halten, und begann zu tasten. Mit der linken diesmal und vorsichtiger. Das Holz schürfte die Haut an ihrem Arm auf.

»Bisschen weiter nach links!«, rief Lasse und dann, als sie den Arm bewegte: »Andere Seite, ich hab mein Links gemeint, sorry.«

Sie suchte, fühlte – und stieß einen erleichterten Schrei aus. Lasse jubelte ebenfalls. Elli wartete darauf, dass Jule »Heiß!« rufen würde, und registrierte dankbar, dass die ihre Lektion gelernt zu haben schien und stumm blieb.

Unter ihren Fingern spürte sie glattes Papier, ein wenig ausgebeult, etwas Schweres musste darin sein, an den Ecken ertastete sie die raue Struktur des Gewebetapes, von dem sie sicher war, dass es orangefarben war. Sie versuchte, ihren Arm so lang wie möglich zu strecken, ignorierte den Schmerz des groben Holzes an dem verwundeten Finger der Hand, die um den Rand der Plattform geklammert war, und ihre brennenden Muskeln, reckte sich ein Stückchen weiter und keuchte vor Anstrengung.

Toms Muskeln umspannten ihre Beine fester. »Elli, stopp. Hast du ihn?« Er klang, als hätte er die ganze Nacht lang seinen Lieblingsclub angefeuert.

»Ja«, presste sie hervor.

»Kriegst du ihn ab?«

»Muss ja.« Behutsam begann sie, das Klebeband abzuknibbeln. Es dauerte eine Ewigkeit, in der sie nicht atmete und wieder an Marilu dachte, wie die mit angehaltenem Atem Momente sammelte, und daran, dass ihr eigenes Nicht-Atmen nichts damit zu tun hatte, diesen Moment besonders bewusst wahrzunehmen, sondern ihn, im Gegenteil, möglichst wenig spüren zu wollen. Sie waren sich so ähnlich und dabei in allem komplett unterschiedlich.

Nach dem ersten Stück Klebeband ließ sie ihren Arm, der mittlerweile halb taub war, weil ihm die Blutzufuhr abgeschnitten war, baumeln, schüttelte ihn aus, hätte heulen können, fluchte stattdessen.

Toms Hände wanderten von ihrer Hüfte auf den Rücken, während Lasse sie anfeuerte. »Du hast es fast geschafft«, rief er hinauf. »Echt, du machst das so toll!«

Sie biss sich auf die Wangen, hatte keine Zeit für Angst und keine Energie zu reagieren, sie pulte und schabte und kratzte mit ihren Nägeln das Klebeband ab, und nachdem sie zwei Ecken befreit hatte, schob sie die ganze Hand unter den Umschlag und löste die letzten beiden Ecken.

Der Umschlag fiel, ihre Finger schnappten zu und sie hielt das verdammte Ding in ihrer Hand.

Sie hatte es geschafft! Mit links!

Jemand pfiff anerkennend. Jule vermutlich. Wenn sie wieder unten war, würde sie ihr eine Ohrfeige verpassen, die Jule nie wieder vergessen würde.

Tom stöhnte erleichtert, als sie ihm mit maximal verdrehtem Arm den Umschlag nach hinten reichte. »Warte, ich helf dir«, brummelte er, packte sie vorsichtig, aber beherzt an den Hüften und zerrte sie zurück auf die Planken. Als sie wieder komplett und sicher auf der Plattform lag, drehte sie sich behutsam auf den Rücken.

Sein Gesicht über ihr, seine Augen, Nase, Lippen, dann wieder seine Augen, bis er verschwamm.

»Nicht weinen«, flüsterte er. »Ich bin stolz auf dich. So, so stolz.« Er küsste ihre Nasenspitze. »Und ich bin sauer auf dich.« Er küsste ihre Wangen. »Und ich liebe dich. Sehr.«

Er strich ihre Tränen mit den Daumen weg und dann sickerte das alles auch in sie, der Stolz auf sich selbst, die Liebe zu ihm.

Erst als Tom sicher war, dass ihre Tränen versiegten, ließ er seinen Blick an ihrem Körper entlanggleiten.

»Oh, *shit*«, stieß er hervor. »Tut es sehr weh?«

Tat was sehr weh?

Ihr fehlte die Kraft, den Kopf zu heben, um herauszufinden, was er meinte. Stattdessen ließ sie ihre Aufmerksamkeit durch den Körper wandern.

Was fühlst du?

Die beiden Finger pochten, die Haut unter ihren Achseln brannte, als hätte jemand Schmirgelpapier darübergezogen, und ihre Hüftknochen fühlten sich an, als würde ihr Körper so viel Blau wie möglich dort sammeln.

»Geht schon«, murmelte sie. Es gab Momente im Leben, da half die Wahrheit keinem weiter.

»Alles okay da oben?«

Tom warf ihr einen letzten prüfenden Blick zu, eine steile Falte zwischen seinen Brauen, dann stand er auf, damit Lasse ihn von unten wieder sehen konnte. »Nicht wirklich«, antwortete er wahrheitsgemäß. »Jule?«

Elli hörte Schritte, während sie hinauf in die Baumkrone schaute, die letzten Tränen wegblinzelte, den Himmel suchte, der sich nicht verändert hatte. Immer noch vergissmeinnichtblau, friedlich, unwissend, allwissend. Erschöpft tastete sie nach der Sonnenuhr, die dalag, als wäre nichts geschehen, legte sie sich wieder um den Hals und ließ den Anhänger unter ihr Shirt gleiten.

»Sorry.« Jules Stimme klang belegt. »Als sie es erzählt hat und während wir es vorbereitet haben, kam es mir megacool vor, voll die gute Idee, aber … Ich fürchte, da hab ich mich …«

»Hast du«, unterbrach Tom sie scharf.

Einen Moment lang herrschte Schweigen und Elli stellte sich vor, wie Jule unten betreten auf ihrem Kaugummi herumbiss. Dann sprach sie wieder, offensichtlich zu Lasse. »Los, wir laufen rüber.« Und dann, mit klarerer Stimme, also zu Tom hoch: »Kommt runter. Wir warten beim Basejump auf euch.«

Tom brach in ungläubiges Lachen aus. »Nein«, wies er sie an. »Du wartest da drüben auf uns.« Überrascht rappelte Elli sich auf und sah, dass er zurück auf die andere Plattform deutete. »Und vorher holst du einen Verbandskasten aus deinem Büro. Und zwar fix.«

Elli bewegte ihre Finger und dachte, dass das eine gute

Idee sein würde. Und dann fragte sie sich, ob ihre Hand in der Lage sein würde, sich an diesem dünnen Drahtseil entlangzuhangeln.

Es gelang.

Seitlich schoben sie sich über die Seile zurück, gemeinsam, Tom direkt hinter ihr, ihr Rücken an seinem Bauch, seine Hände neben ihren. Er schützte sie mit seinem Körper für den Fall, dass sie die Balance verlieren sollte dank ihrer vertrauensunwürdigen rechten Hand. Aber es gelang: Sie erreichten die Schuhgröße-44-Plattform, unbeschadet, schwer atmend und – in Ellis Fall – zitternd. Schokolade, dachte Elli. Eis, Kuchen, Obst. Ich brauche Zucker.

Nun noch die Strickleiter.

Elli klickte die Sicherung aus, Tom tat es ihr nach, und auch wenn das der einzige Weg war, war es doch ein Fehler.

Auf der Hälfte der Strickleiter, die sie auf die gleiche Art hinunterkletterten, wie sie die Zipline bewältigt hatten – Tom voraus und auf diese Weise Elli schützend, Fuß neben Fuß und Tritt für Tritt auf den runden Sprossen hinab, die Hände an den seitlichen Drahtseilen –, hatten sie eine kurze Atempause eingelegt. Tom hatte von hinten einen Arm um Elli geschlungen, sie kurz an sich gedrückt und ihr ins Ohr geflüstert, dass sie es gleich geschafft hatten. Dann ließ er sie los, um eine weitere Sprosse nach unten zu klettern, löste den Fuß und griff gleichzeitig nach dem

Führungsseil. Es entglitt ihm. Aus dem Gleichgewicht gebracht, verfehlte sein Fuß das nächste Rundholz. Er rutschte ab, rang um Balance, tastete nach Elli, ließ sie aber sofort wieder los, um sie nicht mitzureißen.

Als er fiel.

Tom fiel.

Hättest du uns nicht vorher sagen können, dass dieser Kumpel von dir gar kein echter Arzt ist?«

»Natürlich ist er ein echter Arzt, bloß halt …«

»… einer für Tiere«, beendete Elli Jules Satz.

»Er war der Einzige, der mir auf die Schnelle eingefallen ist«, verteidigte sich Jule.

Und der Einzige, der nur fünf Minuten vom Kletterpark entfernt wohnte. Und gekommen war, obwohl er gerade Urlaub hatte. Immerhin schienen Menschen- und Tiermedizin nicht allzu weit voneinander entfernt zu sein, schließlich hatte der Tierarzt Toms Leben gerettet. Behauptete zumindest Jule und es klang aus ihrem Mund ungewohnt dramatisch. Vor allem weil der Arzt selbst – ein Typ mit elektrischem High-End-Mountainbike, Fahrradhelm und Dreiwochenbart – ziemlich unaufgeregt »Doa hoaschde awwer wirglisch Gligg kadd, dassde de Helm aufhatst« genuschelt hatte, als er Tom im Wald untersucht hatte.

Während Elli ein paar Sekunden gebraucht hatte, um zu begreifen, was der Arzt damit meinte, schien Tom den Mundart-Mountainbike-Doktor auf Anhieb verstanden und sogar gemocht zu haben. Zumindest hatte er widerstandslos zugelassen, dass der ihm mit einem kurz angebundenen »Unn jetz mol korz die Hackelscher zammenbeiße« die Schulter einrenkte.

Der Arzt murmelte Entschuldigungen im charmantesten Hessisch, dann fräste sich Toms Schmerzensschrei in Ellis Körper und überdeckte alles, was ihr jemals wichtig gewesen schien.

Der einzige Grund für sie, den Arzt nicht sofort die Unglücksleiter hinauf und von Plattform zu Plattform zu jagen, war Tom, der, als er wieder sprechen konnte, den Arzt nicht zusammenschlug, sondern rau »Danke« murmelte. Und sich dann zu Ellis großem Erstaunen weigerte, zum Röntgen ins Kreiskrankenhaus zu fahren.

Weshalb sie jetzt mit Jule und Lasse im Wartezimmer der eigentlich geschlossenen Tierarztpraxis saß und hoffte, dass der Mountainbike-Doktor die Platzwunde an Toms Hinterkopf, wo der Helm verrutscht gewesen war, ebenso sorgsam vernähte, als würde es sich bei seinem Patienten um einen sehr wertvollen Vierbeiner handeln.

Elli konnte sich nicht einmal darauf konzentrieren, den Stress wegzuatmen, weil der Geruch nach verängstigten Tieren, der in der Praxis herumwaberte, niederschmetternd war. Zur Ablenkung betrachtete sie die Stuhlreihen, die sich an den Wänden entlangzogen, an der ersten Wand drei Stück, an den beiden anderen je vier, jeder Stuhl aus grauem, unzerstörbar wirkendem Plastik. In den Zimmerecken standen große Pflanzenkübel mit Palmen in unterschiedlichen Vertrocknungsstadien. An den Wänden Gassi-Annoncen, Zeckenwarnplakate und Schutzimpfungs-Erinnerungen sowie ein großes Poster mit Hunderassen.

Vor dem Poster, zwischen zwei Stühle gequetscht, hatte sich Lasse seitlich an die Wand gelehnt und strich mit einem Finger über die Bilder, von oben links nach unten rechts, über Beagle, Labrador, Schäferhund, Pudel,

Retriever, Border Collie, Dackel – hoch konzentriert, als wollte er die verschiedenen Typen und Merkmale auswendig lernen.

»Ich wollt schon immer einen Hund«, murmelte er. »Wenn das hier vorbei ist, geh ich zu meinen Eltern und besteh drauf, dass ich einen kriege. Ganz ehrlich, diese ganzen Haar-Argumente sind doch Schwachsinn – ich mein: Wir haben eine Putzhilfe.«

Eine Putzhilfe. Ob seine Eltern jemals darüber nachgedacht hatten, dass auch Lasse Hilfe brauchen könnte? Nicht nur die Eltern zum Putzen, nicht nur Marilu zum … Unvermittelt überkam sie Mitgefühl mit dem Kind, das Lasse gewesen, und dem Jungen, der er geworden war.

Die Basecap hatte er in den Nacken geschoben, die herauslugenden Haare waren verschwitzt und sein Blick so wund, dass ihm seine Eltern garantiert ein ganzes Rudel Hunde kaufen würden, wenn sie ihn sehen könnten. Sie überlegte, ein Foto zu machen, um es ihnen zu zeigen, irgendwann, und um es Marilu zu zeigen, später, mit all der Verletzung und der Resignation, die er ausstrahlte. Der Gedanke an den Aufwand, den es bedeutete, ihr Handy zu suchen, und der Verdacht, dass darauf Nachrichten eingegangen sein könnten, die sie lieber nicht sehen wollte, hinderten sie daran.

Sie stützte die Ellenbogen auf den Knien ab und ließ sich nach vorne sinken. Tom war schon seit einer halben Stunde im Behandlungsraum und vor wenigen Minuten hatte Elli ihn lachen gehört, tief und entspannt, wie er es nur in guten Momenten tat. Seit diesem Lachen fühlte sie sich wieder freier – zumindest, solange sie nicht an die Wenns dachte.

Daran, was hätte geschehen können, wenn er den Helm nicht getragen hätte, wenn er ungebremst auf dem Kopf gelandet wäre, nicht knapp neben, sondern auf dem Stein. Wenn er drei Stufen weiter oben abgerutscht wäre. Wenn er nicht jung und sportlich und das Fallen und Wiederaufstehen gewöhnt gewesen wäre. Wenn sie jetzt nicht im Wartezimmer eines Tierarztes, sondern vor der geschlossenen Tür eines Notfall-Operationssaals sitzen würde.

Und alles, weil er sie hatte beschützen wollen.

Wegen einer harmlosen Fleischwunde zwischen ihren Fingern.

Wegen eines rostigen Nagels.

Wegen Marilu.

Sie musste laut mit den Zähnen geknirscht haben, jedenfalls legte ihr Jule, die neben ihr saß und nervös mit den Füßen wippte, beruhigend die Hand auf den Rücken.

»Keine Sorge. Der Doc ist wirklich gut. Er hat ein paar Semester Humanmedizin studiert, bevor er zu Tieren gewechselt hat. Und er hat ein Superequipment und gerade Nähte kann er auch – vielleicht sollte er sich deine Hand auch gleich angucken?«

Auf gar keinen Fall, dachte Elli. Heraus kam: »Gute Idee.«

»Super, ich sag's ihm gleich.« Jule sprang auf, so hastig, als wäre sie unglaublich dankbar, einen Grund zu haben, sich endlich wieder bewegen zu können.

»Ich glaub, ich versteh zum ersten Mal, warum Leute in Filmen an bestimmten Stellen einen Schnaps kippen«, meinte Lasse unvermittelt.

»Willste?« Jule stoppte auf halbem Weg zum Behandlungszimmer. »Ich wette, es gibt hier …«

»Er ist sechzehn«, fuhr Elli ihr über den Mund. »Und er steht nicht auf Drogen, er trinkt nicht mal Kaffee.«

»Oh?« Jule wirkte irritiert, sammelte sich aber schnell. »Okay.«

Sie stieß die Behandlungszimmertür auf und Elli konnte einen Blitzblick auf Tom werfen, der auf einem Behandlungstisch aus Edelstahl saß. Er wirkte noch etwas blass um die Nase, aber ansonsten heiter. Sein linker Arm lag in einer provisorischen Schlinge – darüber hinaus schien er unverletzt. Die Wunde am Hinterkopf war von ihrer Position aus nicht zu sehen. »Blous en Kratzer«, hatte der Mountainbike-Doktor gesagt, aber Elli hatte das Blut gesehen, das aus der Wunde getropft war, auf den Boden, sein T-Shirt, ihr Sommertop. Sie schluckte und wackelte vorsichtig mit den Fingern. Es puckerte. War das auch »nur ein Kratzer«?

Die Tür fiel hinter Jule ins Schloss.

Lasse fuhr zusammen, als wäre er weit weg gewesen, auf einem Spaziergang mit seinem neuen Hund vielleicht, der höchstwahrscheinlich kein Rassetier war, sondern ein neugieriger Mischling aus Bulgarien oder Rumänien, schon aus Prinzip und um seine Eltern zu ärgern. Er blinzelte verwirrt, dann tauchte er wieder ab in seine vermeintliche Hundefantasie.

Elli kramte in ihrem Rucksack, die Finger streiften den knisternden Brief, den sie ungelesen zwischen die Jacken gestopft hatte, den sie lesen müsste, dringend, schnell.

Aber sie konnte nicht.

Marilu war schuld daran, dass Tom gefallen war, und Elli war viel zu sauer auf sie, um sich jetzt mit ihrer unsäglichen Schnitzeljagd zu beschäftigen. Nicht, solange

Tom in diesem Sprechzimmer war. Sie griff an dem Brief vorbei und nahm nun doch ihr Handy, das noch auf lautlos gestellt war.

Das Erste, was ihr auffiel: keine Nachricht von Marilu. Dafür eine von ihrer Mutter von heute Morgen. Sie klickte darauf, las die beiden Zeilen, mit denen sie ihr einen schönen, spannenden und bestenfalls romantischen Tag mit Tom wünschte. Antwortete, dass es tatsächlich spannend sei und sie in einem Kletterpark gewesen seien. Hab euch lieb, Kuss und bis morgen. Senden.

Das Zweite: die Uhrzeit.

»Mist«, murmelte sie. »Ist es echt schon so spät?«

»›Zeit ist relativ‹, sagt Marilu.« Mit einem letzten sehnsüchtigen Blick riss Lasse sich von dem Hundeposter los und begann, unruhig durch den Raum zu wandern. »Wir hängen hier ja eh fest.«

»Stimmt.« Elli starrte auf ihr Telefon, eine weitere Nachricht ihrer Mutter. Daumen hoch, Winken, Kuss-Emoji. Dann wurde das Display wieder schwarz und fast fürchtete Elli, dass Marilu ihr Handy gehackt haben könnte, dass wieder ein Video aufploppen würde, bis ihr einfiel, dass Marilu kein Handy mehr hatte. Sie steckte ihres zurück in den Rucksack.

»Sag mal, als du ihr Handy durchstöbert hast, letzte Nacht … Hast du da irgendwelche Hinweise gefunden, die für uns wichtig sein könnten?«

»Quatsch, das hätte ich euch doch erzählt! Aber …«

Elli schaute ihn abwartend an. Geduld war nicht ihre Stärke, was angesichts der Tatsache, dass sie wochenlang bewegungslos im Bett gelegen hatte, einigermaßen ironisch war. Lasse durchquerte den Raum noch dreimal und setzte sich dann zu Elli. Er schien eine Entscheidung getroffen zu haben.

»Ihr Leben, seit sie ausgezogen ist, war ganz schön heftig.«

Elli schluckte, wollte nicht, fragte dennoch. »Inwiefern?«

»Sehr lange sehr dunkel. Sie hat Massen an Fotos gemacht und jedes davon sieht aus, als hätte sie es durch ein schwarzes Tuch hindurchfotografiert. Dann hat sie irgendwann eine Wand in ihrem Zimmer neonorange gestrichen und angefangen, megalange Spaziergänge durch die Stadt zu machen. Einmal ist sie zehn Stunden lang durch Frankfurt gelaufen, krass, oder?«

»Zehn Stunden? Woher weißt du das?«

»Na, die Zeiten und Ortsangaben auf den Fotos.«

Das war einleuchtend. Elli stellte sich Marilu vor, wie sie durch die Stadt pilgerte. Auf der Nase die überdimensionierte Sonnenbrille, die ihr halbes Gesicht verdeckte, in einem ihrer geliebten Flatterröckchen mit dem üblichen Top darüber, höchstwahrscheinlich in grellen Farben, die sich möglichst extrem bissen. Oder hatte sie eine der Schwarz-über-Schwarz-über-Schwarz-Phasen gehabt? Auf den Ohren hatte sie, garantiert und zu jedem Zeitpunkt, ihre geräuschabschirmenden Kopfhörer getragen. Vielleicht war sie gar nicht durch die Stadt gelaufen, sondern getanzt, überlegte Elli. Die Idee heiterte sie auf.

Lasses Gedanken schienen einen ähnlichen Verlauf zu nehmen. »Und die Musik! Keine Ahnung, was passiert ist, aber in diesen Wochen hat sie einen Scheißmusikgeschmack entwickelt.«

»Ehrlich? Ich mochte eigentlich immer, was sie gehört

hat. All die spanischen Bands und diesen Singer-Song-writer-Kram aus Schweden.«

»Ja, das war mal. Aber ihre aktuellen Playlists … Du willst es nicht wissen, glaub mir.«

»Will ich nicht?«

»Nein.«

Sie schluckte. Ich weiß so wenig. Warum hab ich zuge-lassen, dass ich so wenig weiß?

Selbstschutz, klärte Dr. Vervein sie ungefragt auf.

Ein nachdenkliches Schweigen breitete sich aus und diesmal war es Lasse, der es brach. Indem er sich mit der flachen Hand gegen die Stirn schlug.

»Sag mal, wo ist überhaupt der Brief? Hast du den?«

Der Brief. Elli seufzte, wühlte erneut in ihrem Rucksack, fischte den verhassten Umschlag heraus und betrachtete ihn argwöhnisch.

An drei der vier Ecken klebte das orangefarbene Tape, zerknittert und verschmutzt. Elli betastete den Umschlag, dann reichte sie ihn Lasse. »Mach du auf.«

»Sicher?«

Sie antwortete nicht, was »Ja« bedeutete.

Er riss den Umschlag auf und schüttelte den Inhalt gleich in Ellis Schoß.

Ein Schlüssel.

Elli verkniff sich ein Schnauben, von dem sie nicht mal wusste, ob es eher höhnisch, verzweifelt oder ungläubig sein würde. Stattdessen seufzte sie und griff nach dem Schlüssel – instinktiv mit der rechten Hand. Der Schmerz schoss bis in die Schulter, die leicht verkrustete Wunde an ihren Fingern riss auf und begann, wieder zu bluten, der Schlüssel klirrte zu Boden.

»Autsch!« Keuchend umfasste sie mit der linken die schmerzende rechte Hand.

Lasse saugte die Luft durch die Zähne, dann zog er ein Taschentuch aus seiner Hosentasche und reichte es ihr. Vorsichtig presste sie es auf die Wunde und wartete zusammengekrümmt, bis der Schmerz aus dem Arm zurück in ihre Hand wanderte und es sich dort gemütlich machte. Es tat so weh, dass sie sich fragte, ob ihre Verletzung Teil von Marilus Plan war, die Menschen, die sie »am meisten liebte« ihr Leben nachfühlen zu lassen. Ihr Leben als Linkshänderin. Da ihre rechte vorübergehend unbrauchbar war, bückte sie sich und hob den Schlüssel mit der linken auf.

Er war zu groß für Fahrrad, Schließfach oder Briefkasten. Keine Zacken, stattdessen Einkerbungen, Punkterhebungen, Bohrmulden und Rillen. Alles an ihm schrie überdeutlich »Ich bin wichtig!« und war garantiert nichts, was man ungeschützt in einen Umschlag stecken sollte.

»Was denkst du?«, wollte Lasse wissen.

Elli zuckte die Achseln und warf einen Blick zum Behandlungsraum, hinter dessen Tür Gelächter in drei Tonlagen aufbrandete.

»Der Schlüssel ist teuer.« Sie streckte ihn Lasse entgegen. »Ein Luxusappartement vielleicht? Eine Bank? Ein Bürogebäude? Ich hab keine Ahnung. Was schreibt sie denn?«

Lasse nahm ihr den Schlüssel ab, betrachtete ihn interessiert und ließ ihn schließlich in seine Hosentasche gleiten. Dann pulte er den Umschlag auf. Zum wievielten Mal das gleiche Spiel?

Elli fixierte die Tür, hinter der offensichtlich gute Laune herrschte, und dachte an Marilu. An die Marilu, mit der sie Nächte durchgelacht hatte, die sie gehalten hatte, wenn sie weinte, weil alles zu viel war, die einen scharfen Verstand hatte und mit der sie die tiefsinnigsten Gespräche über die Welt, das Universum und »Stranger Things« geführt hatte. Marilu, die sie bereits vermisst hatte, als sie noch nebeneinander auf dem Dach gesessen hatten, an dem letzten Abend in *Sonnenblick*, an dem Elli ihr die Sonnenuhr geschenkt hatte. Marilu, bei der sie sich seither nie wieder gemeldet hatte und die nun die ultimative Selbstaufgabe von ihnen verlangte. Eine Rachegöttin, schlecht getarnt unter einem Deckmantel aus Liebe.

Von wegen Liebe. Sie presste das Taschentuch, auf dem sich rote Flecken ausbreiteten, fester gegen die Wunde und rutschte näher an Lasse heran, um einen besseren Blick auf den Umschlag zu haben. Es fühlte sich gut an, Lasse zu spüren, vertraut.

Gestern Morgen hatte sie ihn irgendwie sexy gefunden. Seither war viel passiert, viel zu viel, und Lasses Anziehungskraft war verpufft – nicht weil er schwul war, sondern weil sie, zum ersten Mal überhaupt, das Gefühl hatte, dass Tom und sie wirklich zusammengehörten.

Lasse wich nicht zurück, wie er es gestern getan hatte, sondern hielt den Brief ein Stückchen weiter in ihre Richtung, bis sie gemeinsam lesen konnten.

Die Schrift war wie immer orange, aber verändert, weniger verschnörkelt, flüchtiger, hastiger.

Bruderherz, Ellili!

Ihr habt es fast geschafft, mich fast verstanden, mich fast gefunden, ich freu mich schon voll auf euch, wir

*werden ein Fest feiern, auf das Leben, auf das Leben!
Ihr habt gemeinsam die Zipline bezwungen, ich bin so
stolz auf dich, Bruderherz, so stolz!*

Elli spürte, wie Lasse sich neben ihr verhärtete, und sagte, ohne von dem Brief aufzusehen: »Ich bin auch stolz
auf dich, Lasse. Sehr.« Weil sie nicht sicher war, ob er begriff, was sie ihm mitzuteilen versuchte, fügte sie hinzu:
»Marilu ist die, die versagt, und zwar auf ganzer Linie
und schon seit Tagen. Du machst das toll, wirklich.« Und
dann: »Findet Tom übrigens auch.« Bildete sie sich das
ein oder entspannte er sich?

*Und jetzt beeilt euch, kommt mich finden.
Wenn ihr so schnell wart, wie ich erwarte, ist jetzt
Freitag, wenn ihr früh los seid, habt ihr genug Zeit, zu
mir zu kommen, zu den Sternen im großen B, ich liebe
die Sterne so! Ich wette, dass ihr keine Angst mehr
habt vor Höhen und Tiefen, sie sind nur so heftig, wie
ihr sie werden lasst, glaubt mir, und findet mich oder
findet mich nicht, dann ist es auch o. k., ich lebe das
beste Leben und ich werde nicht mehr stürzen, weil
ich fliegen kann, mein Geist fliegt und ich kann alles –
und wann ich nicht mehr kann, bestimme allein ich.
Die Zeit ist knapp, mein Leben hängt an einem Seil
und ich kann nicht länger warten, aber wenn ihr euch
beeilt, schafft ihr es – the clock's ticking, haha. Beeilt
euch, ich verspreche zu warten, bis die Sonnenuhr*

*Samstag schlägt, wenn ihr pünktlich seid, können wir
gemeinsam das Leben feiern.
Wenn nicht ... Wir werden sehen.
Ich liebe euch.
Beeilt euch.
Marilu*

*PS: Und jetzt viel Spaß beim Flying Fox und dem
Basejump, oh, der Basejump! Ich beneide euch.*

Einen kurzen Moment herrschte Stille und außer dem Gemurmel im Behandlungszimmer war wenig zu hören. Ellis Hirn versuchte, aus dem Geschreibsel einen Sinn herauszulesen, aber sie blieb hängen an dem Flying Fox, den sie verweigert, und dem Basejump, den sie ausgelassen hatten. An den Bildern von Tom auf dem Boden. An dem Blut und seinem schmerzverzerrten Gesicht.

Mit einem Schlag roch sie ihren eigenen Schweiß; Angstschweiß, der wenig mit Deo und viel mit animalischen Fluchtinstinkten zu tun hatte. Armer Lasse. Sie rückte ein Stück von ihm ab, stellte aber fest, dass auch er nicht nach frischer Dusche roch, was erstaunlicherweise beruhigend war.

»Ich versteh kein Wort von dem, was dieser Brief mir sagen will«, klagte sie.

»Ich auch nicht. Aber immerhin sind wir wieder im Zeitplan.«

»Na ja, halbwegs. Richtig früh ist es nicht mehr.«

Sie schaute über ihre Schulter aus dem Fenster. Die Sonne zeigte bereits erste Anzeichen von nachmittäglicher Trägheit. Das Licht, das auf den Parkplatz fiel, hatte das Grellweiß der Mittagsstunden verloren und trug die Samtigkeit nachmittäglicher Aprikose in sich. Elli gönnte ihren Augen einen letzten, sehnsüchtigen Moment, um die Bäume hinter dem Parkplatz zu bewundern, die mit jedem Meter zunehmend aneinanderrückten und sich schließlich zu dem Wald verdichteten, in dem vor nicht mal einer Stunde ihr Leben gedroht hatte, in sich zusammenzufallen.

Sie schluckte.

»Die Sterne im großen B?«, überlegte sie laut. »Was meint sie damit? Den Großen Bären vielleicht? Aber … hä? Glaubst du, sie ist jetzt völlig durchgedreht?«

Lasse reagierte nicht – er wirkte wie entrückt, seine Aufmerksamkeit schien wieder komplett auf das Hundeposter gerichtet zu sein. Zumindest starrte er es an.

»Lasse? Lasse!« Sie griff nach seinem Knie und rüttelte daran.

»Hab dich gehört«, brummte er. »Nix Bär. Berlin. Das große B ist Berlin.«

»Berlin? Bist du sicher?«

Sein Kopf sackte wenige Zentimeter nach vorne, was sie als Ja interpretierte. Sie unterdrückte einen Fluch. »Aber … Wie sollen wir denn nach Berlin kommen? Das ist doch ewig weit weg. Und was soll der Spruch mit der Sonnenuhr, die Samstag schlägt?« Sie legte die Finger ihrer unverletzten Hand Hilfe suchend um die Sonnenuhr an ihrem Hals, suchte nach der Oma-Energie, nach der Liebe und Ruhe, die das Schmuckstück jahrelang gespeichert hatte.

Vergeblich.

Sie spürte, wie die altbekannte Wut in ihr hochkroch und die Furcht vertrieb.

»Eine Sonnenuhr kann gar nicht schlagen, herrje«, knurrte sie. »Und selbst wenn sie es könnte, was dann? Verwandelt sich die Kutsche dann in einen Kürbis oder was? Pünktlich um Mi…?« Sie brach erschrocken ab. Kälte stieg in ihr auf, ein vertrautes Gefühl, das sie lähmte. Aber sie durfte sich nicht lähmen lassen.

Wenn das stimmte … wenn das stimmte, dann waren sie so was von gar nicht im Zeitplan. Dann bedeutete *Am Samstag ist alles vorbei* eigentlich *Freitagnacht um 24 Uhr* und die schlagende Sonnenuhr war nur ein Bild, eine Warnung.

Wenn ich es jemals tue, geb ich sie dir zurück.

Ellis linke Hand umschloss die Sonnenuhr, die nicht schlagen konnte, so fest, dass sich die beweglichen Erdachsen aus Edelmetall in ihre Handfläche bohrten.

»Die Uhr schlägt heut Nacht um zwölf Uhr Samstag.« Der Satz hallte in ihrem Kopf, im Wartezimmer, und die Worte, die ihm folgten, fegten wie ein stiller Hurrikan durch den Raum. »Und wenn wir zu spät sind, bringt sie sich um.« Die Erkenntnis prallte gegen die Wände, zerrte an den dürren Palmen, kratzte an der Tapete, riss an Plakaten und Postern, wirbelte und tobte – und mittendrin Elli und Lasse. Der ebenfalls endlich zu begreifen schien.

Er hob den Arm, bis seine Armbanduhr in sein Gesichtsfeld geriet, nah genug. Seine Lider flatterten, als er darauf schaute.

»Wie lang noch?«, hörte Elli sich fragen.

»Knapp neun Stunden.«

Sie hatten sich um das Auto gescharrt, mit dem Jule sie vom Kletterpark zur Tierarztpraxis verfrachtet hatte. Vom Wartezimmer aus hatte die Sonne nachmittäglich weich gewirkt, hier draußen, von allen Seiten verstärkt durch die Spiegelungen der Autos, brannte sie grausam. Elli spürte, wie ihr Körper Schweiß zu produzieren begann, noch mehr davon, und wünschte sich eine Dusche und dass die letzten vier Tage eine Fata Morgana gewesen wären – eine, wie sie über dem Asphalt an der Parkplatzausfahrt flimmerte. Der Brief in ihrer Hand war erschreckend real, leider. Ihre Hand war ungenäht, dafür desinfiziert und ordentlich verbunden. Toms Arm hing in der Schlinge, an seinem Hinterkopf klebte ein großes grellweißes Pflaster. Davon abgesehen, wirkte äußerlich alles in Ordnung mit ihm. Dennoch hatte der Mountainbike-Doktor auf strikter Bettruhe bestanden, weil er sich ziemlich sicher war, dass Tom mindestens eine leichte, eher eine mittelschwere Gehirnerschütterung hatte. Wie der Patient von der Praxis in Bad König in sein Bett in Mannheim gelangen sollte, hatte er nicht gesagt. Glücklicherweise hatten Lasse und Elli im Wartezimmer einen atemlosen Plan ausgetüftelt – den einzig logischen. Jetzt mussten sie lediglich Tom davon überzeugen.

Jules Augen wurden weiter und weiter, als Elli den Brief vorlas, während Tom mit geschlossenen Lidern lauschte, bis zum Ende. Er ließ sie geschlossen, als Elli von dem Fazit erzählte, das Lasse und sie gezogen hatten. Als sie verstummte, zog Tom blinzelnd mit seiner gesunden Hand die Basecap von Lasses Kopf und setzte sie sich selbst auf. Als die Cap das Pflaster streifte, stieß er einen Fluch aus, hielt kurz inne und öffnete die Augen erst, als er den

Schatten des Schirms auf seinem Gesicht spürte. Ein gequälter Ausdruck lag darin.

»Wir müssen nach Berlin«, wiederholte er.

»Jap«, bestätigte Lasse und strubbelte sich durch das verschwitzte Haar. »Wir bestellen ein Taxi zum Kletterpark, packen unsere Sachen und den ganzen Kram von Marilu aus deinem Auto in das Taxi um und lassen uns nach Frankfurt fahren. Da springen Elli und ich in den Zug, der braucht ein bisschen über vier Stunden, dann sind wir gegen halb elf in Berlin. Und du fährst weiter mit dem Taxi nach Mannheim, legst dich zu Hause ins Bett und kurierst dich aus.«

»Mit dem Taxi?«, echote Jule ungläubig. »Über Frankfurt nach Mannheim? Das kostet ein Vermögen!«

Lasse zuckte mit den Achseln. »Geld haben wir dank Marilus Casinotrip mehr als genug.«

»Casi…?«

»Frag nicht«, schnitt Lasse ihr das Wort ab. Jules Mund klappte gehorsam wieder zu.

»Und mein Auto?«, wollte Tom wissen. »Was ist mit meinem Auto?«

Sein Auto? Ernsthaft? Als ob es darum ginge! Die Frage musste eine Impulsreaktion gewesen sein, denn er schien keine Antwort zu erwarten. Sein vom Schirm der Kappe verschatteter Blick wirkte abwesend – der Arzt hatte ihm eine Menge der Schmerzmittel verabreicht, die Elli selbst rundheraus abgelehnt hatte. Sie musterte ihn forschend. Hinter der Abwesenheit in seinem Blick blitzte … Widerspruch. Oh nein!

»Wir lassen dein Auto am Kletterpark stehen, das geht doch, Jule, oder?«, schlug sie rasch vor. Ohne Jules Antwort abzuwarten, plapperte sie weiter. »Und holen es irgendwann nächste Woche, ich frag Papa, das ist gar kein Problem! Das Wichtigste ist, dass du …«

Tom schloss die Augen erneut, als würde das grelle Sonnenlicht ihm extreme Schmerzen bereiten. Oder als würde er nur mit Mühe die Kontrolle über seine Gefühle behalten können. »Vergiss es. Ich lass dich nicht allein.«

Lasse schnaubte ungläubig. »Das ist echt nicht der Zeitpunkt, den Helden zu spielen, Alter. Du musst nach Hause! Weißt du eigentlich, was für ein Glück du gehabt hast? Du hättest draufgehen können!«

»Weiß ich. Trotzdem.«

»Tom.« Elli legte alle Autorität, die sie aufbringen konnte, in ihre Worte. »Ich will dich nicht weiter mit reinziehen und außerdem haben wir keine Zeit für Diskussionen. Wenn wir Marilu nicht bis Mitternacht gefunden haben, dann …« Ihre Stimme brach auf eine komische Art, als sie die Ader bemerkte, die an Toms Schläfe pulsierte, violett unter der blassen braunen Haut.

Er streckte die Hand nach Elli aus, seine unverletzte rechte, und Elli ergriff sie ebenfalls mit ihrer unverletzten und betete, dass er begreifen würde, was auf dem Spiel stand und dass er ins Bett gehörte, in sein großes, gemütliches Bett, in dem sie jetzt auch gern liegen würde, bis alles vorbei war. Bis alles nie geschehen sein würde.

Leider wurden ihre Gebete nicht erhört.

»Elli«, beschwor er sie leise. »Hör auf, mich wie einen weltfremden Idioten zu behandeln. Ich lass mich nicht einfach aus deinem Leben schubsen. Und wenn das hier gerade dein Leben ist, ist das halt so.« Er kniff die Augen zusammen, als ob er sich nur mit allergrößter Mühe konzentrieren konnte – oder als ob das, was er sagen wollte, von allergrößer Wichtigkeit war. »Ich sag's dir jetzt noch einmal, okay? Wir gehören zusammen, und solange ich dich zumindest mit einem Arm festhalten kann, dann werde ich das tun. Ich lass dich mit diesem Horror nicht allein – und Punkt.«

Und Punkt.

Elli schluckte und drückte seine Hand. Dann wandte sie sich Jule und Lasse zu, die den Anstand gehabt hatten, so zu tun, als würden sie sich mit etwas anderem beschäftigen.

»Okay«, sagte sie. »Dann los. Wir haben nur ein bisschen mehr als acht Stunden. Wir müssen diesen Zug kriegen, damit wir rechtzeitig nach Berlin kommen. Und auf dem Weg müssen wir rausfinden, was das für ein Schlüssel ist – Berlin ist riesig, ich weiß gar nicht, wie …«

»… oder wo genau«, fügte Lasse hinzu.

»Moment«, hakte Tom nach. »Versteh ich das richtig: Wir wissen zwar grob, wo, aber nicht, wo *genau* wir sie suchen müssen?«

»Klar wissen wir das. Hat sie doch geschrieben: *Bei den Sternen!*«, schaltete sich Jule ein.

Ehe Elli sich zur Vernunft rufen konnte, platzte der Ärger, der einzig Marilu galt, aus ihr heraus.

»Die Sterne, falls es dir noch nicht aufgefallen ist, leuchten überall«, fauchte sie.

Sie selbst wäre an Jules Stelle auf der Stelle umgedreht, in ihr Auto gestiegen und hätte sie allesamt auf diesem kochend heißen Parkplatz stehen lassen. Aber Jule schien die Coolness nicht bloß auszustrahlen, sondern zu leben.

»Weiß ich«, erwiderte sie gelassen. »Aber das meint sie nicht.«

»Meint sie nicht?«, wiederholte Lasse.

»Was denn dann?«, schob Tom hinterher, Ellis Hand noch immer fest umklammert.

»Eine Sternwarte. Wir hatten darüber gesprochen, oben, bevor sie den Flying … Ist ja auch egal. Jedenfalls hat sie mir eine Adresse genannt, falls ich mal Sterne gucken will, hat sie gesagt, dann wär das der weltbeste Ort dafür.«

»Sie hat dir eine Adresse gegeben?«, vergewisserte sich Elli. »Wo du zum Sternegucken hinsollst?«

Jule klopfte bestätigend auf ihre Hosentasche, in der ihr sperriges Outdoor-Handy steckte. »Hab sie in den Notizen abgespeichert.«

»Ausgerechnet in Berlin?« Lasse schien ebenso überrascht. Tom stöhnte gequält, schwieg aber.

»Yes.« Jule strich über ihr *Follow The Stars*-Tattoo.

Etwas an dieser Bewegung ließ Ellis Wut verfliegen. Sie betrachtete Jule und fragte sich, was hinter den Tattoos und der Attitüde lag, entdeckte Sommersprossen und eine leichte Gänsehaut auf den Armen, und fand die Antwort in Jules hellen graugrünen Augen, als die sie direkt ansah. Mit einem Mal verstand Elli, warum Marilu ausgerechnet diese junge Frau ausgesucht hatte, um ihren Plan in die Tat umzusetzen: Auch Jules Seele war gebrochen. Genau wie Marilus, genau wie Ellis. Eine kleine Weile lang hielt Jule der entlarvenden Musterung stand, dann räusperte sie sich.

»Jedenfalls: Das mit dem Zug ist eine Scheißidee. Stellt euch vor, der hat Verspätung. Oder irgendwas ist. Mensch, seid ihr in letzter Zeit mal Bahn gefahren?«

»Du hast leicht reden«, schaltete Lasse sich ein. »Was sollen wir denn machen? Tom kann in seinem Zustand garantiert nicht fahren und Elli und ich haben keinen Führerschein.«

»Aber ich. Und jetzt rein mit euch. Klimaanlage ist nicht, aber wenn wir ein bisschen Gas geben, sind wir auf jeden Fall schneller als die Bahn. Du allerdings«, das ging in Toms Richtung, »solltest hierbleiben. Ich finde diese Romantiknummer von wegen ›Ich lass dich nicht allein, wir gehören zusammen‹ zwar herzerweichend, aber es wär wirklich klüger, wenn du im Gasthaus bleiben würdest, das geht bestimmt, die Tochter der Besitzerin ist eine …«

»… Kumpelin von dir?«, vollendete Lasse fassungslos.

»So was Ähnliches.«

»Vergiss es.« Tom zog Elli näher an sich. »Ich fahr mit.«

»Tja. Deine Entscheidung.« Jule kramte in ihrer Hosentasche und die Autotüren entriegelten sich. »Dass du einen unverwüstlichen Dickschädel hast, hast du ja heut schon eindrucksvoll bewiesen.«

Schneller als mit dem Zug waren sie nicht, aber alles in allem auch nicht viel langsamer. Jule fuhr sicher, obwohl sie erst seit eineinhalb Jahren den Führerschein hatte, wie Elli mittlerweile erfahren hatte. Auch dass sie ihn extra früh gemacht hatte, damit sie gleich an ihrem Achtzehnten ins Auto steigen konnte. Auf dem Land sei man ohne Führerschein aufgeschmissen, hatte sie erzählt, und von ihren älteren Brüdern, die auf Feldwegen mit ihr fahren geübt hätten, von ihrer ebenso idyllischen wie einengenden Jugend auf dem Dorf, den Abenteuern im Wald, dem unbedingten Zusammenhalt, der anstrengenden Sozialkontrolle.

Lasse und Elli, beide Großstadtkinder, hatten aufmerksam gelauscht, während Tom geschlafen hatte. Eingerollt auf der Rückbank, den Kopf auf Ellis Schoß. Ein paarmal war Elli mitten im Gespräch ebenfalls weggedämmert, aber sobald Jule bremste oder überholte, war sie wieder hochgeschreckt. Was häufig vorkam, denn es gab zwar für einen Freitagabend erstaunlich wenig Verkehr, dafür aber extrem viele Baustellen.

Mittlerweile war es zehn vor elf und sie standen im Stau, irgendwo zwischen Potsdam und Berlin. Die Autoschlange quälte sich langsam auf dem einzig freien Fahrstreifen an einer weiteren Baustelle vorbei, durch die geöffneten Fenster drang staubige Sommernachtsluft ins Auto – und Abgase, die einen metallischen Geschmack in Ellis Mund hinterließen. Ihre Wasserflasche war längst leer. Sie verlagerte ihr Gewicht nach vorne, vorsichtig, um Tom nicht zu wecken, der so tief schlief, dass sie gelegentlich prüfend ihre Hand auf seinen Brustkorb gelegt hatte, um sicherzugehen, dass er atmete.

Sie wackelte mit den Zehen, um zumindest etwas Blut in ihre Beine zu befördern, die durch Toms Gewicht eingeschlafen waren, und tippte Jule vorsichtig auf die Schulter.

»Hast du zufällig noch einen Kaugummi?«

»Handschuhfach.«

Lasse öffnete die Klappe, förderte eine runde Plastikdose zutage und hielt sie Elli hin. Leicht und natürlich, als würden sie sich alle schon seit dem Kindergarten kennen. Ungeschickt öffnete sie mit ihrer unverletzten Linken die Dose und schüttelte einen heraus, dann einen zweiten, und schob sie in den Mund. Der metallische Geschmack wich scharfem Eukalyptus.

Das Auto rollte zäh durch den Stau.

Sie waren sich nah gekommen in den letzten Stunden, alle bis auf den schlafenden Tom. Jule hatte nicht nur geredet, sondern auch viel gefragt, nach Marilu vor allem. Lasse und Elli hatten abwechselnd erzählt, anfangs, um Jule wach zu halten, dann, weil ihnen immer mehr Marilu-Geschichten eingefallen waren. Wie sie auf die Träger der Osthafenbrücke geklettert war und von dort aus ein Riesenplakat entrollt hatte, auf dem nichts zu sehen gewesen war, um gegen Kapitalismus zu protestieren. Wie sie eine Lkw-Ladung Blumen bei einem niederländischen Großhändler bestellt hatte, weil sie den Frühling vermisste. Die Sache mit den orange bekritzelten Geheimbotschaften unter der Tapete und, noch einmal, die, als sie ein neongrünes Gespenst für die Gleichheit gewesen war.

Nachdem Jule ihre eigenen Erfahrungen mit Marilu beigesteuert hatte, das Sprudeln, das »positive Durchgeknallt-Sein«, wie sie es nannte, waren sie wieder bei den schwarz verschleierten Fotos gelandet und Lasse hatte von Tagen und Wochen berichtet, in denen seine Schwester das Bett nicht verlassen hatte. Bei dem Stichwort hatte Elli – nachdem sie sich vergewissert hatte, dass Tom noch schlief – von *Sonnenblick* erzählt und Jule war nicht zusammengezuckt. Sie hatte ihr lediglich durch den Rückspiegel einen Blick zugeworfen – verständnisvoll, zumindest war es Elli so vorgekommen. Seit ein paar Kilometern schwiegen sie, wahrscheinlich grübelten alle über das Gleiche: Was würde sie in Berlin erwarten? Würden sie Marilu retten können?

Wenn die App recht hatte (und vorausgesetzt, dass Jule richtiglag mit ihrer Vermutung und die Adresse der Sternwarte stimmte), würden sie gerade noch pünktlich ankommen. Dann würde der Schlüssel dort in irgendein Schloss passen, falls nicht … Nein, das war keine Option. Es musste stimmen, es musste einfach. Für Irrtümer hatten sie keine Zeit.

Die Digitaluhr in der Mittelkonsole zeigte, in Blau, die Zahlen 2, 2, 5, 4 an. Dazwischen ein Doppelpunkt. Zweiundzwanzig durch vierundfünfzig, dachte Elli. Zu schwierig gerade für ihre Kopfrechenkünste, außerdem war Rechnen was gegen Panikattacken und Ängste, aber sie fühlte sich nicht panisch und nicht mal ängstlich. Überrascht lauschte sie in ihren Körper. Eher erschöpft und angespannt. Kurz flammte der Impuls auf, die Zahlen ins Handy zu tippen, weil sie den Verdacht hatte, dass das Ergebnis eine bestimmte Magie in sich tragen müsste. Der Moment verflog, die Erkenntnis, dass sie sich in einer emotionalen Extremsituation befand und sich trotzdem unter Kontrolle hatte, blieb.

»Sind wir bald da?« Tom sprach so undeutlich, dass Elli ihn kaum verstehen konnte.

»Fast.« Sanft strich sie ihm über den Kopf. Er ächzte gequält. Erschrocken zog sie die Hand zurück. Vorsichtig richtete er sich auf. »Ich fühl mich, als wär ich gegen einen Laster gerannt«, nuschelte er.

Ich hab dich gewarnt, verkniff sich Elli zu sagen, schüttelte einen weiteren Kaugummi aus der Dose und reichte ihn Tom.

»Danke.« Er ruckelte an seinem Gurt, der sich beim Schlafen völlig verdreht hatte, griff ihre Hand und schaute konzentriert nach vorne. Der Verkehr floss wieder, der Tacho zeigte die erlaubten 80 km/h plus ein paar mehr, Berlin kam näher. Im Rückspiegel erneut: Jules Blick.

»Guten Morgen, Dickschädel«, begrüßte sie Tom.

»Den Spitznamen kannst du dir gleich wieder abgewöhnen«, grummelte er.

Lasse lachte auf und daran, wie froh sie über das Kieks-Glucks-Geräusch war, merkte Elli, dass es sein erstes Lachen seit Stunden war. Mindestens seit sie Bad König verlassen hatten.

»Sei froh, dass sie dich nicht Dickhead nennt«, frotzelte er. Er drehte sich auf dem Vordersitz zu ihnen um und betrachtete Tom, der zerknautscht und verstrubbelt war. »Du siehst Scheiße aus, Alter«, stellte er fest. »Müssen wir dich in einem Krankenhaus abliefern, wenn wir im ›großen B‹ sind?«

»Auf keinen Fall«, schaltete sich Jule ein. »Nicht, bevor wir Marilu gefunden haben.«

Woher kommt dieses »Wir« plötzlich?, wunderte sich Elli. An welchem Punkt war Jule Teil dieser Verschwörung geworden? Mit Toms Sturz? Als sie ihnen das Auto angeboten hatte? Oder schon viel früher, als Marilu sie für ihre Schnitzeljagd instrumentalisiert hatte? Und wann hatte Elli begonnen, Jule nicht mehr als ein cooles Ausstellungsstück wahrzunehmen, sondern als eine ... Person, die eine Freundin werden könnte? Konnte das so schnell gehen?

Seit Marilu und der Sache mit Caro hatte sie viele Leute kennengelernt, aber keine tiefen Freundschaften mehr geknüpft, nicht mal an ihrer neuen Schule. Es gab Menschen, mit denen sie gerne Zeit verbrachte, aber es gab keinen, der die wahre Elli kannte, keinen, dem sie von *Sonnenblick* erzählt hatte. Bis vor wenigen Stunden nicht mal ihrem eigenen Freund, mit dem sie seit eineinhalb Jahren zusammen war. Und jetzt kannten gleich drei Personen ihre echte Geschichte, na ja, in Auszügen, in kleinen Auszügen, aber immerhin.

Ein großartiger Fortschritt, würde Dr. Vervein sagen und Elli würde ihr widerspruchslos zustimmen.

Und das, obwohl Marilus krankes Spiel um ihr Leben den letzten Rest von Ellis Glauben an Freundschaft gewissenhaft zerstört hatte; denn das, was Marilu Liebe nannte, war das absolute Gegenteil dessen, was Liebe für Elli bedeutete.

Dennoch: Die letzten Tage hatten jeden einzelnen Punkt auf Marilus Liste zerstört und untermauert. Elli hatte das Leben, die Liebe, die Freundschaft gespürt. *Sich* wieder gespürt.

Ein Widerspruch, den sie gerade nicht auflösen konnte.

»Hier?«, fragte Lasse. »Bist du sicher?«

Jule wies wortlos auf ihr Telefon, das in der Halterung stand und »Sie haben ihr Ziel erreicht!« blökte.

»Eine Sternwarte hab ich mir anders vorgestellt«, murmelte Tom.

»Ach, wie denn?«, erkundigte sich Jule.

»Na ja, geheimnisvoller und … einsamer auf jeden Fall. Auf einem Berg oder mit einer Kuppel – oder halt so pyramidig wie das Planetarium bei uns in Mannheim.«

Elli spähte durch die Seitenscheibe des Autos an dem Doppelgebäude hoch, vor dem sie standen: ein gigantisch hoher Komplex, der aus zwei Häusern bestand. An drei Stellen waren die beiden Türme durch Glasgänge miteinander verbunden, einmal im – sie zählte – vierten, einmal im zwölften und das dritte Mal im sechzehnten Stock. Darüber noch einmal vier Etagen, bis zu den Dächern, auf denen jeweils eine Leuchtreklame prangte. Teleskope konnte sie nirgends ausmachen.

Im Gegensatz zu Tom war sie nie in einer Sternwarte gewesen, aber sie fand es genauso sonderbar wie er, dass das hier eine sein sollte.

Brauchten Astronomen keine Dunkelheit?

Nicht dass sie viel Erfahrung hatte, aber die krassesten Sternenhimmel hatte sie an Orten gesehen, an denen wenige bis keine Menschen waren. Im letzten Weit-weg-Urlaub mit ihren Eltern, vor vier oder fünf Jahren auf

Lanzarote, hatte sie jeden Abend die gesamte Milchstraße bewundern können. Ihre Mutter hatte ihr den Großen Wagen, Kassiopeia und Orion gezeigt – und Venus natürlich, aber die kannte sie schon, weil die schließlich der hellste Stern war, den man von der Erde aus sehen konnte. Selbst mit viel Licht drum rum.

Dieses Zwillingshochhaus jedenfalls stand mitten in Berlin, in einer der Straßen, die sternförmig direkt von einem belebten Verkehrskreisel abgingen.

Die Türen klappten, als Jule ausstieg, dann Lasse. Elli rückte ein Stück von Tom ab und schaute ihn prüfend an.

»Wie geht's dir?«

»Willst du nicht wissen.« Er rieb sich die eingerenkte Schulter. Als sie etwas erwidern wollte, hob er abwehrend die Hand: »Nein, ich will nicht rummackern und dir beweisen, was für ein harter Kerl ich bin. Ich weiß, dass ich ins Bett gehöre – aber ich mag dich hier nicht allein lassen. Wenn das alles vorbei ist, leg ich mich eine Woche hin, von mir aus auch zehn Tage, und ich versprech dir, dass ich morgen in ein Krankenhaus geh und mich richtig durchchecken lasse. Aber zuerst müssen wir Marilu finden. Ich nehm noch eine Schmerztablette und dann …« Er unterbrach sich. »Ich schaff das schon.«

Ich schaff das schon, hörte Elli ihren Vater und darüber legte sich ihre eigene Stimme, die denselben Satz sagte, hundertmal, tausendmal, zu allen. Sie wusste, dass diese vier Worte ziemlich oft das Gegenteil dessen bedeuteten, was sie behaupteten, und hätte gern den Kopf gegen die Scheibe geschlagen, aber wem sollte das nützen? Also seufzte sie resigniert, suchte das Schmerzmittel, das der Mountainbike-Doktor Tom mitgegeben hatte, und angelte Lasses Wasserflasche vom Beifahrersitz. Schüttelte sie prüfend, viel war nicht drin, reichte sie Tom. Der eine Tablette nahm, ihr einen Kuss gab und ebenfalls ausstieg.

Es gibt uns noch, dachte Elli. Und mich gibt es auch noch. Jetzt müssen wir nur Marilu finden. Wir, hatte Tom gesagt. Wir. Elli tastete in ihrem Rucksack nach ihren eigenen pflanzlichen Tabletten, streifte dabei das Blister mit den Notfalldingern, die Marilu ihr zugesteckt hatte, und zögerte. Das hier war ein Notfall, oder nicht?

Absolut nicht!, herrschte Dr. Vervein sie an.

Und selbst wenn, stimmte Elli ihrer Therapeutin zu, gerade in Notfällen muss ich meine Sinne beisammenhaben.

Weggeschossen nützte sie Marilu nämlich gar nichts. Und Tom nicht und Lasse nicht, nicht mal Jule. Sie beschloss, die Dinger bei nächster Gelegenheit wegzuwerfen, holte ihre eigenen Tabletten aus dem Rucksack und spülte eine mit den letzten Wassertropfen hinunter. Dann schulterte sie ihren Rucksack und folgte den anderen nach draußen.

Lasse und Tom lehnten Rücken neben Rücken am Auto und fixierten schweigend das Doppelhochhaus vor ihnen, Jule stand ein wenig abseits, der Blick konzentriert, ihr überdimensioniertes Handy ans Ohr gepresst. Die Luft war schwer und roch nach späten Blüten und Autos und nach zu vielen Menschen auf zu wenig Raum. Elli grauste es davor, ebenfalls den Kopf in den Nacken zu legen und nach oben zu schauen, zu dem Hochhausdach, weil sie fürchtete, dort eine Silhouette auszumachen, die sich klein vor dem hell-dunklen Großstadthimmel abzeichnete.

Lasse stupste sie auffordernd in die Seite und deutete auf seine Armbanduhr. Deren fluoreszierende Zeiger standen auf kurz nach halb zwölf.

»Ich kann nicht«, flüsterte sie, auf einmal ziemlich verzweifelt. »Ich kann nicht.«

»Das noch«, flüsterte er zurück. »Nur das hier noch.« Er legte seinen Arm um ihre Schulter, ein wenig hölzern, ein wenig ungelenk, und drückte sie leicht. »Wir sind nicht allein. Wir kriegen das hin.«

»Kriegen wir.« Jule ließ das Telefon in die Hosentasche gleiten. »Müssen wir.«

»Und ihr seid sicher, dass es hier ist?«

Jule warf Tom einen »Was ist schon sicher«-Blick zu, und er hakte nicht nach. Stattdessen schob er seinen unverletzten Arm in eine der Fleecejacken, die Marilu gekauft hatte, hängte die andere Seite lose über die Schulter und zog den Reißverschluss über der Armschlinge hoch. »Na, dann los.«

Fleece trotz der Sommerabendwärme. Elli spürte, wie die Sorge um Tom die um Marilu und die um sich selbst übertönte, dann erinnerte sie sich an seine Worte. »Ich schaff das schon.«

Dieses eine Mal musste sie daran glauben.

Über der gläsernen Eingangstür zum linken Hochhausturm klebte ein Leuchtstern. Tiefe Dankbarkeit stieg in Elli auf, als sie ihn sah. Dafür, dass sie nicht erst im falschen Turm zwanzig Stockwerke hatten hoch- und wieder runterhetzen müssen, sondern das Glück gehabt hatten, gleich zur richtigen Tür gelaufen zu sein. Dafür, dass es kein Rätsel zu lösen gab, sondern eine Einladung.

Der Stern war eine Einladung.

Elli warf einen Blick auf die Klingelanlage, die rechts neben der Tür angebracht war. Ein großes metallenes Bord, oben ein dunkles Kameraauge, darunter eine Doppelreihe Klingelknöpfe und ganz unten, etwa auf Hüfthöhe, bemerkte sie eine Art Schlüsselloch.

Man muss den Schlüssel in die Mauer stecken?, wunderte sich Elli. Verrückt.

»Sind das Büroräume?«, fragte sie laut.

»Glaub schon, zumindest ist dadrinnen ein Empfangstresen.« Jule hatte das Gesicht mit den Händen abgeschirmt und spähte durch die gläserne Hausfront nach drinnen. »Aber ich kann niemand sehen.«

»Dafür sehen sie uns.« Tom wies auf die Kamera und Jule winkte demonstrativ in die Linse. Lasse schnitt dem schwarzen Auge eine Grimasse und drückte probehalber gegen den überdimensionierten senkrechte angebrachten Türgriff. Ohne Erfolg.

»Ich glaube, du solltest es da versuchen.« Elli deutete auf das sonderbare Schüsselloch. Lasse angelte den Schlüssel hervor, schob sie zur Seite und steckte ihn in die Wand.

Es gab keinen Grund, die Luft anzuhalten, vermutlich. Elli tat es dennoch. Sie hätte es sich sparen können.

Der Schlüssel passte, die Tür summte und Tom konnte sie problemlos aufdrücken.

Auf dem Boden der Eingangshalle klebten weitere Sterne – eine tanzende Linie bis zum Aufzug. Sie suchten nicht nach einem Lichtschalter, sondern richteten sich nach den Sternen. Die schimmerten im Notlicht, das aus matt polierten Metallstrahlern drang und sich vergeblich bemühte, warm zu wirken. Elli spürte, wie die Metapherndichte, mit der Marilu sie bombardierte, sie zu ermüden begann.

Sie folgten der Spur am Empfang vorbei bis zu den Aufzügen. Elli legte den Finger auf den silberfarbenen Knopf, die Aufzugstüren glitten geräuschlos auf. Gleißendes Licht fiel in den dämmrigen Flur und die Atmosphäre – kühles Licht, hochglanzpolierte Umgebung, vier Jugendliche, ein Aufzug – hätte in jeden Horrorfilm gepasst.

Seufzend schob Elli sich zu den anderen in die Kabine und begutachtete das Display, das neben der Tür leuchtete. Ganz oben, direkt neben der 20 stand »Sternwarte Brüderlein e. V.«. Daneben ein weiterer Stern.

»Jaja, Schwesterherz, wir haben es begriffen.« Lasse verdrehte die Augen, dann tippte er auf den Schirm.

»Danke für Ihre Auswahl«, flötete eine heitere Computerstimme. Die Türen glitten zu, so gemächlich, dass Elli den Reflex hatte, herauszuspringen und die Stufen bis ins zwanzigste Stockwerk zu Fuß hochzujagen. Aber sie spürte, wie sie verlangsamte, der Tablette wegen und auch wegen des sprühfeinen Eisnebels, der sich gleichmäßig in ihr ausbreitete.

Nicht schon wieder. Nicht jetzt.

Spür den Boden, riet Dr. Vervein.

Der Boden allerdings wackelte, als der Aufzug sich in Bewegung setzte, also konzentrierte sich Elli lieber auf das Grüppchen in den verspiegelten Wänden: Tom, in die Jacke gekuschelt, die Kapuze tief ins Gesicht gezogen, eine Beule auf Magenhöhe, wo sein linker Arm unter dem

Fleece in der Schlinge hing. Lasse, die Augen seltsam leer unter der Basecap, der Kiefer verkrampft, die Hände in den Hosentaschen geballt. Jule, kaugummikauend und bemüht lässig, aber mit zusammengezogenen Brauen und viel zu fest vor der Brust verschränkten Armen. Und schließlich sie selbst: die Haare zu einem nachlässigen Zopf gebunden; die Brille, die sie im Auto gegen die Kontaktlinsen getauscht hatte, auf die Nasenspitze gerutscht.

Sie sahen verstaubt aus, allesamt, verstaubt und müde und definitiv nicht danach, als hätten sie einen halbwegs plausiblen Grund, in einer Freitagnacht mit einem schnarchlangsamen Lift zum Dachgeschoss dieses Hauses zu fahren. Schon gar keinen legalen.

Gerade als Elli die Ecken der Liftdecke nach der Kamera absuchte, um dem Securitymenschen, der sie garantiert von irgendwoher beobachtete, beruhigend zuzulächeln, durchbrach Lasse die Stille.

»Marilu mag Dächer«, begann er. »Beziehungsweise eigentlich alles, was hoch ist. Sie sagt, da spürt man das Leben besser. Früher, im Urlaub, wollte sie immer auf die Kirchtürme, auf den Eiffelturm, aufs Empire State Building. Ihr Traum war Dubai, auf den Burj Khalifa oder wenigstens in die Nähe, aber dann fand sie das auch wieder scheiße.«

»Warum?«, murmelte Tom.

»Na, wegen der Politik, Menschenrechtsverletzungen und wegen Fliegen, Klima, Fridays for Future … Marilu ist …«

Elli driftete fort, zu einem ganz bestimmten Dach, weil sie wusste, was Lasse meinte. Ja, Marilu war eine Kämpferin. Für sich selbst und ihr Leben, aber auch für andere und die Welt. Und sie liebte Dächer, gerade weil sie verboten waren.

Sonnenblick.
Auf meinem Bett lag ein Zettel.

> Was ich mir wünsche:
> Komm aufs Dach, sobald es dunkel ist.
> Macarons.
> Kombucha.
> Haha, ich weiß. Normaler Tee tut's auch.
> Komm.

Punkt vier bezog sich darauf, dass Kombucha ein Tee-Getränk aus gegorenem Pilz war, das Marilu liebte. Zu ihrem großen Leid war durch die Gärung ein klein bisschen Alkohol drin und den durften wir nicht trinken. Außerdem gab es Kombucha nur in Glasflaschen – selbst wenn ich das Zeug auf meinem Wiedereingliederungsausgang kaufen könnte, würde es die Taschenkontrolle nicht überstehen. Glasflaschen waren potenzielle Waffen, ergo war Kombucha doppelt verboten.

Das Leben in *Sonnenblick* folgte klaren Regeln. Und selbst wenn man sich mit der Zeit ein paar der Privilegien verdiente, die das Spektrum erweiterten – Glasflaschen auf dem Klinikgelände gehörten nicht dazu. Ein nächtlicher, unbeaufsichtigter Aufenthalt auf dem Dach noch weniger. Obwohl es ein Sicherheitsnetz hatte.

Marilu gab wenig auf Regeln. Am Morgen hatte sie mir vor dem Frühstück eröffnet, dass sie an diesem Tag ihren Geburtstag feierte; ihren zweiten in diesem Jahr.

»Mein echter ist Silvester, aber seriously: miesester Tag, um Geburtstag zu haben, ich schwör. Also feier ich einen zweiten, im Hochsommer.« Sie zuckte mit den Achseln, als wäre es das Normalste der Welt, einen Zweitgeburtstag zu erfinden. Was es in ihren Augen offensichtlich war, sie fügte nämlich hinzu: »Die Queen feiert auch nicht an ihrem echten Geburtstag.«

»Vergleichst du dich gerade mit der Queen?«

Marilu hatte gezwinkert, sich zu mir gebeugt und mir ins Ohr geflüstert: »Es ist der Tag, an dem sich das Leben jedes Jahr wieder für mich entscheiden kann.« Und während ich noch darüber nachsann, was das bedeuten sollte, war sie bereits kichernd aus dem Zimmer gehuscht und für den Rest des Tages verschwunden.

Dafür hatte nach dem Frühstück der Zettel auf meinem Bett gelegen.

Die Erinnerung verflog. Elli hatte keine Chance, sie festzuhalten, und klammerte sich stattdessen an das Fitzelchen Erkenntnis, das diese blitzlichtartige Erinnerung ihr geschenkt hatte.

»Sie hat Geburtstag«, flüsterte sie. »Um zwölf Uhr hat sie Geburtstag.«

»Was?« Lasse unterbrach seinen Erinnerungsmonolog. »Ist das heute?«

»Geht's noch? Das ist alles? Ihr habt ihren Geburtstag vergessen?«, schnappte Jule.

»Na ja, nicht wirklich, sie …« Lasse konnte den Satz nicht beenden, weil Tom ihm über den Mund fuhr.

»Ihr verarscht uns, oder? Darum geht's bei diesem ganzen ›Wenn die Sonnenuhr Samstag schlägt‹-Ding? Um zwölf hat sie Geburtstag? Und da kommt ihr *jetzt* drauf?«

Seine Stimme schnitt in Ellis Haut, genau wie der fassungslose Blick, mit dem er sie unter seiner Kapuze bedachte.

»Nein. Ja«, stammelte sie. »Es ist nicht ihr echter …«

In diesem Moment trällerte die Computerstimme: »Da sind wir!«, und dann, als sich die Türen öffneten: »Einen schönen Abend!«

Tom stöhnte »Ich glaub's ja nicht!«, griff nach Ellis Hand und zerrte sie aus dem Aufzug. Draußen blieb er stehen und blickte sich um.

»Und was heißt das jetzt?«, fragte Jule hinter ihnen an Lasse gerichtet.

Ja verdammt, was hieß das?

Ein Blick über die Schulter verriet Elli, dass Lasse mit den Achseln zuckte, dann traten die beiden ebenfalls zu ihnen auf den Gang.

Die kometenhafte Erinnerung kreiselte noch immer durch ihren Kopf, wollte gehalten werden, zupfte und pikte Stellen an und ein uneindeutiges Gefühl von Gefahr verstärkte Ellis Sorge. Wegdenken, ermahnte sie sich. Der Trick half nämlich nicht nur bei aufsteigender Panik, sondern auch bei Gedanken, die sie greifen wollte, aber nicht konnte. Sie konzentrierte sich also auf das Hier und Jetzt. Ihre unverletzte linke Hand in Toms unverletzter rechter.

War seine warm oder war ihre extrem kalt? Hatte er Fieber oder vereiste sie gerade wieder? Der Eisnebel in ihr schien sich – anders als sonst – nicht niederzulegen auf Gelenke, Knochen, Muskeln, Sehnen. Sie war kalt, aber sie konnte sich bewegen.

Ist das der Verdienst der Tablette oder meiner?, überlegte sie und kam zu dem Schluss, dass es egal war. Sie stupste mit dem Zeigefinger die Brille nach oben und betrachtete den Gang. Er war kleiner als die Eingangshalle unten, aber mit dem gleichen hellen Steinboden und der gleichen hilflos kalten Notbeleuchtung. An der Treppenseite ließen bodentiefe Fenster einen Blick auf die Stadt zu und von dem Flur der Etage, in der sie standen, gingen vier Türen ab. Sie wirkten, als müsse man mindestens dreimal die Woche zum Krafttraining gehen, um sie öffnen zu können.

»Marilu ist also eine Klimaaktivistin«, brummte Jule hinter ihr. »Na toll, dann hat sie den Leuten hier echt was voraus – vom Klimawandel haben die offensichtlich nie was gehört, sonst hätten sie nicht mitten in der Nacht die Klimaanlage voll aufgedreht.« Elli grunzte zustimmend, dann stiefelte sie mit Tom an der Hand los und steuerte die Tür an, die ihnen am nächsten war.

In ihrem Rücken spürte Elli die einladend geöffneten Türen des Aufzugs. Was hätte sie darum gegeben, wieder hineinzuspringen und den Erdgeschoss-Knopf zu drücken. Sie schauderte.

»Was soll das mit dem Geburtstag?«, fragte Tom leise neben ihr. »Und woher kennt Marilu das hier?«

»Frag sie«, erwiderte Elli pampig. »Wenn wir sie gefunden haben.« Der Eisnebel rollte sich auf Höhe ihres Herzens zusammen und wurde ein harter Würfel, der von innen gegen ihren Brustkorb drückte. Sie ließ Toms Hand los, ehe ihre Angst auf ihn überspringen konnte.

»Wie spät?«, presste sie hervor.

»Viertel vor zwölf«, antwortete er. »Just in time.«

Elli war sich da nicht so sicher.

»Na bitte!«, triumphierte Lasse hinter ihr. »Hier ist es!« Er stand vor der dritten Tür, an der ein großes Plexiglasschild in silberfarbenen Buchstaben »Sternwarte Brüderlein e. V.« verkündete. Kein Stern daneben. Mit wenigen Schritten war sie bei ihm.

»Soll ich?«, erkundigte er sich heiser.

Dreistimmiges Gemurmel, zustimmend. Die Klingel schrillte laut durch den leeren Flur. Tom verzog schmerzvoll das Gesicht, seine Hand fuhr an die Schläfe. Als der Lärm verklang, legte sich die klimaanlagengekühlte Stille noch schwerer über alles.

Keine Schritte, keine Geräusche.

Beim zweiten Mal waren sie besser vorbereitet. Tom hatte die Hände über die Ohren gelegt und Elli zuckte nicht mehr zusammen, als diesmal Jule klingelte. Auch nicht, als Jules Faust so nachdrücklich gegen die Tür schlug, dass die Muskeln an ihrem Oberarm spielten.

Nichts.

Einfach nichts.

Lasse zog den Schlüssel aus seiner Hosentasche und steckte ihn ins Schloss. Er glitt sanft hinein und Elli entwich ein Jubelschrei. Leider jubelte Lasse nicht mit, er fluchte.

»Was ist?«

»Passt nicht.«

»Wie, passt nicht?« Wie konnte der Schlüssel nicht passen? Er steckte doch im Schloss! »Aber – unten hat er doch gepasst, wieso …?«

»Keine Ahnung. Er lässt sich nicht drehen.« Lasse schlug nun ebenfalls gegen die Tür, allerdings nicht, um zu klopfen, sondern aus blanker Verzweiflung.

»Lass mich mal.« Elli griff nach dem Schlüssel, warmes Metall an ihren zittrigen Fingern.

In der Tat: Drehen ließ er sich nicht. Nicht sanft, nicht mit Gewalt. Einzig, ihn herauszuziehen, gelang mühelos.

Ein heiserer Schrei entfuhr Elli; das Aufschlagen des Schlüssels auf dem Boden klang dagegen beinahe poetisch. Er titschte einige Male auf, schlitterte dann über den Stein und blieb wenige Zentimeter vor Toms Füßen liegen.

Der bückte sich und hob ihn auf. »Durchdrehen hilft uns nicht weiter, El.« Wenn er nicht so schwach und müde ausgesehen hätte, wäre sie ihm an die Kehle gesprungen. Stattdessen schluckte sie, schluckte wieder und wieder und fragte dann: »Ach nein? Aber deine Postkartensprüche helfen, oder was?«

Es hatte zynisch herauskommen sollen, aber es klang eher nach nass geregneter Katze. Tom zog eine Augenbraue hoch und deutete zurück zum Aufzug.

»Was meinst du?« Jule spähte in die Richtung, in die er gedeutet hatte. »Nee echt?«, rief sie überrascht.

Wie: *Nee?* Was? Suchend fuhr Ellis Blick über die Wand hinter Toms Rücken, die geöffneten, einladenden Aufzugstüren. Daneben …

Tatsächlich! Neben dem Aufzug, weg von der Halle führte eine kurze Treppe ein paar Stufen nach oben.

Eine weitere Tür, fette schwarze Buchstaben.

»Unbefugten ist der Zutritt strengstens untersagt.«

Ein Stern.

Natürlich.

Vor ihnen erstreckte sich das Dach. Kein Geländer, keine Brüstung. Rechts am Dachrand ragte ein riesiges kreisrundes, leuchtendes Logo in den Himmel, daneben eine Reihe gigantischer Leuchtbuchstaben, die an großen Eisengestellen angebracht waren. Es dauerte einen Moment, sie zu entziffern, da Elli sie von hinten und in der falschen Abfolge sah.

THƆIl

Licht? Auf dem Dach herrschte Dunkelheit, die über den Rand schwappte und in das Lichtermeer fiel, das die Stadt unter ihnen war. Ellis Blick fiel mit. Ein Infinity-Pool ohne Wasser, dachte sie, ehe ihr Blick sich an dem Zwillingsgebäude gegenüber wieder hochhangelte. Einen raschen Atemzug lang saugte sie die Eindrücke auf.

Ein Spiegelbild mit Schönheitsfehlern.

Die Leuchtreklame lief an der rechten Seite des anderen Daches weiter, vollkommen ungerührt, als lägen nicht zig Meter zwischen dem THƆIl und dem BLIƆK.

Ansonsten das gleiche Dach, der gleiche kleine Aufbau mit der gleichen Tür, die wahrscheinlich aus dem Treppenhaus nach oben führte. Nur dass die auf dem anderen Dach geschlossen war, dass kein Lichtstrahl aus dem Treppenhaus nach draußen auf den Bodenbelag fiel, der anscheinend aus Dachpappe bestand und nicht – wie der auf ihrer Seite – aus etwas, das wie gefrorene Milch aussah. Dreckig gewordene gefrorene Milch.

Auf dem anderen Dach standen keine Gestalten in einer aufgerissenen Tür, lehnte kein gehirnerschütterter Tom mit zusammengekniffenen Augen am Türpfosten, hielt kein höhenangstgebeutelter Lasse die Luft an, erklang nicht das schmatzende Geräusch von Jules Kaugummi, die schon wieder an ihrem Outdoorhandy hing, nicht mehr konzentriert, sondern diesmal mit extrem besorgtem Gesichtsausdruck.

Das andere Dach war ausgestorben.

Dagegen strömte das T H Ɔ I ⅃-Gebäude, auf dem sie standen, eine absurde Lebendigkeit aus.

Ihr Blick schweifte zurück auf ihr eigenes Dach, zu den anderen, die wie versteinert auf der Türschwelle verharrten. In kleinen Schritten wagte sich Elli voran. Sie waren am Ziel, hier musste irgendetwas sein. Sie nahm Eindrücke auf, als betrachtete sie einen Instafeed, scrollte sich im Schnelldurchlauf durch die Bilder, die ihre Augen aufnahmen.

Bild:
Ein kleines Gebäude, rechts von ihnen. Rundes Dach mit einem komischen Streifen aus Metall in der Mitte.
Bild:
Das Schild neben der Tür, Messingbuchstaben, protzig. Sternwarte. Klar.
Bild:
Ein Lichternetz, gespannt vom Sternwarten-Kuppeldach zum Türaufbau. Auf die Schnelle nicht zu erkennen, ob

die LED-Punkte in Sternbildformen leuchteten. Elli hätte darauf gewettet.

Bild:

Sitzkissen, dick und einladend. Gelb, Orange, Rosa, Rot. Ein Halbkreis in Sonnenauf- und Untergangstönen. Dazwischen verschieden große Windlichter.

Bild, Detail:

Eine flackernde Kerze.

Bild:

Eine auf alt gemachte Holzkiste, umgedreht als Tisch. Etwas darauf. Unscharf.

Video:

Ihre Füße auf dem Boden aus gefrorener, dreckiger Milch. Schritt, Schritt, Schritt.

Das Lichternetz.

Die in ihrem Kopf herumzischende flüchtige Erinnerung verhakte sich in dem Detail, riss am Rande ihres Gedächtnisses etwas auf, das sich dort verbarrikadiert hatte – zu schmerzlich, um es zu greifen, zu beängstigend, aber sie musste, sie musste!

Das Sicherheitsnetz über dem Dach in *Sonnenblick*.

Sonnenblick.

Marilus Alternativgeburtstag ... Und unser letzter gemeinsamer Abend in *Sonnenblick*. An dessen Ende ich ihr die Sonnenuhr geschenkt hatte. Später. Zunächst mal hatte ich meine Ausgangszeit genutzt, um Macarons zu besorgen, in Marilus Lieblingsmanufaktur im Jungbusch, und Kombucha hatte ich auch gekauft und den Tee gleich vor dem Geschäft in eine Rivella-Plastikflasche umgefüllt, weil die Farbe am besten passte. Und dann hatte ich mich aufs Dach geschlichen, als die betreuende Nachtaufsicht gerade die Nachbarstation checkte. Auf dem Dach: drei der Plastikwürfel, die wir auf der Station als Hocker benutzten. Auf einem hatte Marilu einen ihrer superbunten Schals als Tischdecke drapiert. Ich stellte die Macarons und die Rivella-Kombucha-Flasche auf dem Tisch ab, zwei Becher daneben und blickte mich suchend um.

Entdeckte die Leiter.

Sie war eher ein Minibaugerüst, vielleicht eineinhalb Meter hoch, mit einer kleinen Metallplattform zwischen den beiden Treppenelementen, ohne Haltegriffe. Ich hatte sie ein paarmal beim Hausmeister gesehen, aber wie kam sie hierher?

In meinem Magen breitete sich ein Zittern aus, das sich verstärkte, als Marilu singend hinter einer Hausecke hervorgeschritten kam, wie eine Königin, in einem hellblauen Flatterröckchen diesmal, und barfuß. Sie sang »Wie schön, dass ich geboren bin« und umtänzelte die Leiter, als wäre sie die Teilnehmerin eines Einsteigerkurses für Go-go-Tanz. Dann stimmte sie ein anderes Lied an, eins, das ich nicht kannte.

I won't take the easy road, the easy road, the easy road …

Mit jeder Silbe kletterte sie die Leiter weiter hinauf, Stufe für Stufe. Als sie oben angekommen war, begann sie, sich zu drehen, mit Trippelschritten auf der kleinen Plattform, schneller und schneller und ich … gefror zu Eis. Sie drehte sich, bis ihr schwindelig wurde, sie die Balance verlor, Halt suchte, wo keiner war, taumelte und fiel. Sie schlug direkt vor meinen Füßen auf dem Dach auf.

Angst krallte sich in Ellis Knöchel, lähmte sie, aber Lähmung ging gerade nicht, die Zeit stob davon, sie musste sich beeilen, musste Marilu finden. Sie klopfte mit der gesunden Hand auf ihren Oberschenkel, *the easy road, the easy road, the easy road,* klopfte, um nicht geschüttelt werden zu müssen.

Wenn die Sonnenuhr Samstag schlägt.

Wie weit war Samstag entfernt? Minuten? Sekunden?

Wenn du es eilig hast, halte inne. Dr. Vervein. Oder war das ein chinesischer Sinnspruch?

Elli stoppte mitten in der Bewegung, von der sie ohnehin nicht wusste, wohin sie führte. Ihre Finger klopften weiter, rhythmisch, beruhigend. Sie legte den Kopf in den Nacken und alles, was bis zu diesem Moment gerast hatte, stand still.

Der Himmel schien zum Greifen nahe, nachtblau wie Marilus Augen. An den Rändern verblasste seine Farbe zu einem ausgefransten, leuchtenden weißen Streifen am Horizont.

Die Erinnerung warf ihr erneut die Melodie vor die Füße, die Melodie und weitere Lyrikfetzen.

Show me my silver lining, I try to keep on keeping on.

Pause, dann:

I don't know if I'm scared of dying but I'm scared of living too fast, too slow.

Marilu, die sich auf der Leiter drehte, schneller und schneller, der fliegende Rock, ein Derwisch, hatte Elli gedacht, und später am Abend hatte Marilu ihr dieses Lied beigebracht, *First Aid Kit* hieß die Band, Verbandskasten. Damals war es nur ein Lied gewesen. Hier, jetzt, im Nachhinein, war es Symbol ihres Kampfes.

Woran erinnere ich mich – nicht?

There's no starting over, no new beginnings, time races on –

Die Zeit! Wie spät war es? Wie viel Zeit blieb ihr, um Marilu zu finden, das letzte Rätsel zu lösen, sie zu retten? Spielte es überhaupt noch eine Rolle?

Sie warf einen Blick zu den anderen, die in der Tür standen und sie beobachteten, unschlüssig, als wäre das hier ihr Ding oder zumindest etwas zwischen Marilu und ihr.

War es nicht.

Es war etwas zwischen Lasse, ihr und Marilu.

Oder genau genommen, bloß etwas zwischen Marilu und Marilu.

Wo bist du? Was willst du?

I'm tired of looking for answers.

Elli musste dringend den imaginären Instafeed aus sorgsam inszenierten Bildern analysieren, den Marilu für sie arrangiert hatte. Eine Filmkulisse, die nach ihrer Hauptdarstellerin schrie. Nach Marilu.

And you've just gotta keep on keeping on.

Denk nach, Elli, denk schneller!

Der Holzkistentisch!

Es lag kein Umschlag darauf, kein Brief, nur drei Schalen mit Macarons. Himbeerfarben, sommersonnengelb, matchateegrün.

Auf dem Boden daneben standen ein paar Flaschen, von denen Elli intuitiv wusste, dass es Kombucha war. Sein musste.

Der Schleier um die Erinnerung riss und alles wurde scharf, als Elli begriff. Ihre Sinne schalteten sich ein, alle gleichzeitig; die Welt strömte ungefiltert auf sie ein. Sie roch die Abgase, hörte das Rauschen der Autos weit unter ihr, die Polizeisirenen, das Hupen, das Quietschen von Bremsen und die Abwesenheit der Vögel. Und eine Stimme, die wie Marilus klang und von fern sang:

I won't take the easy road, the easy road, the easy road …

Eine Täuschung.

Sie musste sich täuschen.

Das würde Marilu nicht tun.

In ihr stieg das vertraute Gefühl der Vereisung auf, wollte sie lähmen, scheiterte an der sanften Wirkung der Tablette und an Ellis Klopfen, automatisch, stetig. Sie zwang den Blick, sich zu verankern (auf einem himbeerfarbenen Macaron), rang nach Luft, schaute sich erneut um, keine Leiter!

Atmete.

Am Ende wird alles gut, beschwor sie sich. Und wenn es nicht gut ist, ist es nicht das Ende. War das auch einer von Toms Selbstoptimierungssprüchen?

Ihr Blick schwankte über das Dach, erneut hinüber zu dem Zwillingshaus. Sie kniff die Augen zusammen.

Was war das? Ein Schatten?

Sie musste etwas tun, es durfte nicht einfach zwölf schlagen. Aber was? Was?

»Noch drei Minuten.« Sie zuckte zusammen, als Lasse ihre ungestellte Frage beantwortete.

Seit wann stand er neben ihr? Sie drehte sich zu ihm um. Wusste er auch, dass Marilu jedes Jahr an ihrem zweiten Geburtstag das Leben prüfte? Um ihm das Geständnis abzuringen, dass es sie »noch liebte«?

Und mit wem telefonierte Jule eigentlich die ganze Zeit? Hatten sie hier nicht Dringenderes zu tun?

»Verdammt«, flüsterte Tom, ebenfalls plötzlich neben ihr und offensichtlich genauso erstaunt wie sie selbst. »Was hat sie vor?«

Meinte er Jule oder hatte er den Schatten etwa auch gesehen?

Auf einen Schlag wurde Elli lebendig. Ohne zu antworten, stürmte sie zurück zur Tür, zog den Schlüssel ab, hetzte zum Sternwartenhäuschen, ihre ungeschickte linke Hand fand das Schlüsselloch erst, als die verbundene rechte sie stabilisierte, sie schloss auf, drückte die Klinke, stürzte in den kleinen Raum, in dem vier, fünf, sechs, verschieden große Teleskope standen, die Linsen zur Decke gerichtet, dorthin, wo sich das Dach offensichtlich aufschieben ließ. Zwei Geräte, Fernrohre eher als Teleskope, waren parallel nach vorne ausgerichtet. Durch ein lang gezogenes, schmales Fensterchen wiesen sie hinüber zum Zwillingshaus.

»Scheiße«, stammelte Elli. »Scheißescheißescheiße.«

Sie musste sich recken, um hindurchsehen zu können, und just, als ihre Augen sich an die Situation gewöhnt hatten, als sie das gegenüberliegende Dach erkennen konnte – just in diesem Augenblick zerriss ein Gongschlag die Nacht.

Inmitten der Dunkelheit auf dem gegenüberliegenden Dach leuchtete etwas. Es wirkte wie eine riesenhafte Tiefseequalle, fragil, durchsichtig, ein Geist, aus einer Märchenverfilmung, eines der außerirdischen Wesen aus *Avatar,* oder eine Braut in selbstleuchtendem Kleid. Licht floss an den Konturen herunter, wechselte seine Farbe, tropfte zu Boden.

Der Gong, erneut.

Es klang wie eine Turmuhr, eine blecherne Glocke. Sollte das etwa die schlagende Sonnenuhr sein? Der Schlag kam von hinter ihr und dann folgte ein gejubeltes »Ellili!«.

Sie fuhr herum, erwartete Marilu, erwartete ein strahlendes Lächeln ohne den Hauch von Schuldgefühlen. Aber hinter ihr erstreckte sich nur der kleine Innenraum der Sternwarte, keine Marilu und auch keine Uhr. Die Stimme drang aus einem Lautsprecher, der draußen an der Sternwarte befestigt sein musste. Marilu kicherte durch die Box.

»Bruderherz!«

Der dritte Schlag.

Elli stürmte aus dem Sternwartenhäuschen und richtete ihre Aufmerksamkeit áuf das gegenüberliegende Dach. Die Leuchtqualle, Geisterfrau, der Avatar, der Marilu war, hüpfte, winkte, riss eine grelle Lampe hoch und leuchtete Jule direkt ins Gesicht. »Jule!«, schrie sie begeistert.

Vier.

Der Spot glitt zu Tom, der die rechte Hand vor die Augen riss, um seinen schmerzenden Kopf vor dem grellen Licht zu schützen. »Und wen haben wir da? Willkommen, the more the merrier.«

Fünf.

Marilu deutete eine Verbeugung an, setzte sich dann in Bewegung, ihr eigenes Spotlight glitt vor ihr über den Boden, wies ihr den Weg. Sie schien zu schweben in ihrem Kleid aus Leuchtdioden.

Sechs.

Der Gong klang komisch. Gar nicht, als würde er von einem Abspielgerät kommen, sondern eher als … käme er aus Marilu selbst! Das war es! Marilu imitierte ein Gonggeräusch! Auf diese Art musste eine Sekunde keine Sekunde sein, konnte Marilu die Zeit verengen und dehnen, wie es ihr passte.

Marilus Spotlight ruhte auf dem Boden, als sie die ꓘ Ɔ ⅃ B-Leuchtreklame erreicht hatte. Dann, als würde sie ihnen etwas mitteilen wollen, leuchtete sie mit der Lampe an dem B entlang und ließ das Licht auf halber Höhe in die leere Luft zwischen den Häusern fallen.

Elli verschlug es den Atem: Die Luft zwischen den Häusern war nicht leer. Da hing etwas. Ein glänzendes, schmales Silberband schimmerte in dem Nichts, als es von dem Licht des Spotlights gestreift wurde, und verschmolz wieder mit dem Nachthimmel, als Marilus Lichtstrahl die andere Seite erreicht hatte und auf dem riesengroßen Reklame-T auf Ellis Seite verharrte.

Lasse hatte es offensichtlich auch gesehen.

»Nein!«, brüllte er in Marilus siebten Gongschlag hinein, als ihm klar wurde, was auch Elli in diesem Moment begriff: Marilu zeigte ihnen ihr *Silver Lining*, ihren Lichtstreif, ihren Hoffnungsschimmer.

Der ein Stahlseil war.

Ein Seil, unter dem eine Stadt lag.

Das hier war keine Baustellenleiter, unter der ein festes Dach ruhte, und es würde nicht mit blauen Flecken ablaufen, Marilu würde sich nicht abfangen können, würde nicht bloß auf dem Hintern landen, scharf einatmen und dann über Ellis beklommenen Gesichtsausdruck lachen können, das hier würde …

Acht.

»Will sie da etwa rüber?«, keuchte Tom.

»Wie …«, stotterte Elli. »Wie …«

»Sie hat sich einen Flying Fox gebaut!«, japste Jule und ließ endlich das Handy sinken.

»Was? Wie soll sie sich so was denn selbst gebaut haben?«

Jule schwieg. Sie betrachtete das Seil, das die beiden Häuser miteinander verband.

»Wie?«, schrie Elli. »Wie soll sie das …«

»Mensch, es ist doch bloß ein verdammtes Stahlseil, an dem man über einen Abgrund gleiten kann«, blaffte Jule. »Man kann die Scheißdinger im Internet kaufen, Hüftgurt, zwei Haken dran, fertig.«

Mein Leben hängt an einem Seil.

Marilu und ihre verdammte Vorliebe für wörtlich genommene Metaphern!

Elli hastete zu dem T von T H Ɔ I ⅃, das mit dem B von ꓘ Ɔ I ⅃ B verbunden war, durch ein verdammtes, dünnes Stahlseil, achtzig Meter über Berlin, sie kämpfte gegen den neunten Gongschlag an, den Marilu vorgab.

»Mach das nicht!«, brüllte sie, als sie Marilu gegenüberstand. Nur ein tödlicher Graben trennte sie noch voneinander. »Bitte mach das nicht! Es tut mir leid, dass ich mich nicht gemeldet hab, ich …«

Zehn. Etwas zittrig.

»Ich hör dich nicht, Ellili! Wir reden gleich, wenn das Leben mich noch liebt, ich komm ja zu euch rüber und dann feiern wir meinen Zweit-Geburtstag! Ich fliege, ich schwör! Gleich bin ich …«

Marilu gongte zum elften Mal.

Dann warf sie ihr eine Kusshand zu, stellte ihr Spotlight auf den Boden und stieg auf eine ähnliche Kiste wie die, auf der bei ihnen die Macarons standen. Sie reckte sich, um ein Seil zu erreichen, das seinerseits an dem Stahlseil befestigt schien. Als sie das Kleid raffte, erahnte Elli die Gurte, die sich über ihren Körper zogen. Ein Hüftgurt! Marilu trug tatsächlich einen Hüftgurt. Genau wie Jule gesagt hatte! Sie wollte sich einhaken, stieg auf die Zehenspitzen, löste ein Bein von der Kiste, schwankte leicht und kam der Dachkante zu nah, viel zu nah.

»Nicht!«, schrie Elli und unzusammenhängende Gedanken überschlugen sich in ihrem Kopf. »Nicht fallen, bitte nicht fallen!« und »Achduscheiße!« und »Wie soll das klappen?« – da gongte Marilu zwölf.

Sie schlug Samstag.

Ein Tumult brach los.

Scheinwerfer flammten auf und tauchten das ꓘƆIˈ⅃B-Dach in grelles Weiß. Die Tür flog auf, vier Menschen stürmten heraus. Sahen Marilu und stoppten – wie auf Kommando, als wären sie durch eine magische Kraft miteinander verbunden. Offensichtlich zogen sie falsche Schlüsse, offensichtlich dachten sie, Marilu wolle sich umbringen, dabei wollte sie das Gegenteil: Marilu wollte vom Leben geliebt werden.

Das *Sonnenblick*-Dach, ihre unzähligen Versuche, das Leben auf die Probe zu stellen … Marilu rechnete nie ernsthaft damit, dass es danach nicht weitergehen würde. Was für eine Selbstüberschätzung auf einem Haus mit zwanzig Stockwerken!

Einen Moment lang wirkte die Szene, als hätte jemand auf Pause gedrückt, und auch Elli verharrte bewegungslos neben dem T, keinen Meter vom Dachrand entfernt, ein Ebenbild Marilus.

Nur nicht inszeniert.

Nicht strahlend.

Mit zerknitterter Jeans und Shirt und Brille und zerzaustem Haar. Und voller Angst – im Gegensatz zu Marilu.

Die wirkte lediglich verstört, weil ihr Plan torpediert worden war, Punkt zwölf durch die Luft zu schweben. Sie ließ sich sehr kontrolliert von den Zehenspitzen zurück auf die Fußsohlen sinken und erst, als sie wieder stabil auf der Kiste stand, wandte sie sich um. Schirmte die Augen zum Schutz ab und suchte nach der Quelle des Lichts, dem Ursprung des Tumultes. Als sie die ungeladenen Gäste an der Tür ausmachte, drang ein überraschtes Kieksen durch den Lautsprecher. Dann fuhr sie herum, taxierte Elli und danach Lasse, Jule und Tom.

Sie muss sich verraten fühlen, schoss es Elli durch den Kopf. Verdammt! Das geht schief, das geht richtig …

»Marilu!«, rief sie. »Ich hab keine Ahnung, wer das ist. Sei …«

Der Atem, durch den Lautsprecher verstärkt, ging zu schnell und Marilu schwankte erneut, ruderte mit den Armen und einem Bein und …

… Elli sah sie fallen.

Sah die großartige, wunderbare Marilu, die ihr durch ihre Lebendigkeit das Leben gerettet hatte, gerade weil sie nichts von dem war, was Menschen als »normal« bezeichneten, die manipulativ war und voller Liebe und jeden Tag mutig genug, ihm ins Gesicht zu sehen; sie sah ihre Freundin fallen. Das leuchtende Kleid sich bauschen, eine zum Grund der Welt sinkende Leuchtqualle, eine Lichtwolke, sah sie hinunterstürzen, auf dem Pflaster aufschlagen, die Dioden dort weiterpulsieren, als ihre Seele sich löste, zu einem Stern wurde.

»Nein!«, schrie Elli.

Sie kniff die Augen zusammen, riss sie wieder auf. Sah Marilu stehen, wo sie gestanden hatte, keuchte, als Marilus Rudern sich verlangsamte, kontrollierter wurde, bis sie schließlich ihre Balance wiederfand.

Jede Zelle in Ellis Körper rang um Luft, pulste und schlug und kämpfte, während sie dastand und das Eis herbeisehnte, das nicht kam.

Sie würde das hier spüren müssen.

Konnte den Blick nicht von Marilu wenden, die im Licht der grellen Scheinwerfer trotz ihres pompösen Äußeren zart und jung wirkte.

Einer der Dachstürmer sprach aufgeregt in ein Funkgerät, ein anderer löste sich aus der Gruppe und schritt mit erhobenen Händen langsam auf Marilu zu.

»Wir wollten Sie nicht erschrecken.« Eine Stimme wie Hustensirup, wohltuend und schmerzstillend und gerade laut genug, dass Elli ihn auf ihrer Seite mit viel Mühe verstehen konnte. »Würden Sie bitte vom Dachrand wegtreten?«

Marilu legte den Kopf schief, als würde sie über seine Bitte nachdenken, dann kam sie erneut ins Schwanken. Einen Moment lag hoffte Elli, dass sie von der Kiste steigen würde, zu dem Hustensirupstimmen-Mann laufen, ihn umarmen, sagen, dass alles ein großer Scherz, eine Szene aus einem Filmskript, eine Verwechslung wäre.

Stattdessen schwankte Marilu stärker und stärker, nein! Sie schwankte nicht, sie tanzte! Das Lichtkleid wallte um sie herum, sie stand auf der kleinen Kiste am Rand eines

Abgrundes und tanzte zu einer Melodie, die nur sie hören konnte und die trotzdem in Ellis Kopf echote.

I won't take the easy road, the easy road, the easy road …

Als ob ihr Weg jemals leicht gewesen wäre. War er nie und würde er nie sein. Der Gedanke blähte sich in Elli auf, bis sie nichts anderes mehr denken konnte.

»Ich bleib hier stehen«, versprach der Mann, der zwei, vielleicht drei Meter von Marilu entfernt war. »Aber kommen Sie da runter, bitte! Ich würde mich gern mit Ihnen unterhalten. Ich bin sicher, es gibt nichts, das sich nicht lösen lässt!«

Oh doch, dachte Elli, es gibt vieles. Aber es gibt nichts, das den Versuch nicht wert wäre.

»Verdammte Scheiße, Lulu!«

Lasse schoss an Elli vorbei zu der Ecke, an der das Flachdach endete, gleich unter dem T. Die Aufmerksamkeit hatte er vollkommen auf seine Schwester gerichtet, die sein Fixpunkt gegen die Höhenangst war, genau wie Elli es ihm auf dem Balkon geraten hatte.

Marilu hob die Arme über den Kopf und deutete eine Pirouette an, eine Vierteldrehung in seine Richtung, die Füße trippelten auf der Holzkiste, eine Plattform, um ein Vielfaches kleiner als die im Kletterpark.

»Bruderherz!«, zwitscherte sie, aber ihre Stimme klang zittrig. »Wer sind die Leute? Hast du die eingeladen?«

»Nein, ich –« Weiter kam Lasse nicht. Jule war mit wenigen Schritten bei ihm, krallte ihre Hand in den Jeansstoff an seinem Hosenbund und zog ihn ein Stück vom Rand weg.

»Das war ich!«, rief sie. »Ich hab die Polizei angerufen.«

»Du?«, fragte Marilu. »Aber warum?«

»Weil …«, Jule musste schreien, weil sie im Gegensatz zu Marilu kein Mikrofon trug, »… ich die ganze Fahrt nach Berlin Zeit hatte, darüber nachzudenken, was du vorhaben könntest. Und weil ich nicht blöd bin, verdammt. Wenn ich vor zwei Hochhäusern steh und mich erinnere, wie du mich ausgefragt hast über den Flying Fox … ich hab dir sogar die Adresse von meinem Kumpel gegeben … Was denkst du denn, Marilu? Dass ich eins und eins nicht zusammenzählen kann? Dass ich dir dabei zugucke, wie du dein Leben riskierst?«

Tom, irgendwo hinter ihr, schnalzte anerkennend und Elli begriff, dass sie Jule unterschätzt hatte. Deshalb! Deshalb hatte sie unten so ewig telefoniert, deshalb war sie nicht von ihrem Handy wegzukriegen gewesen. Aus Sorge um Marilu. Weil sie schneller geschaltet hatte als sie alle, weil sie weniger in dem Spiel gefangen und mehr in der Realität verwurzelt war. Erschüttert und dankbar zugleich, wandte sie sich Jule zu, die Lasses Hosenbund losgelassen hatte und ihn stattdessen am Oberarm gepackt hielt, um ihn zu beruhigen oder um ihn daran zu hindern, aus einem Retterimpuls heraus versehentlich vom Dach zu stürzen.

»Warum hast du uns nicht …?«, begann Elli, aber Marilu lachte schrill in ihren Satz hinein. Kam der unechte Klang durch den Lautsprecher oder schmeckte ihr Lachen wirklich nach Eisen?

»Aber Dummerchen! Guck!« Sie hob den glimmenden Rock und zeigte ihnen den Gurt, den sie darunter trug. »Zwei Haken, doppelt gesichert, alles ganz ordentlich, genau wie du es mir beigebracht hast!«

Jule hatte schon lange aufgehört, Kaugummi zu kauen. Stattdessen meinte Elli, sie mit den Zähnen malmen zu hören. Und sie begriff, dass sie nicht die Einzige mit Schuldgefühlen war: Wenn Marilu jetzt springen, fallen oder ihren selbst gebauten Flying Fox besteigen würde – Jule würde sich auf ewig Vorwürfe machen.

»Jedenfalls: Könnt ihr den Leutchen da bitte sagen, dass ich mich nicht umbringen will? Dann komm ich endlich rüber zu euch und wir feiern das Leben und die Sterne und ...«

»Nein!« Lasse schüttelte Jules Hand ab. »Du kommst *nicht* hier rüber. Du bleibst, wo du bist! Bleib, wo du bist, verdammt! Und vielleicht, einmal in deinem Leben, kannst du mal nicht an dich denken, sondern an mich!« Er tastete nach seinem Handy, schaltete die Taschenlampe an und richtete sie auf sein Gesicht. Elli, die seine Angst roch und das Spiel seiner Muskeln beobachtete, aufs Äußerste gespannt, bereit zum Sprung, selbst Elli zuckte zusammen. Nicht wegen des billigen Theatereffekts, den eine Taschenlampe, die von unten auf ein Gesicht gerichtet war, hervorrief; was sie erschreckte, war der Schmerz, der sich auf Lasses Miene abzeichnete.

»Siehst du das?«, brüllte er zu Marilu hinüber. »Siehst du, wie es mir geht? Mein ganzes Leben lang habe ich versucht, dich zu retten, obwohl ich dich nicht retten kann. Die Einzige, die das kann, bist du selbst, und zwar, indem du ein Mal, ein einziges Mal ...«

»Halt die Klappe«, fuhr Tom ihn an, der unauffällig neben ihn getreten war. »Halt. Die. Klappe! Das macht sie doch nur ...«

Zu spät. Aus dem Lautsprecher drang Marilus Atem, hart und stoßweise. Ihre wiegenden Tanzbewegungen verebbten und sie nickte langsam.

»Das stimmt nicht, Brüderchen«, sagte sie leise und jede Helligkeit, jeder Überschwang war aus ihrer Stimme verschwunden. Sie ließ ihren Rocksaum sinken und es war, als fiele mit dieser Bewegung alles, was sie aufrecht gehalten hatte, von ihr ab. »Mich selbst retten, Lasse, das geht nicht. Und ich will gar nicht gerettet werden. Mir geht's gut mit mir. Außer wenn ich …« Schlucken, übergroß, gequält. »Mich gibt's nur, wie ich bin. Und ich weiß, dass das schrecklich für dich ist, ich weiß, dass ich dir wehgetan hab, das will ich nicht, wollte ich nicht, nie wollte ich das, ich liebe dich so sehr, ich wollte immer nur …«

Marilus Stimme verfing sich in einer Art Selbstgespräch, als sie Erklärung an Erklärung und Entschuldigung an Entschuldigung reihte, ein Teppich aus Worten, der blechern aus dem Lautsprecher quäkte.

»Sag was«, zischte Tom alarmiert und zwängte sich an Ellis rechte Seite. »Sag was, damit sie sich beruhigt!«

Er ergriff ihre Hand und sie spürte erst durch seine Berührung, wie kalt sie war. Ihre Hand zuckte und rutschte aus Toms Griff, doch der fasste sofort nach, warm und sicher, und hielt sie fest. Sehr kurz war alles gut und Elli wollte die Zeit anhalten, damit, bitte, gefälligst, dieser Albtraum sofort aufhörte.

Die Zeit gehorchte nicht.

Marilu stand mit hängenden Armen auf ihrem Podest, den Blick unverwandt auf Lasse gerichtet, der nicht mehr im Ausfallschritt stand, sondern still – zugleich aufrecht und in sich zusammengefallen, ein Sinnbild für Hilflosigkeit und Resignation.

Marilus Haltung spiegelte die ihres Bruders. Das Licht floss an ihrem Kleid hinunter, aber es hatte nichts Königinnenhaftes mehr. Stattdessen rollten die Lichtstreifen wie pastellbunte Leuchttränen an Marilu hinab. Sie murmelte unzusammenhängende Worte, unverständlich und vage, und es strahlte nichts mehr, da war nur noch verzweifelte Einsamkeit.

»Nein!«, fluchte Elli. »Nein, nein, nein, nein!« Tom drückte wortlos ihre Hand. Die Zeit anhalten, die Zeit anhalten! Jule trat neben den versteinerten Lasse und legte ihm den Arm um die Schulter. So standen sie nebeneinander in einer Viererreihe am Dachrand und wussten nicht, was sie sagen oder tun sollten.

Marilu offensichtlich auch nicht, es lagen immer längere Pausen zwischen den Satzfetzen, bis sie schließlich von der Kiste stieg und einen Schritt auf den Dachrand zumachte.

Einen abstrusen Moment lang stellte sich Elli vor, wie das aussehen musste von unten: die leuchtende Gestalt neben dem leuchtenden B von ꓘ Ͻ I ⅃ B .

Diese Situation war bedeutungsschwanger, genau wie die gesamte Szene, die Marilu so perfekt orchestriert hatte – und wer weiß? Vielleicht hätte alles sogar geklappt und ihr Plan wäre aufgegangen, wenn Jule nicht die Polizei gerufen hätte, um Marilu zu retten. Vielleicht wäre sie über den Abgrund geflogen in ihrem Leuchtkleid, mit einem eleganten Sprung auf dem T gelandet, herabgeklettert und würde jetzt neben ihnen stehen, und Elli würde sie erst ohrfeigen und dann in die Arme nehmen, sie würden singen und Kombucha trinken und lachen und Macarons essen.

Vielleicht.

Die Polizei … Wo waren die hin? Und wieso taten sie

nichts? Elli suchte das gegenüberliegende Dach ab, entdeckte zwei der Dachstürmer in der Tür. Konnte den mit der Hustensirupstimme nirgends erspähen; die vierte Person war ebenfalls verschwunden.

»… ich weiß nicht wie ich das hinbiegen soll wie soll ich das wieder hinbiegen es tut mir so leid Lasse und …«

Marilus Stimme war nur mehr ein Stammeln. Sie schien in die Ferne zu schauen, dann nach unten, dann zu Lasse, ihre Augen irrten und all der Zauber, der Marilu ausmachte, zerbrach an ihrem Schmerz.

»… so leid es tut mir so leid …«

»Ich weiß«, flüsterte Lasse, zu leise, als dass Marilu ihn hören konnte. Er schlang die Arme um seinen Körper und schaute zu ihr hinüber, räusperte sich und fügte, kaum lauter, hinzu: »Das weiß ich doch.«

Marilu begann wieder zu schwanken, noch näher am Dachrand als zuvor.

Die Panik überschwemmte Elli mit voller Wucht. »Komm da weg! Du machst mir Angst«, platzte sie heraus. »Niemand macht dir Vorwürfe, du … du kannst doch nichts dafür!« Kein Eis, dafür Tränen, schon wieder, so viele Tränen in den letzten beiden Tagen.

»Ich hab das nicht so gemeint«, sprang Lasse ihr bei, endlich laut, endlich hörbar. »So hab ich das doch nicht …«

»Du hast aber recht!«, murmelte Marilus gebrochene Stimme durch die Lautsprecher.

»Hab ich nicht!« Im Schreien brach Lasses Stimme. »Ich liebe dich auch! Du bist meine große Schwester und … ich brauche dich.«

»Es tut mir leid.« Marilu kippelte ein wenig nach vorne. »Aber wenn niemand mich retten kann, weil ich gar nicht das Gefühl hab, gerettet werden zu müssen, was heißt das dann? Was heißt das, Ellili?«

»Ich ...« Ja was? Sie hatte keine Ahnung von dem, was Marilu durchmachte, wie sich das anfühlte. Sie schluckte gegen ihr Schluchzen an. »Sag du's mir! Ich komm rüber und wir legen uns auf den Bauch und ...« Ihre Stimme splitterte, jedes Wort eine Spitze, die ihr den Hals aufriss.

Toms Hand, ermahnte sie sich. Spür Toms Hand.

»Ich komm rüber«, wiederholte sie fest. »Ich bring Macarons mit und Kombucha und dann reden wir! Wir finden es raus, zusammen, du und ich.«

Ein Zucken lief durch Marilus Körper, dann wandte sie sich ein wenig vom Dachrand ab, nahm ihr Spotlight vom Boden und leuchtete Elli damit direkt ins Gesicht.

»Du und ich?«, wiederholte sie fragend.

»Ja, *für immer und ewig*. Aber bitte geh von dem Rand weg.«

»Der Sternenschwur. Du erinnerst dich ...?«

»Klar erinnere ich mich!« Elli ließ Toms Hand los, stand allein, schwankte nicht. »Ich erinnere mich an jedes Wort. Nie dem Polarstern folgen, denn ...«

»... Norden ist eine Illusion«, ergänzte Marilu.

»Genau!« Elli nickte bestätigend, nickte laut und in Großbuchstaben, damit Marilu es sehen konnte, da drüben.

Marilu nickte ebenfalls, legte den Kopf schief und machte einen weiteren Rückwärtsschritt zur Dachmitte.

Ein Schatten, ein Schrei.

»Ich hab sie!« Die Hustensirupstimme.

»Zielperson gesichert!« Eine andere.

»Nein!«, brüllte Elli, dann raste sie los.

Norden ist
eine Illusion

Ich rannte, flog, vierhundertsechsundachtzig Stufen hinunter, nahm nur jede zweite, jede dritte, stolperte, fing mich, flog weiter. Die Sterne, die Glastür, die Sommerluft, der Rettungswagen.

Marilu.

Marilu!

Bremste, stand, keuchte.

Die Hustensirupstimme. »Alles in Ordnung mit Ihnen?«

Luft! Herrje, Luft!

»Ja«, presste ich hervor.

Suchte Marilus Blick. Marilu, die in einem leuchtenden Kleid vor einem Krankenwagen stand, klein zwischen zwei Menschen in Rettungssanitäter-Uniformen. Marilu, die lächelte, trotz allem lächelte sie.

»Ellili«, wisperte sie.

Pustete sich die Haare aus dem Gesicht, breitete die Arme aus, ganz langsam, sehr weit.

Und ich flog ein weiteres Mal, diesmal in Marilus Arme.

»Es tut mir leid«, flüsterte ich, genau wie Marilu eben auf dem Dach. »Es tut mir so leid!« Und meinte damit alles: dass diese Typen Marilu »gerettet« hatten, auch wenn die nicht »gerettet« werden wollte, meinte den Weg, den Marilu gehen musste und niemals gewählt hatte, und meinte auch mich selbst.

Alles.

Marilus Haar kitzelte meinen Hals. »Nicht deine Schuld«, erwiderte sie leise. Und dann: »Mir tut es auch leid.«

Hinter mir räusperte sich jemand und widerwillig löste ich mich aus Marilus Umarmung.

Behielt Marilus linke Hand in meiner linken. Fest. Sah ihr in die nachtfarbenen Augen. »Du hast mir schrecklich gefehlt.«

»Du mir auch, Ellili, sehr.«

Marilu klang matt, als hätte sie auf dem Weg nach unten ihre Energie verloren, ein Luftballon, der nicht geplatzt war, sondern leer lief. Man konnte dabei zusehen.

Eine Schlinge legte sich um meine Kehle und zog sich zu. Ich warf einen Blick über die Schulter, zu den beiden Polizisten und den drei Gestalten am Zwillingshaus. Schaute wieder nach vorne, auf die Rettungssanitäter, die einen Schritt zur Seite getreten waren und uns schweigend beobachteten.

Ein Schutzkreis und zugleich ein Kreis aus Bedrohung.

Arme Marilu.

Mein Herz schlug gegen die Enge in meiner Brust an, viel zu schnell, viel zu kantig, aber es schlug.

Ich zog meine Freundin erneut an mich, meine Lippen an ihrem Ohr. »Wenn du mir das noch mal antust – oder Lasse oder irgendwem, von dem du behauptest, ihn zu lieben ...«

Ich verstummte, weil mir keine Drohung einfiel, die Marilu beeindrucken würde, und weil ich wusste, dass ich jederzeit wieder tun würde, was getan werden musste, um ihr zu helfen. Marilu schien das zu begreifen, auch ohne Drohung. Ihr Mund formte ein wortloses »Oh«, aber ehe sie etwas erwidern konnte, ließ ich sie los und streifte die

Sonnenuhr ab. Drehte das Universum einmal auf, schob es wieder zusammen, küsste den Anhänger und legte ihn Marilu um den Hals.

»Du hast behauptet, Norden wär eine Illusion«, sagte ich heiser. »Und du hast recht. Es geht nämlich nicht um irgendeine Richtung und nicht um den schnellsten Weg. Es geht nicht darum anzukommen. Es geht bloß darum zu laufen, verstehst du?« Marilus Augen schwammen, und als sie den Kopf schief legte, löste sich eine einzelne Träne. Fiel und zerbarst auf dem Asphalt. Mein Herz schmerzte von all der Anstrengung.

»Diesmal verschwinde ich nicht«, fuhr ich fort. »Ich schwör.«

»Du schwörst?«, wisperte Marilu. »Du?«

»Ja.«

»Bei den Sternen?«

»Bei den Sternen.« Ich drückte ihre Hand und wir sahen uns an, bis ich sanften Druck auf meiner Schulter spürte und fortgezogen wurde. Die Hustensirupstimme, die viel zu viele Fragen stellte, und darüber Marilus, die einzige, die ich hören wollte: »Der Sternenschwur, Ellili, ist heilig, das weißt du, oder?«

Ja, dachte ich. Das weiß ich.

DANKE

Die Arbeit an diesem Roman wurde durch ein Stipendium des Kultusministeriums Rheinland-Pfalz gefördert. Vielen Dank dafür.

Außerdem gebührt mein herzlichster Dank

- Dr. Adriane Marksteiner und dem Team der Station A der *Klinik für Psychiatrie und Psychotherapie des Kindes- und Jugendalters* am *Zentralinstitut für seelische Gesundheit* in Mannheim, die mir einen Einblick in ihre wichtige Arbeit geschenkt haben.
- Dipl.-Psych. Susanne Beischer, die geduldig gelesen und erzählt und geantwortet und angemerkt hat.
- Mirai Mens für das Betalesen, ihr wertvolles Feedback, die gelegentliche Insta-Nachhilfe und dafür, dass sie um die Bedeutung von (zuckerfreier) Schokolade weiß.
- Den Arenas, die mit so viel Herzblut deutschsprachige Jugendliteratur fördern, allen voran Nikoletta Enzmann, deren humorvolles und detailverliebtes Lektorat meine Bücher feinschleift und die sich zur Überprüfung meiner Settings auch mal kopfunter von Tischen hängen lässt.
- Maria, falls du dies, irgendwo, irgendwann, liest.
- Risk. Immer wieder. Immer.

Ella Blix

Wild
Sie hören dich denken

Während einer Exkursion verschwindet die fünfzehnjährige Noomi auf rätselhafte Weise. Erst einen Tag später wird sie endlich gefunden: angsterfüllt und ohne Gedächtnis. Verstörende Erinnerungsfetzen an eine blutige Jagd und massive Felsgipfel führen sie schließlich in ein abgelegenes Waldcamp. Was ist dort mit ihr geschehen? Auf der Suche nach Antworten folgt sie einer Spur tief ins Herz des Waldes. Doch ist sie bereit für die Wahrheit, die dort lauert?

376 Seiten • Arena Taschenbuch • ISBN 978-3-401-51254-9
Auch als E-Book erhältlich • www.arena-verlag.de

Ilona Einwohlt

Uncovered
Dein Selfie zeigt alles

Ein sexy Foto von der Neuen in der Klasse abstauben: für Mädchenschwarm Milan die ultimative Challenge. Ein Flirt mit der selbstbewussten Ella soll ihm bei seinen Kumpels den Bad-Boy-Titel sichern. Aber Ella, die ihn beim Judo locker auf die Matte wirft, ist so ganz anders als die Mädchen, die Milan bisher um den Finger gewickelt hat. Als es zwischen den beiden funkt, schickt Ella ihm das Selfie, auf das er gewartet hat. Aber längst hat sich Milan in Ella verknallt, so richtig. Die bescheuerte Wette ist für ihn Geschichte. Wäre da nicht sein Kumpel Tobi, der endlich nackte Haut sehen will – und der noch aus einem ganz anderen Grund ein Auge auf Ella geworfen hat …

232 Seiten • Arena Taschenbuch • ISBN 978-3-401-60549-4
Auch als E-Book erhältlich • www.arena-verlag.de